传播学基础词条

陈俊妮 徐智 ◎ 主编
张世超 韩卓然 ◎ 副主编

人民日报出版社
北京

图书在版编目（CIP）数据

传播学基础词条 / 赵丽芳等主编 . — 北京：人民日报出版社，2022.4
新闻传播学基础词条系列教材
ISBN 978-7-5115-6306-4

Ⅰ. ①传… Ⅱ. ①赵… Ⅲ. ①传播学－高等学校－教材 Ⅳ. ① G206

中国版本图书馆 CIP 数据核字（2020）第 010053 号

书　　名：	传播学基础词条
	CHUANBOXUE JICHU CITIAO
丛书主编：	赵丽芳　钟进文
本书主编：	陈俊妮　徐　智
出 版 人：	刘华新
责任编辑：	梁雪云
版式设计：	九章文化
出版发行：	人民日报出版社
社　　址：	北京金台西路2号
邮政编码：	100733
发行热线：	（010）65369509　65369527　65369846　65369512
邮购热线：	（010）65369530　65363527
编辑热线：	（010）65369526
网　　址：	www.peopledailypress.com
经　　销：	新华书店
印　　刷：	涞水建良印刷有限公司
法律顾问：	北京科宇律师事务所　010-83622312
开　　本：	880mm×1230mm　1/32
字　　数：	263 千字
印　　张：	12.25
版次印次：	2022 年 4 月第 1 版　2022 年 4 月第 1 次印刷
书　　号：	ISBN 978-7-5115-6306-4
定　　价：	49.00 元

编者的话

自有了人类,也就有了传播活动,从最早的口语传播到今天的网络传播,从内在传播到社交传播,人类的传播无处不在,无时不有,永无止息。

相比较人类传播活动的历史,传播学的启蒙晚了许多,但却是最能体现与时俱进的一个学科,因为它观照的是不同时代、社会、政治、经济、文化、人构成的不同面向和层级的传播活动,尤其是不断更迭的传播技术带来新的媒介,改变了传播生态,也改变了人们的生活,这些都使传播学始终处在"不安"当中。

传播学也被称为十字路口的学科,因为它跟几乎其他所有社会人文学科都有所交叉,至今它依然从社会学、心理学、政治学、人类学、新闻学等诸多学科汲取研究范式、理论与方法的养分。

传播学的这些学科特性既增加了编撰词条的必要性,也增加了其风险。必要性在于词条可以把如此纷繁复杂的学科知识以最简明扼要的方式进行尽可能的归纳和梳理以呈现概貌,风险在于词条难以构成系统性的知识,同时失于筛选的粗略。

有《新闻传播学词典》等珠玉在前,本书编写虽可从前人杰出的成果中获得宝贵的经验借鉴，也因此备感压力。本书由四章构成：第一章为大众传播学发展史，第二、三章依然遵循了传统的传播层次划分出的四类传播类型，第四章为传播学研究方法。全书词条共计181个。

在此对书中引用的487篇参考文献作者表示真诚的谢意！同时，我院学生参与了本书的编辑工作，他们是张世超、韩卓然、高国菲、陈慧、孙倩毓、张依宁、陈宣妤、徐艳昀、任阳、徐姁，感谢这些同学的无私奉献，也祝愿他们在各自新的求学平台上收获满满。

囿于编者学识水平，本书恐有错漏与不足，敬请广大读者批评指正。

第一章 大众传播学发展史

一、大众传播基本概念 ······ 002
（一）大众传播（Mass Communication）······ 002
（二）反馈（Feedback）······ 004
（三）信源（Information Source）······ 005
（四）信宿（Information Sink）······ 007
（五）意义（Meaning）······ 008
（六）象征符（Symbol）······ 010
（七）编码与解码（Encoding/Decoding）······ 012
（八）媒介（Media）······ 013
（九）"5W"模式（5W Model）······ 017
（十）纽科姆对称模式（Newcomb's A-B-X Model）······ 018
（十一）格伯纳模式（Gerbner's General Model of Communication）······ 020
（十二）赖利夫妇系统模式（Riley and Riley Communication Model）······ 022
（十三）信息论（Information Theory）······ 024
（十四）控制论（Cybernetics）······ 025

二、代表性大众传播学人物 ······ 027

（一）杜威（John Dewey）······ 027

（二）香农—韦弗（Shannon and Weaver）······ 028

（三）勒温（Kurt Lewin）······ 030

（四）拉扎斯菲尔德（Paul F. Lazarsfeld）······ 031

（五）哈罗德·拉斯韦尔（Harold Lasswell）······ 033

（六）西奥多·W. 阿多诺（Theodor Wiesengrund Adorno）······ 035

（七）威尔伯·施拉姆（Wilbur Schramm）······ 037

（八）卡尔·霍夫兰（Carl Hovland）······ 039

（九）埃弗雷特·罗杰斯（Everett M. Rogers）······ 041

（十）雷蒙德·威廉斯（Raymond H. Williams）······ 043

（十一）詹姆斯·凯瑞（James W. Carey）······ 045

（十二）丹尼斯·麦奎尔（Denis McQuail）······ 047

（十三）马克思·霍克海默（M. Max Horkheimer）······ 048

（十四）赫伯特·马尔库塞（Herbert Marcuse）······ 051

（十五）瓦尔特·本雅明（Walter Benjamin）······ 053

（十六）马歇尔·麦克卢汉（Marshall McLuhan）······ 055

（十七）斯图亚特·霍尔（Stuart Hall）······ 057

（十八）沃尔特·李普曼（Walter Lippmann）······ 059

（十九）祝建华（Jonathan Zhu）······ 061

（二十）哈罗德·英尼斯（Harold Adams Innis）······ 062

三、重要学派及重要研究机构 ······ 064

（一）芝加哥学派（Chicago School）······ 064

（二）哥伦比亚学派（Columbia School）······ 065

（三）多伦多学派（Toronto School of Communication）······ 067

（四）法兰克福学派（Frankfurt School）……………069

（五）伯明翰学派（Birmingham School）……………070

（六）传播政治经济学派（School of Political Economy Communication）……………072

（七）技术—控制论学派（The School of Technology-Cybernetics）……………074

（八）结构主义符号—权力学派（Structural Symbol-Power School）……………077

（九）耶鲁学派（Yale School）……………081

第二章 大众传播理论

一、大众传播的效果理论……………084

（一）皮下注射论（Magic Bullet Theory）……………084

（二）意见领袖（Opinion Leader）……………086

（三）两级传播（Two-Step Flow of Communication）…086

（四）休眠效果（Sleep Effect）……………087

（五）一面提示与两面提示（One-sided Message & Two-sided Messages）……………088

（六）选择性接触（Hypothesis of Selective Exposure）……………090

（七）使用与满足（Uses and Gratifications）……………091

（八）免疫效果（Inoculation Effect）……………092

（九）议程设置（Agenda Setting）……………094

（十）时滞（Time Lag）……………097

（十一）沉默的螺旋（The Spiral of Silence）……098
（十二）创新扩散（Diffusion of Innovations）……100
（十三）涵化分析（Cultivation Theory）……103
（十四）社会学习理论（Social Learning Theory）……107
（十五）第三人效果（Third Person Effect）……111
（十六）媒介事件（Media Events）……113
（十七）知识沟（Knowledge Gaps）……116
（十八）上限效果（Ceiling Effect）……117
（十九）媒介决定论（Media Determinism）……118
（二十）社会顺从理论（Social Conformism）……120
（二十一）数字鸿沟（Digital Gap / Digital Divide）……121

二、大众传播的受众研究……124

（一）洞穴人（Allegory of the Cave）……124
（二）大众（Mass）……125
（三）公众（Public）……126
（四）容器人（Container People）……128
（五）单向度的人（One Dimensional Man）……129
（六）首属群体（Primary Group）……130
（七）受众商品（Audience as Commodity）……132
（八）传媒接近权（The Right of Access to Mass Media）……133
（九）生产型受众（The Productive Audience）……134
（十）媒介使用者（Media Users）……136
（十一）用户（User）……137
（十二）媒介素养（Media Literacy）……138
（十三）社会参与论（Audience Participation Theory）……139

三、大众传播的性质、功能与社会影响 …… 141

（一）把关人（Gatekeeper）…… 141

（二）拟态环境（Pseudo-environment）…… 143

（三）大众传播功能说（Mass Communication Function）…… 144

（四）预防接种理论（Inoculation Theory）…… 146

（五）框架（Frame）…… 148

（六）公共领域（Public Sphere）…… 150

（七）观念的自由市场（Freedom Marketplace of Ideas）…… 154

（八）媒介依存症（Media Dependency Theory）…… 156

（九）信息茧房（Information Cocoons）…… 158

（十）潜网（Social Control in the Newsroom）…… 160

（十一）信息社会（Information Society）…… 161

（十二）刻板印象（Sterotype）…… 163

（十三）内爆（Implosion）…… 164

（十四）媒介生态学（Media Ecology）…… 166

（十五）消费社会（Consumer Society）…… 168

（十六）文化规范论（Cultural Norms Theory）…… 169

（十七）媒介规范论（Media Norms Theory）…… 170

四、文化研究与媒介研究 …… 175

（一）文化研究（Culture Studies）…… 175

（二）大众文化（Mass Culture）…… 177

（三）商品拜物教（Commodity Fetishism）…… 180

（四）地球村（Global Village）…… 182

（五）全球化（Globalization）…… 183

（六）文化帝国主义（Cultural Imperialism）…… 184

（七）葛兰西转向（Gramsci Shift）··············186
（八）霸权（Hegemony）··············187
（九）女性主义（Feminism）··············188
（十）符号（Symbol）··············190
（十一）注意力经济（Attention Economy）··············195
（十二）场域理论（Field Theory）··············196
（十三）情境（Situation）··············198
（十四）数字化生存（Being Digital）··············200
（十五）发展传播学（Concept of Development Communication）··············201
（十六）数字资本主义（Digital Capitalism）··············203
（十七）电子乌托邦（Teletopia）··············205
（十八）跨文化传播（Intercultural Communication）··············206
（十九）计算传播学（Computational Communication）··············208

第三章　人际传播、群体传播与组织传播

一、人际传播理论··············212

（一）人际传播（Interpersonal Communication）··············212
（二）三维理论（Three Dimensional Interpersonal Relations Theory）··············215
（三）克纳普关系模型（Knapp's Relationship Model）··············216
（四）拟剧理论（Dramaturgy）··············218
（五）不确定性削减理论（Uncertainty Reduction Theory，URT）··············220
（六）传播适应/顺应理论（Communication

Accommodation Theory）……222
（七）面子理论（Face Theory）……225
（八）高—低语境文化（High Context and Low Context Cultures）……230
（九）媒介等同理论（Media Equation Theory）……231
（十）群体性孤独（Alone Together）……233
（十一）认知失调理论（Theory of Cognitive Dissonance）……234
（十二）镜中我理论（The Looking-Glass Self）……236
（十三）约哈瑞窗口（Johari Window）……238
（十四）主我与客我（I and Me）……240
（十五）基模理论（Schema）……241

二、群体传播与组织传播……244

（一）群体传播（Group Communication）……244
（二）群体意识（Group Consciousness）……246
（三）乌合之众（The Crowd）……247
（四）组织传播（Organizational Communication）……248
（五）马斯洛需求层次理论（Maslow's Hierarchy of Needs）……250
（六）社会交换理论（Social Exchange Theory）……251
（七）群体压力（Group Pressure）……254
（八）群体思维（Groupthink）……257
（九）趋同（Convergence）……259
（十）集合行为（Collective Behavior）……262
（十一）组织形象传播（Organizational Image Communication）……263
（十二）组织文化传播（Organizational Culture Communication）……265

（十三）仪式（Ritual）……………………266
（十四）危机传播（Crisis Communication）……268
（十五）危机公关的 3T 和 5S（The 3T and 5S Principles of Crisis PR）…………269
（十六）霍桑实验（Hawthorne Experiment）……270
（十七）风险传播（Risk Communication）……272
（十八）健康传播（Health Communication）……273
（十九）公共传播（Public Communication）……275

第四章 传播学研究方法

一、量化研究方法基本概念…………278
（一）量化研究方法（Quantitative Research Methods）……………………278
（二）证伪（Falsification）…………279
（三）测量（Measure）………………281
（四）指标（Indicators）……………282
（五）变量的类型（Variable Type）……283
（六）量表（Scales）…………………286
（七）信度与效度（Reliability & Validity）……290
（八）置信度与置信区间（Confidence Level & Confidence Interval）……………292
（九）抽样（Sampling）………………294
（十）样本（Sample）…………………295
（十一）概率抽样（Probability Sampling）……295

（十二）因果关系（Causal Relationships）……301

二、量化研究方法……303
（一）调查法（Survey Research）……303
（二）问卷设计（Questionnaire Design）……304
（三）实验法（Experiment）……305
（四）四种实验设计（Four Experimental Designs）……307
（五）内容分析法（Content Analysis）……310
（六）编码表（Coding Schedule）……312
（七）统计分析（Statistic Analysis）……315

三、质化研究方法基本概念……317
（一）质化研究方法（Qualitative Research Methods）……317
（二）归纳与演绎（Induction and Deduction）……321
（三）非概率抽样（Non-probability Sampling）……322
（四）概念与命名（Concept and Naming）……323

四、质化研究具体方法……325
（一）民族志（Ethnography）……325
（二）现象学方法（Phenomenological Method）……326
（三）扎根理论（Grounded Theory）……327
（四）访谈法（Interview Survey）……328
（五）观察法（Observational Survey）……329
（六）文本分析法（Text Analysis）……330
（七）焦点小组法（Focus Group Discussion）……332
（八）深描法（Depth Description）……333

五、其他相关研究方法 ·················335
　（一）社会网络分析（Social Network Analysis）···········335
　（二）语义网络分析（Semantic Network Analysis）········337
　（三）文本情感分析（Text Emotion Analysis）············338

参考文献 ······························342

第一章

大众传播学发展史

一、大众传播基本概念

（一）大众传播（Mass Communication）

1. 定义

大众传播早期的定义为：由专业化的机构和技术组成，利用技术设备（平面媒体、广播、电影等）为大量的、异质的、广泛分散的受众来传播象征性内容的活动（贾诺威茨，1968）。在与之相似的定义中，从发出者而不是从接收者反馈、分享、互动的意义来看，"传播"等同于"传递"（麦奎尔，2005）。德弗勒（1989）则更细致地将大众传播视为一个过程，在这个过程中，职业传播者利用机械媒介广泛、迅速、连续不断地发出讯息，目的是使人数众多、成分复杂的受众分享传播者要表达的含义，并试图以各种方式影响他们。

在现代城市，大众传播是互联网传播形态普及之前社会生活必不可少的组成部分。就大众传播的显在和社会影响而言，它远大于人际传播；在一定意义上，大众传播也是一种以社会作为空间的最大规模的组织对外传播。

2. 特点

陈力丹（2016）总结了大众传播的特点，如下：

第一，它是公开的社会性传播活动，大众传媒传播私密信息，属于违反职业道德的行为。

第二，其基本传播路径是"点"向"面"的传播，"点"即专事这种传播活动的大众传媒，而"面"是分散的、不确定的多数（大众），通常从几万受众到数百万，甚至数亿受众（例如全球性体育赛事的电视现场直播）。只有通过科学的受众调查，才可能了解媒体的受众群的大体情况。

第三，信息主要由"点"（大众传媒）单向流动或辐射到"面"，反馈是偶然的、延时的。

大众传播的形成是一个渐进的过程。从16世纪开始，社会信息需求逐渐规模化，印刷技术普及，交通、语言、文化等条件逐渐完善。19世纪中叶，廉价报刊作为第一种大众传播形态出现。20世纪普及的电影、广播、电视等媒体形态，把大众传播发展到极致。从20世纪末开始，大众传播呈现出走下坡路的迹象。

3. 影响

早期的传播研究者受当时流行的功能主义影响较大，价值判断也逐渐被中立的学术研究代替（刘海龙，2008）。在大众传播的功能研究中，有较大影响的几个理论包括拉斯韦尔（Harold Lasswell）的功能理论、赖特（Charles Wright）的功能理论、施拉姆（Wilbur Schramm）的功能观和拉扎斯菲尔德（Paul Lazarsfeld）与默顿（Robert Merton）的功能观。

在信息技术高速发展的今天,大众传播这一产生于20世纪30年代的概念也面临着许多挑战:首先,人际传播及其他传播形态与大众传播的界限越来越模糊,互联网使非专业的传播者也可以拥有大量的受众;其次,控制传播过程越来越困难,单向的线性传播方式正在向双向的非线性传播方式转变;最后,大众传播的受众规模越来越小,目标受众细分化使"大众"的概念正在发生变化(刘海龙,2008)。

(二)反馈(Feedback)

1. 定义

反馈是信息论中的一个重要概念,又称"回输""回授",它最初是由美国贝尔电话实验室的哈罗德·布朗克(H. S Black)于20世纪20年代提出来的,原意是把电子系统的输出信号的全量或部分量回输到本电子系统的输入端(丁煌,2013)。20多年后,美国科学家维纳(Norbert Wiener)拓宽了反馈概念,主要强调信息反馈,他在《人有人的用处——控制论和社会》一书中写道:"为了使任何机器能对变动不居的世界环境做出有效的动作,那就必须把它自己动作后果的信息,作为使它继续动作下去所需的信息的组成部分再提供给它。"(维纳,1978)"这种以机器的实际演绩而非以其预期演绩为依据的控制就是反馈。"(维纳,1978)

约翰·M. 菲夫纳(John Pfiffner)和弗兰克·舍伍德(Frank Sherwood)(1960)认为:最简单的反馈是指演员从现场观众那里获得的信息,演员和观众之间好像有一个闭路装置,在不断传输信息……反馈的本质在于信息交流实际上对行为有响应式的影响。这个循环模式包括信息流向行为一端，带着行为信息又流向决策一端，而后又带着新的信息，或许是指令返回到行为一端（菲夫纳、舍伍德，1960）。如果系统没有灵敏的触角来收集准确的反馈信息，或者更糟糕，没有考虑到要把反馈信息准确传输给决策者，那么它就很难对环境变化做出恰当的反应（欧文斯，2001）。

2. 影响

反馈普遍存在于现实世界之中，任何系统的控制过程无不含有反馈，作为一个闭环系统的人际沟通也不例外。在人际沟通活动中，反馈指一种由信宿向信源回输信息的过程，它是人际沟通活动的重要组成部分。人际沟通本质上永远是双向的互动行为，所以在人际沟通过程中作为信息接收方的信宿并不只是消极地接收信源所发出的信息，而要对接收到的信息理解后做出反应，将反馈信息回授给对方，只有达到了双向的信息交流，才能实现有效的人际沟通（丁煌，2013）。

（三）信源（Information Source）

1. 定义

信源，简单地说，就是信息的来源，即发出消息的来源。克劳德·香农和瓦伦·韦弗（Clavde Shannon & Warren Weaver）在《传播的数学理论》（*Mathematical Theory of communication*，1949）中提到信源。

从数学理论的角度来看，信息源会产生将要传输给接收端的消息或消息序列（香农，1949）。从传播学的角度看，在这个模式中，信源相当于传者，信宿相当于受者（张国良，1998）。

从经典信息论的角度来看，信源既可以是人，也可以是机器，甚至还可以是自然界中的其他物体。然而，在人际沟通这种传递和交流信息的社会活动中，充当信源的只能是人，即是指在人们之间的沟通活动中发出信息的一方。

作为人际沟通主体的信源在人际沟通过程中居于首要地位，其把所要传送的思想、情报、情感等信息内容，通过编码变成对方所能理解的符号或符号序列（语言、文字或其他符号）传送出去，经过一定的渠道让对方接受。

2. 特点

丁煌（2013）总结了信源的特点：

第一，普遍性。世界上所有运动着的客体，如自然界中的各种物体，社会中的组织、企业、机器和人本身等，都可以作为信源而存在，都产生信息。

第二，多样性。信源发出的信息都是具体信源及其内部要素的属性和运动形态的表现，信源的多样性决定了信息的多样性。正是这种多样性，才使抽象信息具有了与物质、能量相同的普遍性的品格，成为组成世界的基本元素。

第三，可变动性。信源的地位和属性并非固定不变，当它发出信息时，它是信源；当它接收信息时，又变为信宿。通常，信源所发出的消息带有随机性，它是不确定的。如果消息是确定的，而且预先是知道的，那么对信宿来说，就无信息。

(四)信宿(Information Sink)

1. 定义

从数学理论的角度来看,受信者即信宿,指接收消息的人或物(香农,1949)。

2. 特点

丁煌(2013)总结了信宿的特点:

第一,普遍性。和信源一样,信宿可以是人,也可以是社会组织、团体、企业,还可以是物体、机器等。

第二,针对性。信源随时随地向外界散发信息,但信宿却是有针对性地接受与之相关的信源发出的信息。

第三,加工和存储信息的能力。信宿可以对接收到的信息进行整理、加工,而后可以立即使用或将不能立即使用的信息存储起来。

第四,变换和反馈信息。信息使用后,产生了效果,便成为另一种形态的信息。

3. 影响

从经典信息论的观点来看,信宿既可以是人,也可以是机器,如收音机、电视机等,但是,在人际沟通活动中,充当信宿的一方如同充当信源的一方一样,只能是人(丁煌,2013)。人际沟通往往具有一定的目的性,也就是说要把一定的信息传递到选定的对象那里,所以当传递信息的一方——信源发出信息之后,作为信息接收方的信宿经过一定的渠道收到符号化了的信息,并将这些符号化了的信息通过解码,转化为自己理解的意念，然后再经过判断、采用相应的行为反馈到沟通对方那里去（丁煌，2013）。

丁煌（2013）认为，"从人际沟通活动的程序来看，作为信息接收方的信宿处于人际沟通过程的后半段，即处于信息的接受、译解和反馈阶段，因而信宿在整个人际沟通过程中是积极响应的人际沟通者。他们具有主观能动性，他们在人际沟通过程中往往并不是呆板地、兼收并蓄地对待信源所发出的信息，而是有选择、有重点地接受信源发来的信息"。

（五）意义（Meaning）

1. 定义

近代以来的西方意义研究主要出现在语言学和哲学两大领域：语言学方面以索绪尔（Ferdinand de Saussure）为代表；哲学方面则由弗雷格（Friedrich Ludwig Gottlob Frege）和胡塞尔（Edmund Gustav Albrecht Husserl）分别开启了现代哲学语义学的两大方向——分析哲学和现象学（李幼蒸，1999）。语言学是从语义方面考察词语与事物的关系，哲学则是在此基础上通过名物关系去探求实在及其本质（李彬，2003）。

从社会传播的角度来讲，郭庆光（2011）认为，意义就是人对自然事物或社会事物的认识，是人为对象事物赋予的含义，是人类以符号形式传递和交流的精神内容。意义活动属于人的精神活动，但它与人的社会存在和社会实践密切相关，意义在人类的社会生活中起着重要的作用，人与人之间的社会传播，实质上也就是意义的交流。

2. 符号与意义

从符号学角度来讲，有学者提出，意义是一个符号可以被另外的符号解释的潜力，解释即意义的实现（赵毅衡，2011）。意义本身是抽象和无形的，但是可以通过语言以及其他符号得到表达和传递，符号是意义的载体和表现形态（郭庆光，2011）。

语言学家索绪尔用"符号"这个词表示整体，用"所指"（signified）和"能指"（signifier）分别代替概念和音响形象（索绪尔，1999）。换句话说，能指通常表现为声音或图像，能够引发人们对特定事物的概念联想，所指是指代或表述的对象事物的概念（郭庆光，2011）。

在此基础上，法国学者罗兰·巴特（Roland Barthes）（2009）认为，意义即意指作用（signification），符号是能指和所指的联合整体。他提出，神话把第一个意指形式系统往下移动了一格，所以，语言层面的能指即意义（sens），神话层面的能指为形式（forme），前者与所指的相互关系为符号（signe），后者与所指的相互关系为意指作用（巴特，2009）。巴特还提出了含蓄意指与直接意指的概念：含蓄意指是种确定、关涉、指代、特征、有力量将自身与往昔、日后或外来的叙述相连，与此文（或彼文）的另外轨迹相交；直接意指则回返至自身，并将自身标示出来（巴特，2000）。

郭庆光（2011）将符号的意义总结为三类：首先是明示性意义与暗示性意义，前者是符号的字面意义，属于意义的核心部分，后者是符号的引申意义，属于意义的外围部分；其次是外延意义与内涵意义，外延是概念符号所指示的事物的集合，内涵是对所指示事物的特征和本质属性的概括；最后是指示性意义和区别性意义，前者是将符号与现实世界的事物联系起来进行思考的意义，后者是表示两个符号的含义之异同的意义。

符号所传达的意义并不总是很清晰的，其暧昧性体现在语言符号本身意义的模糊和语言符号的多义性，这有时会成为人们之间沟通意义的障碍，人们可以借助传播过程中的其他条件或情境来消除语言符号的暧昧性和多义性（郭庆光，2011）。

3. 传播过程中的意义

符号本身是有意义的，但意义并不仅仅存在于符号本身，而是存在于人类传播的全部过程和环节当中，包括传播者的意义、受传者的意义以及传播情境所形成的意义等（郭庆光，2011）。

（六）象征符（Symbol）

1. 定义

符号（Sign）可以分为动物所面对的信号和人类所面对的符号，在人类所面对的符号世界里，按照美国学者莫里斯（Charles William Morris）的观点又需区分两个基本类型：一个是他所说的信号（Signal），一个是他所说的象征符（Symbol）（李彬，2003）。

从与信号相区别的层面上来界定象征符：如果机体给自己提供了这样一个指号，这个指号在控制它的行为方面代替了另一个指号，意谓着那个被替代的指号所意谓的东西，那么，这个指号就是一个象征符号，这个指号过程就是一个象征符号过程；如果情况不是这样，那么，它就是一个信号，这个指号过程就是一个信号过程（莫里斯，1989）。

皮尔斯（Charles Sanders Peirce）将符号分为像似符（icon）、指示符（index）和规约符（symbol，象征符）：像似符仅仅借助自己的品格去指称它的对象，并且无论这种对象事实上存在还是不存在，它都照样拥有这种相同的品格；指示符指示其对象是因为它真正被那个对象影响；象征符则是这样一种符号，它借助法则——常常是一种一般观念的联想——去指示它的对象（皮尔斯，2014）。

2. 特点

郭庆光总结了象征符的特点：象征符必须是人工符号，是人类社会的创造物；象征符不仅能够表示具体的事物，而且能够表达观念、思想等抽象的事物；象征符不是遗传的，而是通过传统，通过学习来继承的；象征符是可以自由创造的，这就是说象征符与其指代的对象事物之间不需要有必然的联系，它们的关系具有随意性。

3. 影响

首先，象征符的作用已经超出了知觉的层次，具有表象和概念的功能；其次，象征符是人类特有的符号，唯有人类才能创造和使用象征符，人类通过驾驭象征符体系形成不同的社会文化；最后，考察人类如何通过象征符的传播实现社会互动，是传播学研究的重点（郭庆光，2011）。

（七）编码与解码（Encoding/Decoding）

1. 定义

20世纪80年代，霍尔（Stuart Hall）在《编码/解码》（*Encoding/Decoding*）一书中根据葛兰西（Antonio Gramsci）的霸权理论提出了编码/解码理论。在莫利（David Morley）《举国上下》（*Nationwide*）研究的带头推广下，随着受众研究的复兴，《编码/解码》几乎被奉为这一领域的经典文本（陈力丹、林羽丰，2014）。在该书中，霍尔对巴特的理论进行了修正。这里所说的"编码"（encoding）是指信息传播者将所传递的讯息、意图和观点，转化为具有特定规则的代码，"解码"（decoding）则是信息接受者将上述代码按特定规则进行解读（刘海龙，2008）。该理论认为主导意义并不是通过直接的意指传递的，而是通过隐含的、自然化的编码来实现的，这部分与巴特的神话理论很相似，但是霍尔认为，隐含主导意识形态的符码（code）并不是透明的，它不会被受众简单地接受，受众要借助解码，才能获得意义，因此，仅仅像巴特那样进行文本分析是不够的，还必须对受众的解读（解码）过程进行研究（刘海龙，2008）。

编码与解码的过程都受到知识结构、生产关系、技术基础结构等社会结构因素的影响，进而以一定的规则对符号进行编排和解读（刘海龙，2008）。由于传受双方编码和解码的规则不同，传受过程中会出现符码的差异。一般来说可能存在三种不同的解码方式：统治—霸权立场（dominant-hegemonic position）、协商立场（negotiated position）、对立立场（oppositional position）（霍尔，1980）。第一种解读方式中，受众在编码者设定的框架内进行解读，认同主导的意识形态；第二种解读方式混合着相容的因素和对抗的因素，既保留一定的主导意识形态，同时又根据自己所在群体的位置做出一定的同意，受众与占统治地位的意识形态之间处于矛盾和协商状态；第三种解读方式是受众在识破编码的意义之后，采取与占统治地位的编码完全相反的策略，根据自己的经验解读出新的意义（霍尔，1980）。

2. 影响

在编码/解码理论看来，主导的意识形态希望把某种能指和所指之间的联想强行固定下来，而受控者则希望这一关系保持流动性，因此，意义的编码与解码过程就是语言中的意识形态争夺和斗争（刘海龙，2008）。编码和解码理论说明：意识形态的影响并不是一个简单的直线的过程，而是一个复杂的妥协和对抗的过程，这和葛兰西所说的霸权的建立过程非常相似，它不是一个单向的控制，而是统治者与被统治者之间复杂的斗争与妥协后建立的"普遍赞同"（刘海龙，2008）。

（八）媒介（Media）

1. 定义

传播媒介大致有两种含义：第一，它指信息传递的载体、渠道、中介物、工具或技术手段；第二，它指从事信息的采集、加工制作和传播的社会组织，即传媒机构（郭庆光，2011）。有学者提出，除了指涉技术、组织外，媒介甚至还指涉传播内容与文化（刘海龙，2008）。

2. 媒介与媒体

媒介与媒体两个概念并无本质差别，但是在日常使用中，媒介一般侧重于信息中介的技术层面，媒体一般侧重于信息中介中传送的信息，比较具体，甚至有时直接指称某个具体的媒介组织（刘海龙，2008）。

3. 用法

在传播研究中，媒介（媒体）概念有四种差异较大的用法：第一种指某种技术形式及讯息的运载方式，如电报、电视机、互联网等；第二种指媒介中传送的讯息；第三种指讯息在某种载体上呈现出的特殊格式；第四种指从事信息传播的专业组织（刘海龙，2008）。

4. 麦克卢汉（Marshall McLuhan）与德布雷（Régis Debray）的媒介观

麦克卢汉的主要观点如下：首先，"媒介即讯息"：任何媒介（人的任何延伸）对个人和社会的任何影响，都是由于新的尺度产生的，我们的任何一种延伸（任何一种新的技术），都要在我们的事务中引进一种新的尺度；其次，他还提出任何一种媒介的"内容"都是另一种媒介，文字的内容是言语，正如文字是印刷的内容，印刷又是电报的内容一样；再次，媒介是人的延伸，电子媒介是中枢神经系统的延伸，各个感觉器官达到了平衡，其余一切媒介是人体个别器官的延伸，处于不平衡的状态；最后，麦克卢汉还提出热媒介和冷媒介的概念，热媒介只延伸一种感觉，并使之具有"高清晰度"，要求的参与程度低，而冷媒介则是"低清晰度"，要求的参与程度高，需要接收者完成的信息多（麦克卢汉，2000）。

麦克卢汉媒介观的意义在于，它开拓了从媒介技术出发观察人类社会发展的视角，并强调了媒介技术的社会历史作用（郭庆光，2011）。但他的理论也有极端性和片面性：首先，麦克卢汉把媒介技术视为社会发展和变革的唯一决定因素，忽略了生产关系和社会关系等各种复杂的社会因素的作用；其次，在麦克卢汉的理论中，我们看不到人的主体性和能动性，人似乎成了完全受到自己所发明的媒介技术或工具主宰的对象；最后，麦克卢汉理论的全部依据都集中在媒介工具对中枢感觉系统的影响上，并由此出发解释人类的全部行为也是片面的（郭庆光，2011）。

法国学者德布雷自20世纪70年代起关注传播与媒介研究，致力于建构"媒介学"这一新学科，他倡导回归传播的人文属性，探寻技术与文化的互动关系，积极思索和回应当前全球化语境下的文化传承和文化多样共存问题（娇雅楠，2015）。

德布雷认为媒介有四种含义：第一，符号化行为的普通方法（言语、书写、模拟图像、数字计算）；第二，传播的社会编码（发出口信时所使用的源语言，比如拉丁语、英语或捷克语）；第三，记录和存储的物质载体（黏土、莎草纸、羊皮纸、纸、磁带、屏幕）；第四，与某种传播网络相对应的记录设备（手抄本、印刷物、相片、电视、电脑）（德布雷，2016）。

麦克卢汉与德布雷在媒介自身的含义及其运用上有着明显的差别：首先，麦克卢汉将媒介理解为单数，即注重研究某个或某种媒介的特性和偏向，而德布雷则将媒介理解为复数，其研究立足于某种技术综合体（唐海江、曾君洁，2019）；其次，从时空观念上来讲，麦克卢汉更为偏重空间向度，德布雷则注重对主义、信仰的"传递"研究，分析社会组织在"传递"中的关键作用，聚焦于时间向度（黄华，2017）；最后，在关于媒介（技术）与人的关系上，麦克卢汉将人设置为媒介研究的关怀对象，认为技术与人的关系实质是等级式的"主仆"关系，德布雷的媒介学将关注重点放在了传承和精神实现上，认为人与技术是主体与客体的平等互动关系，人与物的关系由人调节（唐海江、曾君洁，2019）。

从媒介史观的角度来讲，基于媒介进化的理解，麦克卢汉和德布雷都指出了技术与文化的对应关系，进而以技术时代的划分作为社会文明分期的标准：麦克卢汉将人类文明史划分为口语传播时代、文化印刷传播时代和电子传播时代；德布雷按照时间顺序整合技术和文化的各方因子，着眼于媒介进化层面提出了"媒介域"的概念，即一个信息和人的传递和运输环境，包括与其相对应的知识加工方法和扩散方法，由此将社会文明史划分为逻各斯域（文字）、书写域（印刷）和图像域（视听）（唐海江、曾君洁，2019）。

总的来说，二人都承认媒介在文明演化中发挥的定义化作用，麦克卢汉主张媒介（技术）是文明构成的首要决定因素，而德布雷则认为，理解媒介的文明效应不是神化技术带来的震撼，不是将技术视为解决一切社会问题的救世力量，而是要使技术去神圣化，媒介（技术）对文明的影响是通过推进思想的实践和传承来达成的(唐海江、曾君洁，2019)。

(九)"5W"模式(5W Model)

1. 定义

1948年，在《传播在社会中的结构与功能》(*The Strcture and Function of Communication in Society*)一文中，拉斯韦尔提出了构成传播过程的五种基本要素，并按照一定结构顺序将它们排列，形成了后来人们称之为"5W"模式或"拉斯韦尔程式"的过程模式。这5个"W"分别是英语中5个疑问代词的第一个字母，即：Who(谁)、Says What(说了什么)、In Which Channel(通过什么渠道)、To Whom(向谁说)、With What Effect(有什么效果)(拉斯韦尔，1948)。

2. 影响

"5W"模式的提出在传播学史上具有重要意义，这个模式第一次将人们每天从事却又阐述不清的传播活动明确表述为由五个环节和要素构成的过程，为人们理解传播过程的结构和特性提供了具体的出发点(郭庆光，2011)。后来大众传播学研究的五大领域即"控制研究""内容分析""媒介分析""受众分析"和"效果分析"，就是沿着"5W"模式的这条思路形成的(郭庆光，2011)。拉斯韦尔模式是引导人们研究传播过程的一种便捷的综合方法(许静，2007)。

3. 局限

首先，"5W"模式是单向直线模式，拉斯韦尔虽然考虑到了受传者的反应(效果)，却没有提供一条反馈渠道，因而，这个模式没有揭示人类社会传播的双向和互动性质（郭庆光，2011）。

其次，该模式或多或少地假定传播者具有某种要影响受传者的意图，因此把传播主要看成一种劝服性过程（许静，2007）。此外，这一模式还假定任何信息总是有效果的，这也无疑助长了过高估计传播特别是大众传播效果的倾向，这和拉斯韦尔当时对政治传播与宣传的关心是分不开的（许静，2007）。

（十）纽科姆对称模式（Newcomb's A-B-X Model）

1. 定义

纽科姆的对称模式又称纽科姆 A-B-X 模式（Newcomb's A-B-X Model），由美国社会心理学家 T.M. 纽科姆（Theodore M. Newcomb，1903—1984）于1953年在《心理学评论》（*Psychological Review*）上发表的《一个传播行为的研究途径》（*An Approach to the Study of Communicative Acts*）一文中提出。如图1-1所示。

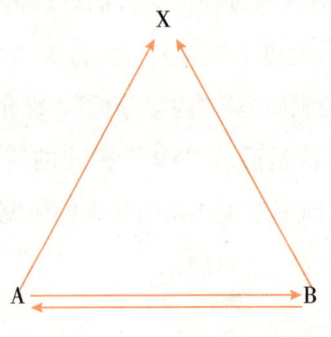

图1-1　纽科姆对称模式图

在这个传播行为最简单的模式中，一个人（A）将有关某事

(X)的信息传达给另一个人(B),这个模式假定A对B的倾向(态度)与A对X的倾向是相互依赖的,A、B、X三者组成一个由四个倾向构成的系统(纽科姆,1953)。纽科姆对此模式的解析如下:

A对X的倾向,包括A把X作为一个对象接近或回避的态度(以标志和强度为特征)以及认知因素(信念和认知建构)。

A对B的倾向,也是完全一样的情况(为了避免用词的混淆,纽科姆把对人,即对A或B的倾向说成正面或反面的吸引,把对X的倾向说成喜欢和不喜欢的态度)。

B对X的倾向。(与A对X的倾向类似)

B对A的倾向。(与A对B的倾向类似)

在纽科姆的模式中,传播是个人在环境中定位自己的普遍而有效的方式,这个模式适合两个人之间有目的的传播行为。纽科姆从他的模式中引申出下列主张:

A对B和X的倾向力量越强,则(a)A倾向于与B、X对称的努力就越强;(b)在一次或多次传播行为之后,这种对称增加的可能性就越大。

A与B之间的吸引力越小,则他们倾向对称的张力就越局限于对特定Xs(多个X)的协同倾向,这种协同倾向是建立联系所必需的。

2. 评价

纽科姆对称模式表明,任何一个给定系统都是各种力量之间的一种平衡,系统中任何部分的任何改变都会导致倾向平衡或对称的张力,因为不平衡或缺乏对称会造成心理上的不舒服并产生内在的压力以恢复平衡（赛佛林，2006）。

纽科姆对称模式探讨了人际关系，把传播视为一种维护人际关系的互动过程，不仅说明人们都强烈地倾向喜欢那些和自己相似的人，还解释了我们应该如何去建立和谐的人际关系。这个模式中的 A 和 B 代表不同个体，与他们对 X 的态度密切相关，三者形成共生同动的关系，不管哪一方态度的转变都会带来现有结构的变动，而传播就是这个结构稳定与变化的关键（戚冬伟，2008）。

（十一）格伯纳模式（Gerbner's General Model of Communication）

格伯纳模式由美国传播学者乔治·格伯纳（George Gerbner, 1919—2005）于 1956 年在《探索一个传播总模式》（*A General Uodel of Communication*）一文中提出。其目的是要探索一种在多数情况下具有适用性的模式。该模式能够以具体情况下的不同形式对千变万化的传播现象进行描述。格伯纳对传播过程做了这样的表述：某人，感知某事，并做出反应，在某种场合下，借助某种工具，制作了可用的材料，于某种形式和背景中，传递某种内容，获得某种结果。该过程对应了传播研究的十个基本领域：

1. 语言模式

某人；感知到某个事件；并做出反应；在某种情况下；通过某种方式；获得可利用的资料；以某种形式；在某种背景中；传达内容；产生某种结果。

2. 研究领域

传播者和受众研究；感知的研究和理论；有效性测量；物质和社会背景研究；对渠道、媒介和设备控制的调查管理、分配；接触资料的自由；结构、组织、风格、样式；对传播环境、前因后果的研究；内容分析、意义研究；对总体变化的研究。

格伯纳还提出一个图解模式，如图1-2所示。

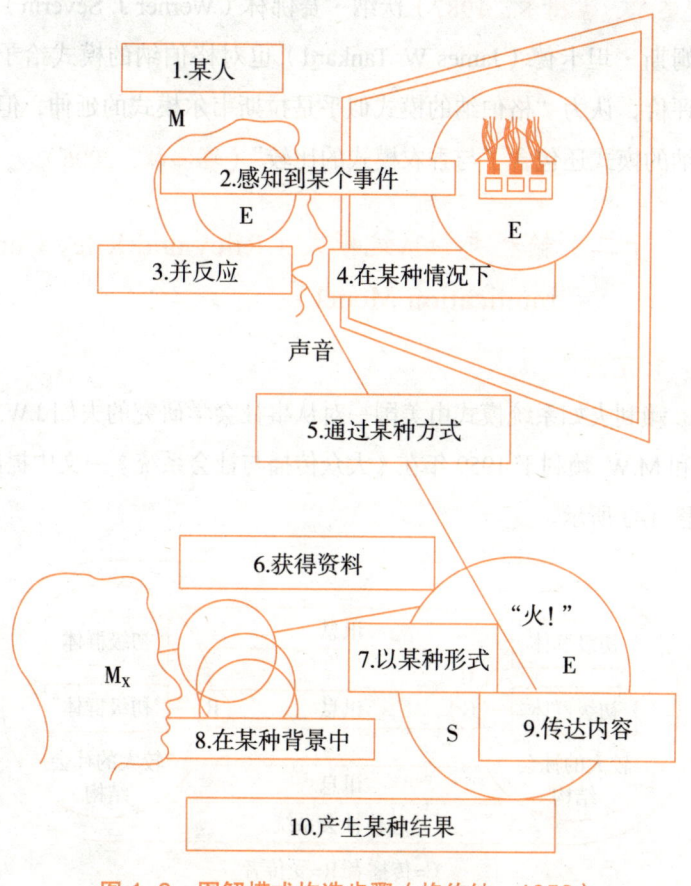

图1-2 图解模式构造步骤（格伯纳，1956）

丹尼斯·麦奎尔（Denis McQuail）和斯文·温德尔（Sven Windahl）肯定格伯纳的模式说："这个模式的一个特点是它可以根据它描述的不同传播情况而采取不同的形式。它的各个部分犹如建筑用的砖块，使之可能将无论是简单的还是复杂的传播过程描述为一种生产讯息并感知讯息的过程。这个过程能使我们进一步提出关于感知与生产性质以及这两者的相互作用的一些问题。"（麦奎尔、温德尔，1987）沃纳·赛佛林（Werner J. Severin）和詹姆斯·坦卡德（James W. Tankard）也对格伯纳的模式给予很高评价，认为"格伯纳的模式似乎是拉斯韦尔模式的延伸，但格伯纳的模式还包含了与香农模式的比较"（赛佛林，2006）。

（十二）赖利夫妇系统模式（Riley and Riley Communication Model）

1. 定义

赖利夫妇系统模式由美国一对从事社会学研究的夫妇J.W.赖利和M.W.赖利于1959年在《大众传播与社会系统》一文中提出。如图1-3所示。

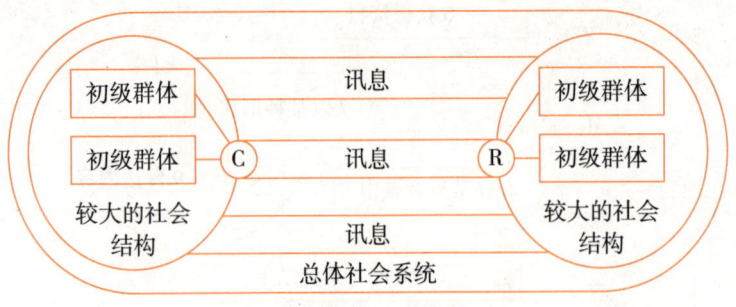

图1-3 赖利夫妇系统模式

2. 特点

这个模式告诉我们，任何一种传播过程都表现为一定的系统的活动，而多重结构是社会传播系统的本质特点。郭庆光总结了该模式的特点：

（1）从事传播的双方即传播者和受传者都可以被看作一个个体系统，这些个体系统各有自己的内在活动，即人内传播；

（2）个体系统与其他个体系统相互连接，形成人际传播；

（3）个体系统不是孤立的，而是分属于不同的群体系统，形成群体传播；

（4）群体系统的运行又是在更大的社会结构和总体社会系统中进行的，与社会的政治、经济、文化、意识形态的大环境保持着相互作用的关系。赖利夫妇认为，以报刊、广播、电视为代表的大众传播，也不外是现代社会各种传播系统中的一种。从这个模式中我们可以看到，社会传播系统的各种类型，包括微观的、中观的和宏观的系统，每个系统既具有相对的独立性，又与其他系统处于普遍联系和相互作用之中。每一种传播活动，每一个传播过程，除了受到其内部机制的制约之外，还受到外部环境和条件的广泛影响。这种结构的多重性和联系的广泛性体现了社会传播是一个复杂而有机的综合系统。

3. 影响

赖利夫妇系统模式率先把大众传播置于一个无所不包的社会系统框架中来认识，为重新校正社会学研究视野并设立一个新的研究框架，提供了契机和开辟了广阔前景，这多少反映出试图从社会结构上重新审视大众媒介位置的一种可贵努力（黄旦，1997）。

(十三)信息论(Information Theory)

1. 定义

信息论由香农于1948年提出,他在《贝尔系统技术学刊》10月号上发表的《通信的数学理论》(*A Mathematical Theory of Communication*),较全面地提出了他的信息论。《通信的数学理论》对于从精确科学向传播学领域模式转型发挥了重要作用。他从通信的角度定义了"信息"的概念:信息就是能够用来消除或减少不确定性的东西(陈力丹,2005)。由此,他提出了著名的从信源到信宿的香农—韦弗传播模式。

2. 影响

香农的信息论使信息与人的行为发生了密切的联系,从而为传播学研究开拓了更广阔的视野。人类传播中所交换的符号,包括语言、文字、声音、图像、表情、动作等,不外乎是表达事物内在属性的"物质—能量"的形式,都属于信息的范畴,对作为社会科学的传播学来说,香农信息理念的一个直接冲击就是使传播学者感受到了传播的普遍性:所谓传播,无非是信息的传递与交流。信息的传递与交流无论是通过物理系统、生物系统还是社会系统来进行,都属于传播的范畴,而作为社会科学的传播学的任务,就是在考虑到人类的社会传播与其他形态传播的共性和共通规律的同时,研究和揭示它的个性和特殊规律(郭庆光,2011)。

3. 批判与反思

法国当代著名思想家埃德加·莫兰(Edgar Morin)对香农

信息论中有关噪声、比特、冗余等概念提出了相关质疑：香农把信息定位在记录信息的符号或运载信息的信号中是犯了本体性错误；香农的信息始终是反生成的，自传播源到接收源，信息量只会不断减少，收到的信息量永远比传出的信息量小；另外，莫兰认为信息应该有其生成与流通过程（陈绚，2003）。

（十四）控制论（Cybernetics）

1. 背景

近代以来，人们在改造自然的过程中，力量越发强大，这种自信导致了主体与客体间的鸿沟越来越大。主体可以把身外的一切看作可以控制的客体或他者，在科学的名义下，学者们提出控制论（刘海龙，2008）。

2. 定义

1948年，数学家诺伯特·维纳发表了《控制论——或关于在动物和机器中控制和通信的科学》（Cybernetics Or Control and Communication in the Animal and the Machine）一文，在批判牛顿机械决定论的基础上提出了控制论。其基本思想是运用反馈信息来调节和控制系统行为，达到预期目的。维纳认为，社会过程充满着偶然性，并不像牛顿描述的那样井井有条，因此，传播与控制是一个过程，为了使社会更加有序，必须随时获得信息反馈，即时做出调整，适应新的变化，更好地执行控制者的命令（维纳，2009）。

控制论的核心概念是反馈，即受传者对接收到的信息的反应或回应，也是受传者对传播者的反作用。获得反馈信息是传播者的意图和目的，发出反馈信息是受传者能动性的体现。反馈是体现社会传播的双向性和互动性的重要机制，其速度和质量依媒介渠道的性质而有不同，但它总是传播过程中不可或缺的要素。

3. 影响

诺伯特·维纳的控制论已被有效地应用于广泛的跨学科的适用领域：大脑功能和神经生理学、人工智能、工厂自动化、假肢和国际传播。控制论还直接促成了20世纪60年代系统论的产生。维纳的理论对于传播学具有重要的影响，在若干重要的方面推进了传播学（罗杰斯，2012）。

4. 批评与反思

控制论把传播看作实现其他目的的工具，而人在传播过程中的内在体验和自我却受到忽略。"传播即控制"反映了人们对科学的盲目信仰，把自然与社会简单地等同起来，用征服自然的方法去"征服"社会、"征服"他人，这种工具理性必然会给每个社会成员和整个文化带来不良影响（刘海龙，2008）。

二、代表性大众传播学人物

（一）杜威（John Dewey）

1. 生平

约翰·杜威（1859—1952），美国哲学家、教育家，实用主义的集大成者。杜威生于佛蒙特州的普通家庭，1884年获哲学博士学位。他先后任教于多所大学，其中，在哥伦比亚大学担任教职时间最长。杜威著作涉及教育学、哲学、科学、艺术诸方面，代表作品有《哲学之改造》《民主与教育》等。

2. 主要观点

杜威认为传播是使人民成为社会完美的、参与性成员的手段，大众传播是变革社会的重要工具，在改造社会方面具有强大的潜在力量，新的传播技术将会导致社会价值体系的重构（郭庆光，2011）。

杜威对传播的理解影响深远，他的传播思想中体现了对共同性的追求。杜威曾说："人们由于拥有共同的事物生活在一个社区里，传播即是他们借此拥有共同事物的方法。"杜威致力于通过传播手段，将一个复杂的大社会改造为具有道德、情感和毅力的共同体（卞冬磊，2016）。

杜威认为，传播能社会化人，使社会得以形成。社会不仅通过传达、通过传递而继续生存，而且在传递中、在传达中生存。共同、社会和传达这三个词，不但字面上有联系，而且人们有了共同的东西，才能生活在一个社会里，而传达乃是他们获得这些共同东西的方法（杜威，1915）。

3. 评价

杜威作为芝加哥学派的代表人物之一，他的著作中夹杂着传播学的智慧火花。尽管现代传播对于杜威漫长丰富的一生事业来说是个次要的小题目，而且他是一个专注于传播过程玄奥复杂之处的传播哲学家，但杜威的作品远远比许多传播学者的视野广阔，他的确是当代传播学的间接先行者（许加彪，2004）。杜威的许多观点，至今影响着许多传播学者，杜威的思想也是传播学的早期学术思想源流中美国源流的一支（郭庆光，2011）。

（二）香农—韦弗（Shannon and Weaver）

1. 生平和主要观点

美国的两位信息学者克劳德·香农和瓦伦·韦弗在1949年发表的《传播的数学理论》一文中，在维纳最先强调的信号传输的统计学概念基础上，提出了一个传播的过程模式，被称为传播过程的数学模式或香农—韦弗模式，如图1-4所示。

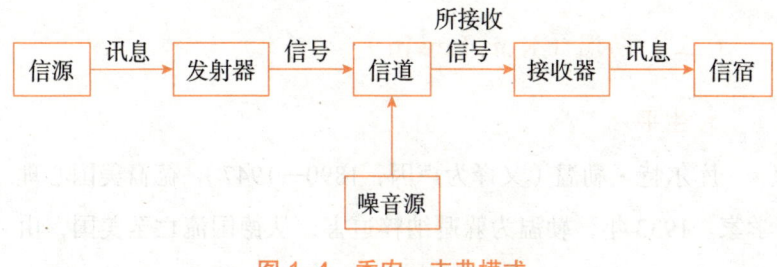

图 1-4 香农—韦弗模式

在这个模式中，信源（Information Source）从一组讯息（Message）中挑选一条进行传播，这条消息可以由口语、文字、音乐、图像等组成；发射器（Transmitter）将消息转变为信号以适合信道使用；信道（channel）是将信号（signal）从发射器传送到接收器的中介；接收器（receiver）所做的是与发射器相反的工作，将信号重新恢复成消息；信宿（destination）是消息想要传达到的人或物（赛佛林、坦卡德，2006）（Werner J.Severn & James W.Tankard，2006）。在被发射的过程中，不幸的特征是：某些东西被加到了信号上面，它们在信源的意图之外，被发射的信号中的所有这些变化就被称为噪音（香农，1949）。

2. 评价

郭庆光在《传播学教程》中指出，香农—韦弗模式导入了噪音的概念，表明了传播不是在封闭的真空中进行的，过程内外的各种障碍因素会形成对讯息的干扰，这为传播过程研究进一步提供了重要启发。但这个模式是一个直线单向的模式，缺少反馈环节，不能体现人类传播的互动性质（郭庆光，2011）。

(三)勒温(Kurt Lewin)

1. 生平

库尔特·勒温(又译为卢因,1890—1947),德裔美国心理学家。1933年,勒温为躲避纳粹迫害,从德国流亡至美国,由此促使他转向传播学,开创群体传播研究。勒温以一系列由实地实验得出的成果,对心理学的发展产生了重要影响,被称为"社会心理学之父"。威尔伯·施拉姆将拉扎斯菲尔德、勒温、拉斯韦尔和霍夫兰(Carl Hovland)称为传播学的四位奠基人(罗杰斯,2012)。

2. 主要观点

场域理论是勒温心理学体系中一个最重要的理论,他把场域理论理解成一种研究方法:"一种分析因果关系和建立科学结构的方法",主要用于解释个体心理和行为产生的特定空间(Lewin,1951)。勒温说:"任何一种行为都产生于各种相互依存事实的整体,而这些相互依存事实具有一种动力场的特征。"(Lewin,1948)为了理解或预测行为,就必须把人及其环境看作一种相互依存因素的集合,这些因素的整体称作该个体的生活空间(life space),即场(Lewin,1951)。

团体动力学(group dynamics)是勒温留给传播学的最重要的遗产。团体动力学的理论基础来自勒温的场论,所强调的是将团体作为一种心理学的有机整体,并在这种整体水平上探求团体行为或个人社会行为的潜在动力(申荷永,1990)。在勒温的团体动力学中,勒温尤其注重环境对动力产生作用的机理,并且在实验中尽可能地还原日常生活场景（李钢，2016）。

另外，勒温还最先提出"把关"（Gatekeeping）和"把关人"（Gatekeeper）概念。在第二次世界大战期间，美国为节约战争开支开展了一场号召人们食用牛下水的大规模宣传活动。勒温带领学生对这一宣传活动进行研究后发现，家庭主妇对不受欢迎的食物，扮演着犹如守门人的角色，除非家庭主妇决定将动物内脏推销给她的家人，否则，她的先生和孩子是不可能吃到的（郭庆光，2011）。勒温在1947年发表的名为《群体生活的渠道》（Channels of Group Life）的论文中对传播系统内的"把关行为"和"把关人"概念予以理性阐述。他指出：信息流动的渠道中总存在某种"关区"（Gate Areas），即根据公平的原则，或根据"把关人"的个人意见，而决定信息或食品是否被允许进入渠道，或继续在渠道里流动（麦奎尔、温德尔，2008）。把关人的主要作用是选择和过滤他所接到的信息。虽然这个理论的起点是关于食物购买，但是勒温却自认可以推及社会研究的其他领域（黄旦，2005）。

"把关"是勒温个人学术谱系中动态发展的一环，有着深厚的思想渊源，并且学术影响覆盖在从传播者研究到传播效果研究的多个领域之上。其社会管控的理论内核和对社会权力运作机制的探讨对传播学研究的重要意义也毋庸置疑（李钢，2016）。

（四）拉扎斯菲尔德（Paul F. Lazarsfeld）

1. 生平

保罗·拉扎斯菲尔德（1901—1976），奥裔美籍社会学家和传播学学者，哥伦比亚学派主要领导人之一，传播学四大奠基人之一，以实证研究和应用研究而著称，开创了以研究个人行为为研究重点和以定量分析为研究方法的传播学研究范式，被称为传播研究的"工具制造者"。

2. 主要观点

1940年，在时代—生活公司的赞助下，拉扎斯菲尔德等人在俄亥俄州伊里县进行了总统选举中的投票行为研究，其中大众传播的效果是该项目的研究重点（罗杰斯，2012）。这次调查发现：在影响选民的投票决定方面，人际接触的影响似乎不仅比大众媒介更经常，而且更有效。研究者认为，在投票过程中，有一些对选民施加个人影响的人物即意见领袖（Opinion Leaders），来自媒介的消息首先抵达意见领袖，接着意见领袖将其所见所闻传递给其他人。据此，研究人员推测：大众传播的影响并不是直接"流"向一般受众，而是要经过意见领袖，即"大众传播—意见领袖——般受众"（拉扎斯菲尔德、贝雷尔森、高德特，2012）。这就是"两级传播"（Two-Step Flow of Communications）模式。1944年，拉扎斯菲尔德等人发表了题为《人民的选择》（People's Choice）的研究报告。报告中提出了"意见领袖""两级传播""政治既有倾向"假说、"选择性接触"假说等概念和理论，结束了"魔弹论"理论统治传播研究的时代，开创了"有限效果论"，初步揭示了社会传播的复杂性（黄碧珊，2009）。1955年，拉扎斯菲尔德和伊莱休·卡茨（Elihu Katz，1926— ）所著的《人际影响》（Personal Influence）出版，该书延续拉扎斯菲尔德在《人民的选择》中的发现，探讨了日常生活中人际关系对传播效果的影响，验证了意见领袖的个人影响和"两级传播"在日常生活领域的存在（秦艺丹，2018）。

1948年，拉扎斯菲尔德和默顿撰文《大众传播、大众品味与有组织的社会行动》(*Mass Communication, Popular Taste and Organized Social Action*)，提出了大众传播的三个功能：地位赋予功能、社会规范强制功能以及麻醉的负功能，其中"麻醉的负功能"具有一定的批判性（郭庆光，2011）。

3. 评价

拉扎斯菲尔德将他的数学背景和他终身致力于的社会研究工作结合，以便富有成效地创作出有关大众传播、失业、高等教育等的著作和文章的学术成果，以及引起一系列重要的方法论进展。从根本上来说，拉扎斯菲尔德是一个制造工具的人，同时也是在开创大众传播研究方面最重要的一个人（罗杰斯，2012）。

（五）哈罗德·拉斯韦尔（Harold Lasswell）

1. 生平

哈罗德·拉斯韦尔（1902—1978），政治学家，出生于美国伊利诺伊州的一个牧师家庭，1922年获芝加哥大学哲学学士学位，1926年获芝加哥大学政治学博士学位，他的博士论文是关于第一次世界大战期间的宣传信息的内容分析；1930年发表《精神病理学与政治学》，标志着首次将精神分析理论用于分析政治领袖；1939—1940年，第二次世界大战爆发后，拉斯韦尔成为洛克菲勒基金会大众传播研讨班最有影响的成员，他提出的5W

传播模式开始发展并成为框架渗透到许多讨论中,这些思想后来成为《社会传播的结构与功能》一文的基础;1940—1945年,担任美国国会图书馆的战时传播研究实验部主任;1946—1975年,先后成为耶鲁大学的法学和政治学教授、纽约城市大学杰出教授、坦普尔大学法学教授;1976—1978年,当选为纽约政策学中心的主任(罗杰斯,2002)。

2. 主要观点

1948年,拉斯韦尔在《社会传播的结构与功能》一文中提出了"5W"线性传播模式:"描述传播行为的一个方便的方法,是回答下列五个问题——谁、说什么、通过什么渠道、对谁说、取得什么效果。"(拉斯韦尔,1948)这一模式奠定了传播学研究的五大基本内容:控制分析、内容分析、媒介分析、受众分析以及效果分析。这五种分析涵盖了传播研究的主要领域。同时他提出了传播的三个功能,"我们的传播分析涉及其具体功能,能清楚辨析者有三:守望环境、协调社会各部分以回应环境、使社会遗产代代相传"(拉斯韦尔,1948)。这是他对传播过程、结构以及功能较为全面的论述,成为早期传播学研究的经典之作。学界认为它是一部纲领性的力作,一部传播学的独立宣言(熊澄宇,2003)。但这个模式是政治传播的宣传模式,含有传者中心论的控制观念,具有历史局限性(刘海龙,2009)。

3. 评价

作为20世纪美国最有影响的政治学者之一,拉斯韦尔的独特贡献是从宣传的角度思考政治问题,并且得出了资本主义意识形态必须进行宣传这一对西方世界不啻振聋发聩的结论(高海波，2008）。结合拉斯韦尔本人的思想底色、学术经历和时代背景加以分析，他所使用的"效果"一词是有其特定含义的，与意识形态有着难分难解的相互指涉关系（高海波，2008）。拉斯韦尔的许多学习和工作都与政治学领域相关，但他的思想兼收并蓄、涉及广泛，其理论研究涉及了社会学、精神分析、历史、社会心理学以及传播学等领域。他的"5W"传播模式带来了传播学对于效果确定的重视；他开创了内容分析法，发明了定性和定量测度传播信息的方法论；他关于政治宣传和战时宣传的研究代表着一种重要的早期传播学类型，而今天的宣传分析已被纳入了传播研究的一般体系中；他将弗洛伊德的精神分析理论引入美国社会科学；他帮助创办了政策学（罗杰斯，2002）。因此，虽然拉斯韦尔并不认为自己是一位传播学学者，但在今天的传播学研究领域中始终弥漫着拉斯韦尔的思想和作品。他的许多开创性的工作，奠定了传播学研究的基本范围和层面，他是当之无愧的传播学奠基人之一（熊澄宇，2003）。

（六）西奥多·W.阿多诺（Theodor Wiesengrund Adorno）

1. 生平和著作

西奥多·W.阿多诺（1903—1969），德国哲学家、美学家、社会学家、音乐理论家，是法兰克福学派代表人物。他出生于德国法兰克福犹太酒商家庭。

1921年，阿多诺进入法兰克福大学，攻读哲学、社会学、心理学和音乐，三年之后，他获得哲学博士学位。1922年，阿多诺在一个胡塞尔研究班上与霍克海默相识，结下友谊并开始学术合作。1925年，阿多诺来到维也纳，进入以勋伯格为中心的作曲家圈子，并撰写有关新音乐的论文。1927年，阿多诺回到法兰克福继续学业，并与新成立的社会研究所保持联系。他以《克尔凯郭尔：审美的建构》（Habi liationschrift）获得法兰克福大学教师资格。纳粹掌权之后，阿多诺于1934年移居英国牛津，在那里完成了《认识论的元批判》（Againit Epistemology）的初稿。1938年，应先期抵达美国纽约的霍克海默之邀，阿多诺来到美国参加社会研究所的工作，之后长期在美国。在那里，他与霍克海默合作完成了《启蒙辩证法》（Dialectic of Enlightment），该书于1947年出版。1949年，阿多诺与霍克海默一起回法兰克福大学执教，并重建社会研究所。这一时期阿多诺的一系列研究成果得到出版，美学方面的著作包括《新音乐哲学》（Philosophy of New Music, 1949）、《寻找瓦格纳》（In Search of Wagner, 1952）、《文学笔记Ⅰ》（Notes of Literatioe, 1958）、《文学笔记Ⅱ》（1961）、《音乐社会学导论》（Zntroduction to Sociology of Music, 1962）等。他的哲学代表作《否定的辩证法》（Negative Dialectics）出版于1966年。1969年8月6日，阿多诺在瑞士度假时因心脏病猝发逝世。《美学理论》（Aesthetic theory）是阿多诺的最后一部著作，也是他逝世时尚未完成的著作，1970年由后人整理出版。这部著作不仅贯彻了阿多诺的社会批判思想，而且是他所关心的诸多问题的一次总汇和深化（俞吾金，2014）。

2. 评价

阿多诺是法兰克福学派当仁不让的掌门人，他和霍克海默

（M. Max Horkheimer）共同决定了20世纪40年代大众文化批评的总体走向。如果说是霍克海默开启了启蒙辩证法的研究，那么阿多诺则把这一主题延伸到了大众文化领域。阿多诺在其与霍克海默合写的《启蒙辩证法》中尖锐指出，文化工业一方面是资本主义社会操纵大众意识形态的工具，另一方面又服从于资本主义商品交换逻辑，总而言之，是为现存资本主义制度服务的。"文化工业别有用心地自上而下整合它的消费。""尽管文化工业无可否认地一直在投机利用它所诉诸的千百万的意识和无意识，但是大众绝不是首要的，而是次要的；他们是算计的对象，机器的附属品。顾客不是上帝，不是文化产品的主体，而是客体。"阿多诺发展了西方马克思主义卢卡奇的"商品拜物教"概念，他指出在现代资本主义社会，文化工业把一切艺术品变成商品，用交换价值取代使用价值，同时也将人与人之间的关系商品化了。阿多诺在流行音乐研究中，更直接地把它斥为标准化和伪个性化，它将导致听众的精神涣散和听觉退化（刘海龙，2008）。

阿多诺的文化工业批判开创了西方思想界对现代大众文化和传播媒介批判的先河。但在阿多诺那里，文化工业的批判还只限于一种哲学的思辨和推论，尚缺乏严格的经验社会学的分析（周宪，1998）。

（七）威尔伯·施拉姆（Wilbur Schramm）

1. 生平

威尔伯·施拉姆（1907—1987）出生于美国俄亥俄州，是传播学科的集大成者和创始人，人们称他为"传播学鼻祖""传播学之父"。他创造了"四个第一":建立首批以"传播"命名的教学单位和研究单位;编写首批以"传播学"命名的教科书;率先授予"传播学"博士学位;首位获得"传播学头衔",他和四大先驱为代表的美国经验主义传播学派成为传播学的主流,深刻影响着世界各国的传播研究(何道宽,2010)。

他于1928年在玛丽埃塔学院获历史学和政治学学士学位,1930年获哈佛大学美国文学硕士学位,1932年获艾奥瓦大学英国文学博士学位。1942—1943年,第二次世界大战时期,他离开艾奥瓦大学,成为华盛顿统计局和战时新闻局的教育主任,在那里形成了自己的传播学观。1943年,他回到艾奥瓦大学任新闻学院院长,创立了第一个跨学科的传播学博士课程。1947年,施拉姆到伊利诺伊大学任传播研究所所长。1955年,他到斯坦福大学任传播学教授、传播研究所所长。1962—1973年,被任命为斯坦福大学的国际传播学教授(罗杰斯,2002)。

2. 著作和贡献

施拉姆对传播学的巨大贡献在于他把美国的新闻学与社会学、心理学、政治学等其他学科综合起来进行研究,在前人传播研究的基础上归纳、总结、修正并使之系统化、结构化,从而创立了一门新学科——传播学。他创立传播学的标志是1949年由他编撰的第一本权威性的传播学著作——《大众传播学》(Mass Comnunication)的出版。这本书被认为是施拉姆建立传播学体系的基础,也是他所有著作中最有权威和被引用最多的作品。全书从八个方面建构了大众传播学的学科体系:大众传播学的发展、大众传播的结构与作用、大众传播的控制与支持、传播过程、大众传播的内容、大众传播的受众、大众传播的效果和大众传播的责任。施拉姆编撰之时还仅限于挖掘前人和他人的传播研究成果。此后，施拉姆不断著书大力推进传播学教育，创建过四个传播学研究机构，扩大了传播学在教育及学术界的影响（熊澄宇，2003）。

（八）卡尔·霍夫兰（Carl Hovland）

1. 生平

卡尔·霍夫兰（1912—1961），实验心理学家。1912年生于美国芝加哥，1934年获得西北大学硕士学位，1936年获得耶鲁大学心理学博士学位，随即作为一名助理教授成为耶鲁大学的教师。1942年，他被任命为美国陆军部信息和教育局研究处首席心理学家。第二次世界大战期间，研究军内教育电影对提高士气所起的作用和效果。1945—1951年回到耶鲁大学任心理学教授，主持"耶鲁传播研究项目"且出版了一系列丛书，主要通过传播实验来观察态度与行为的改变，旨在了解影响说服传播效果的各种因素（罗杰斯，2002）。

2. 主要观点和评价

霍夫兰对传播学最突出的贡献，一是将心理实验方法引入传播学研究；二是通过研究揭示了传播效果形成的条件性和复杂性，对否定早期的"魔弹论"效果观起到了很大作用。他的研究生涯可以分成两个阶段：第一阶段是第二次世界大战期间，第二阶段是第二次世界大战结束直到他去世。第二次世界大战期间，霍夫兰主要负责研究陆军部拍摄的军事教育影片对军人的影响，并用严格的实验方法，试图找出影响说服效果的因素。研究强调说服者本身和说服内容与方式的作用，而被说服者则被视为被动的、消极的。他们研究发现军事教育影片确实使观众发生了变化，但变化很有限（熊澄宇，2003）。这显然走向了媒介"有限效果论"的方向（王雅琴，2008）。这个研究项目被认为是现代态度改变研究的开端，是大众传播理论若干重大贡献的渊源（熊澄宇，2003）。

"二战"后，霍夫兰的劝服研究大致分为传播者、传播内容、受众的特性和反应四个方面。在关于信源的实验中，他认为高可信度信源能够提高传播结束时观点改变的程度，而低可信度信源可能会降低观点改变的程度；在传播过程中，信源和内容会出现分离，当分离发生时，信源的影响减弱（霍夫兰，2015）。现代研究者更倾向于把这一假说称为"分离假说"，即强调信源与信息在经过一段时间后相互脱钩。在传播内容方面，关于恐惧诉求实验的主要发现表明，如果说服传播的目标是创造持续性的偏好或态度，那么最好的方式其实是唤起相对低水平的恐惧——太过强烈的恐惧诉求会激发一定形式的干涉，这将减弱传播效果（霍夫兰，2015）。在受众方面，将所属团体的分量看得很重的人不易受到与团体规范相左的说服信息的影响；在人格特质方面，自我评价低的人易受影响，而对他人抱有较大敌意或有精神性神经症倾向的人则不易受影响；主动参与的阅听人比被动参与的阅听人容易改变态度；在受众的反应方面，霍夫兰发现阅听者态度的改变主要取决于信息本身的说服力及问题的排列技巧（王雅琴，2008）。

（九）埃弗雷特·罗杰斯（Everett M. Rogers）

1. 生平

埃弗雷特·罗杰斯（1931—2004），美国20世纪著名的传播学者、社会学家、作家，因为首创创新扩散理论而享誉全球，与勒纳（Daniel Lerner）、施拉姆被认为是传播学分支学科发展传播学的创始人。他于1952年在艾奥瓦州大学获得学士学位，大学毕业后，在朝鲜战争的空军服务两年，之后返回艾奥瓦州立大学，于1957年获得社会学和统计学的博士学位（李红，2011）。随后曾任南加利福尼亚大学安南伯格传播学院教授，新墨西哥大学传播与新闻系主任、教授，国际传播协会主席等职（童兵、陈绚，2014）。其主要著作有《创新的扩散》（*Diffusion of Innovations*）（1962）、《传播学史——一种传记式的方法》（*History of Communication: A Biographical Approach*）（1994）等。

2. 主要观点和评价

罗杰斯有着非常广泛的研究领域以及研究贡献，范围涉及解读以及整合基础概念、传播研究网络、议程设置研究、创新的扩散研究、娱乐与教育、跨文化研究，组织传播、新的传播技术、健康运动、发展传播学、特殊问题和环境的研究以及传播史研究等（李红，2011）。其中主要的研究与思想有以下三点：

第一，罗杰斯是"发展传播学"研究领域的主要代表学者之一，其主要贡献是使有关发展传播的理论和假设趋于精细和深入，提出了著名的创新扩散理论（Diffusion of Innovations

Theory），并于 1962 年出版了《创新的扩散》一书。他认为人们接受新观点、新技术、新事物的过程分为认知（knowledge）、说服（persuasion）、决策（decision）、实施（implementation）以及确认（confirmation）五个阶段。这个扩散过程一开始会比较缓慢，而当采用者达到一定数量后扩散速度迅速加快，直到大部分人都成为采纳者时，数量会达到饱和，扩散速度开始减慢，整体的扩散速度呈现出 S 形发展曲线。从社会发展角度来看，创新扩散理论对国家发展和改善社会结构的不平等都具有启示意义（罗杰斯，2002）。

第二，对于传播学发展的研究，罗杰斯还通过传记的形式写下了代表作《传播学史———一种传记式的方法》。该书中文译本译者殷晓蓉评价此书道："罗杰斯遵循着传播学发展的现实轨迹和思想脉络，开创了一种将理论、历史和个人传记结合起来的方式，并在此基础上翔实而又准确地论述了一门新兴学科的产生与发展历程。"（罗杰斯，2002）

第三，罗杰斯对传播学经典理论"议程设置"理论也有所研究。在其许多著作和文章中探讨了"议程设置"理论的历史、发展状况和未来趋势，不仅对以往的理论做了总结和概括，而且进一步扩大了它的论述、检验范围（殷晓蓉，2002）。并与迪灵（James W. Dearing）基于媒介议程（media agenda）、公众议程（public agenda）、政策议程（policy agenda）三者之间的互动关系，提出了"议程设置过程"（agenda setting process）的概念，将其定义为：议程设置过程是不同议程的倡导者为获取媒体专业人员、公众和政策制定精英的关注而不断展开的竞争

（迪灵、罗杰斯，2009）。此外，罗杰斯对议程设置的前景保持乐观，建议在今后的研究中要更多地关注"现实世界"事件的指标，同时考虑更多的议题，并且在议程设置理论与其他理论之间建立更多的联系等（麦奎尔、温德尔，2008）。由此，他提出了议程设置理论研究的新方向：以一种三角测量的方法取代以往单一的调查方法，以便更全面地测定公众的议程；开展发达国家和发展中国家的议程设置的对比研究；将涉及议程问题的更多变量纳入议程设置理论的研究，尤为重要的是对大众传媒工业进行结构上的分析；重视对传媒议程的分析等（殷晓蓉，2002）。

（十）雷蒙德·威廉斯（Raymond H. Williams）

1. 生平

雷蒙德·威廉斯（1921—1988），20世纪中叶英语世界最重要的马克思主义文化批评家，文化研究的重要奠基人之一。出生于威尔士乡间的工人阶级家庭，毕业于剑桥的三一学院。战后至1961年，曾任教于牛津大学的成人教育班；1974年起，在剑桥大学耶稣学院担任戏剧讲座教授，直至去世。

2. 著作和主要观点

威廉斯的著作堪称文化研究的奠基作。在《文化与社会》（*Culture and Society*）、《漫长的革命》（*Long Revolution*）等著作中，威廉斯明确地与那种传统的、超越功利的、仅仅局限于精英文化范围的文化定义告别（罗钢、刘象愚，2000）。在《文化与社会》中，威廉斯说明了文化观念及其各种现代用法是如何以及为何进入英国思想的，同时探讨了文化观念的演变过程（威廉斯，1991）。

威廉斯通过三种方式来定义文化：第一种是"理想的"文化定义，根据这个定义，就某些绝对或普遍价值而言，文化是人类完善的一种状态或过程；第二种是"文献式"定义，根据这个定义，文化是知性和想象作品的整体；第三种是文化的"社会"定义，文化是对一种特殊生活方式的描述，这种描述不仅表现艺术和学问中的某些价值和意义，而且也表现制度和日常行为中的某些意义和价值（威廉斯，2000）。威廉斯认为，某一文化的成员对其生活方式必然有一种独特的经验，置身于这种文化之外的人只能获得对这种文化的一种不完整或抽象的理解，这种为生活在同一种文化中的人们所共同拥有的经验，威廉斯称作"感觉结构"（structure of feeling）（罗钢、刘象愚，2000）。

此外，威廉斯还批评麦克卢汉的技术决定论倾向忽视了政治文化对于科技的影响，主张在认识任何科技时，必须对之历史化，理解科技与特殊利益和一定社会秩序的复杂关联（章辉，2014）。在《电视：科技与文化形式》（*Television: Technology and Cultural Form*）一书中，威廉斯把电视当作一种特殊的文化科技，考察了电视的发展沿革以及不同社会制度下电视的不同形式及其文化效果，他主张在科技与社会效果的因果链条中加入研究与发展过程的意向（intention）（章辉，2014）。在书中，威廉斯还提出了"流动的藏私"（mobile privatization）概念，来探究人和社会的需求、电视技术装置形成的关系（威廉斯，

1994）。这一概念强调的是外部世界与家庭、流动与隐私之间的关系，对文化研究和传播学产生了深刻的影响（郭小平，李晓，2018）。

（十一）詹姆斯·凯瑞（James W. Carey）

1. 生平

詹姆斯·凯瑞（1934—2006），美国著名传播学家、新闻教育家、文化历史学家，是美国文化研究学派的主要代表人物。生于罗得岛州，1959 年获伊利诺伊大学硕士学位。1963 年获该校博士后留校任教至 1979 年。1992—2006 年在哥伦比亚大学任教。曾任哥伦比亚大学研究生院新闻学教授、艾奥瓦大学盖洛普讲座教授、美国国家人文基金和哥伦比亚甘内特媒体研究中心会员、《传播》杂志主编（童兵、陈绚，2014）。其主要著作有：《作为文化的传播》（Communication as culture，1989）、《电视与新闻》（Television and the Press，1988）、《转变时代观念》（Change Concepts of Time，1992）、《詹姆斯·凯瑞：一个批判性读者》（James Carey：A Critical Reader，1997）。

2. 主要观点和评价

詹姆斯·凯瑞在 20 世纪 50 年代开始传播学研究，当他进入这个领域时，主流的传播学研究是拉扎斯菲尔德等人开创的效果研究模式。凯瑞认为这种研究模式已经成为一种经院式的东西，一再重复过去的研究，验证明确无误的事，结果是"裹足不前"。于是凯瑞另辟蹊径将传播放在文化视野下进行研究，提出"传播的仪式观"。他认为传播的仪式观并非直指讯息在空中的扩散，而是指在时间上对一个社会的维系,不是指分享信息的行为,而是共享信仰的表征(凯瑞,2005)。传播的传递观强调的是以控制为目的信息在空间中的传递实质上是一种"偏倚空间"的传播模式,而传播的仪式观强调的是文化上的共享。凯瑞提出的这一观点为美国传播学研究开辟了新的路径,他成为美国20世纪70年代和80年代媒介理论研究复兴的一个主要推动者(张建中,2007)。但该理论也有其局限性,武汉大学刘建明教授就该理论的局限性总结了四点:存在轻内容、重形式的传播倾向;难以解释传播权不平等的问题;难以解释传播引起社会冲突的问题;难以解释传播推动社会变革的问题。

此外,凯瑞还关注新闻教育问题,在其发表的文章《新闻教育错在哪里》(*Where Journalism Education Went Wrong*?)中批判了哥伦比亚大学新闻学院建立之初的新闻学教育过多地倾向于政治和意识形态,提出新闻学教育应注重培养学生新闻实践技能,并为新闻学的学术性正名,认为新闻学是一门根植于人文科学和社会科学的独立学科(凯瑞,2002)。他主张把新闻教育作为亚里士多德式"实践"(praxis)教育,培育掌握全面的(general)道德与知识观的公民,凯瑞的这种"作为公民身份的教育"的新闻教育原理,把新闻教育落实到具备公共理性、美德和行动能力的公民上,而非着眼于作为职业培训的记者上(黄星民、李辉,2018)。这一定位,对思考当代变动社会中的新闻教育具有相当的理论意义,此外凯瑞提出的融合理论、实践与批判性思维的新闻教育路径,在新闻教育课程设置上,也具有相应的操作化意义(黄星民、李辉,2018)。

（十二）丹尼斯·麦奎尔（Denis McQuail）

1. 生平

丹尼斯·麦奎尔（1935—2017），英国传播学家，《欧洲传播学杂志》三位创始人之一。他在阿姆斯特丹大学任教长达二十多年，在传播学领域有着漫长而辉煌的研究经历，被认为是大众传播研究领域最具影响力的学者之一。麦奎尔的学术贡献集中在受众分析和传播模式研究。代表著作有《受众分析》（*Audience Analysis*，1997）、《大众传播研究模式论》（*Communication Model for the Study of Mass Communication*，1982）、《大众传播理论》（*Mass Communication Theory*，1983）。

2. 主要观点

麦奎尔在20世纪80年代，总结自从传播学模式研究方法诞生以来所有的传播模式影响。麦奎尔受到结构主义理论和"5W"理论模式影响，把传播视为一种过程，抓住了传播过程中的"传""受"关系，精心选取了48种最具代表性的模式，既提炼出每个传播理论的特点，又把握了整个传播模式的演进过程，从模式研究角度明晰如画地描绘了五十年来传播学发展的轮廓（梁峰，2014）。同时他并不期望出现用单一框架即可包罗一切的权威模式，他希望传播流动的总"图"随着信息传播功能和期望的出现改变，希望将来会出现多种模式。

麦奎尔把传播技术纳入文化发展过程中，认为传播技术与人文发展应建立和谐关系。他在20世纪90年代专注于受众的研究，认为受众既是社会环境（这种社会环境导致相同的文化兴趣、理解力和信息需求）的产物，也是特定媒介供应模式的产物。通过梳理传播学研究史上的受众研究，他对受众进行了全景式的分析，提出三种受众研究：结构性受众研究、行为性受众研究、社会文化性受众研究（麦奎尔，1997）。

结构性受众研究主要是针对受众的规模和到达率进行数据测评，所得数据用以揭示大众传媒与受众媒介使用之间的关系，从而帮助媒介增加对受众的了解，以便更好地发挥媒介效果；行为性受众研究重点关注的是影响传播效果的一些因素，即对受众选择媒介及媒介内容的动机、程度和性质的研究，他采用实验研究的方法，对影响传播的各种因素、内容、渠道和接受条件进行操控，力求找到更好的传播方法和避免负面效果的一般规律；社会文化性受众研究主要是用定性研究和从社会学借鉴过来的民族志方法，去理解受众媒介使用行为背后的意义和其接受的信息在相应语境中的运用（麦奎尔，1997）。

（十三）马克思·霍克海默（M. Max Horkheimer）

1. 生平

马克思·霍克海默（1895—1973），德国哲学家，法兰克福学派的创始人之一。生于斯图加特一个工厂主家庭。先后求学于慕尼黑大学、弗莱堡大学和法兰克福大学，1922年在法兰克福大学获哲学博士学位。1925年任该大学教授，后兼任哲学系主任。1930年任法兰克福大学社会研究所所长并创办了《社会研究杂志》。1933年希特勒执政后，他把社会研究所先后迁到日内瓦、巴黎、美国，并先后在哥伦比亚大学与加利福尼亚大学工作。1949年到1950年他把社会研究所迁返法兰克福，仍任所长。1951年担任法兰克福大学校长直至1959年退休。他的主要著作有：《传统理论与批判理论》(Traditionelle und Kritische Theorie, 1937)、《启蒙辩证法》(Dialectic of Enlightenment, 1947)、《工具理性批判》(Kritik der instrumentellen Vernunft, 1967)、《批判理论》(Critical Theory, 1968)等（李鹏程，2003）。

2. 主要观点和评价

霍克海默作为法兰克福社会研究所所长、法兰克福学派批判理论的创始人，对理论和现实的批判是他一生的事业，而人的幸福和社会的公正则是他持续不断的渴望，他的批判理论一直是所有其他早期法兰克福学派成员批判理论的典型指针和榜样（殷华成，2017）。"批判理论"一词是霍克海默用以区别传统理论的同一个专门术语，指的是用历史—社会方法对现实社会经济—文化现象做批判考察（霍克海默，1989）。具体是指从分析发达资本主义社会市场经济条件下的时代状况与主体人的生存现状着手，进行以启蒙、理性、科学技术为主要内容的现代性批判，不同程度地涉及存在于发达资本主义社会的总体性异化现象及新的统治形式对人的主体性的消解问题，从而体现了人道主义的情怀（何宝峰、杨晗旭，2013）。

霍克海默的批判理论主要针对两个方面：一是对现实社会问题的批评性研究；二是对实证主义的哲学方法及一切传统的"意识形态"理论的激烈批评（霍克海默，1989）。

对于现实社会问题的批判性研究体现在传媒方面，例如，霍克海默和阿多诺在《启蒙辩证法》一书中揭示统治阶级利用大众传播媒介压迫愚弄民众的真相，无情地鞭挞作为虚假意识形态帮凶的大众传媒，实际上是对统治阶级滥用媒介权力的批判（李黎明，2011）。书中指出，资本主义社会的大众传播媒介在形式上虽然是企业，但其本质却是为现存的社会制度辩护的意识形态国家机器，广播系统是一种私人的企业，但是它已经代表了整个国家权力（霍克海默、阿多诺，1990）。在这本书中，霍克海默和阿多诺还首次提出"文化工业"（culture industry）一词，用以批判资本主义社会中大众文化的商品化及标准化。文化不再具有精神产品的属性，而是蜕变为批量生产的工业产品，大众日益沉浸其中会丧失本应有的质疑、反思和批判意识（童兵、陈绚，2014）。

对于实证主义的哲学方法及传统意识形态的批判，他认为"社会哲学"不能仅满足于对资本主义社会进行经济学和历史学的实证分析，还应以整个人类的全部物质文化和精神文化为对象来揭示和阐释作为社会成员的人的命运，对整个资本主义社会进行总体性的哲学批判和社会学批判（段鹏，2013）。在其题为《社会哲学的现状和社会研究所的任务》（*The State of Contenporary Spcial philosophy and the tasks of An Institute for Social Research*，1931）中明确指出社会研究所的任务是建立一种社会哲学。并阐释所谓"社会哲学"，就是指对并非仅仅作为个体的而是作为社会共同体成员的人的命运进行哲学阐释。因此，社会哲学主要关心那些只有处于人类社会生活关系中才能够理解的现象，即国家、法律、经济、宗教（霍克海默，2011）。这也为法兰克福学派的发展指明了方向。

总之，霍克海默的批判理论开创的这种现代性批判范式不仅对法兰克福学派的现代性批判具有理论的奠基意义，而且对生态马克思主义、女性主义以及后现代主义也具有重要的启示和价值。但是其批判根基的缺失、批判范围的扩大以及过于浓重的乌托邦色彩也使得霍克海默的理论构想留下了诸多遗憾（何宝峰、杨晗旭，2013）。

（十四）赫伯特·马尔库塞（Herbert Marcuse）

1. 生平

赫伯特·马尔库塞（1898—1979），美国著名哲学家、社会学家，法兰克福学派重要成员。生于德国柏林的一个犹太血统的资产阶级家庭。第一次世界大战期间，曾在德国军队短期服役。随后就读于柏林大学、弗莱堡大学，1922年获得博士学位。此后，从事过六年的出版、发行工作。1933年，希特勒执政，他被迫亡命瑞士，进入法兰克福社会研究所。1940年加入美国国籍，并在法兰克福迁往哥伦比亚大学的社会研究所主持工作。1942—1950年，作为一个研究分析家曾先后在美国战略情报局、国务院任职，并在哥伦比亚大学和哈佛大学做研究工作。1963—1964年，在耶鲁大学做访问教授。之后获得布兰戴斯大学终身教授职位，退休后又曾任哥伦比亚大学与圣地亚哥大学的哲学教授。1966年被柏林自由大学授予荣誉教授。主要著作有：《理性与革命》（Reason and Revolution，1940）、《爱欲与文明》（Eros and civilization，1955）、《单向度的人：发达工业社会意识形态研究》（One-Dimensional Man：Studies in the Ideology of Advanced Industrial Society，1964）、《审美之维》（The Aesthetic

Dimension，1978）等（李鹏程，2003）。

2. 主要观点和评价

马尔库塞早期主要研究马克思主义哲学，加入法兰克福学派后开始对社会批判理论进行研究，揭露现代文明对人的爱欲压抑的不合理性，批判发达工业社会的意识形态控制和极权主义（李鹏程，2003）。在批判工业社会时，马尔库塞还对大众传媒有所批判。在其著作《单向度的人》中，马尔库塞认为当代工业社会是一个新型的极权主义社会，造成极权主义性质的是技术的进步。技术的进步使发达工业社会对人的控制可以通过电视、电台、电影、收音机等传播媒介无孔不入地入侵人们的闲暇时间，从而占领人们的私人空间（马尔库塞，1989）。资本主义社会通过控制传播而产生一种单向度文化（李黎明，2011）。而所谓单向度指的是丧失否定、批判和超越能力（马尔库塞，1989）。单向度的媒介文化会像巫术一样被硬塞进人们的头脑中，造成民众精神的压抑（李黎明，2011）。这种现象体现在现实社会，例如由电视为代表的大众传媒带来的娱乐至死的文化迅速席卷整个社会时，人们越来越关注娱乐，也开始以娱乐的方式看待周围的一切，人们的思维也摆脱传统的逻辑思维而开始碎片化、图片化，传统的批判意识、忧患意识在这样的文化氛围中越来越缺乏（吴江平，2013）。而在网络传播时代，这种单向度的媒介文化是加剧还是消解存在着争议：一方面沉溺于赛博空间的新的满足形式、信息的爆炸和自由的幻象以及虚拟生存的技术终端在不同方面、以不同程度削弱着人的批判性和反抗性，加强着技术及其背后力量的社会控制，从而体现出单向度的加剧（王安琪，2011）；但从另一方面看，互联网也为网民提供了意见表达的平台，它的交互性、平民性也消解着"人的单向度"，因此我们既要正确认识技术发展带来的冲击，也要时刻保持清醒头脑和批判精神，避免陷入"单向度"的旋涡（吴雨霜，2015）。

马尔库塞思想的可贵之处在于他继承了西方精神的批判传统，对现实进行了无情的批判。作为法兰克福学派的第一代思想家，他的思想也深深影响了他的后继者。随着法兰克福学派把批判核心由对传统理论和哲学的批判转向考察现实问题，马尔库塞起到了不容忽视的作用。此外，马尔库塞关于现代社会"权力"结构的解构思想也对后现代思潮有所启发。但另一方面，学术界对马尔库塞思想的批评也有很多，例如哈贝马斯认为，以马尔库塞为代表的早期法兰克福学派思想家过去注重思想意识分析，用理性、概念的内在逻辑分析取代对现实人的生存方式的分析，过于倾向一种"意识哲学"的态势（陆俊，1999）。

（十五）瓦尔特·本雅明（Walter Benjamin）

1. 生平

瓦尔特·本雅明（1892—1940），德国犹太人，学者、作家、哲学家。他出生于德国柏林一个富有的犹太家庭，曾在慕尼黑、柏林和伯尔尼研究哲学，在柏林以一个自由作家和翻译家的身份维生。1933年，他被纳粹驱逐出境，移居法国。1940年试图逃离纳粹时在西班牙被迫自杀身亡。尽管在他有生之年没有受到大众的赞誉，但在他死后的几十年里，他的作品赢得了声誉。

作为一个兼收并蓄的思想家，本雅明结合了德国唯心主义、浪漫主义、西方马克思主义和犹太神秘主义的元素，对美学理论、文学批评和历史唯物主义做出了持久而有影响的贡献，他与法兰克福学派关系密切。20世纪30年代本雅明的研究重心转移到马克思主义。代表著作有《机械复制时代的艺术作品》(*The Work of Art in the Age of Mechanical Reproduction*, 1936)、《单向街》(*One-Way Street*, 1928)、《德国悲剧的起源》(*Origin of the German Mourning-play*, 1928)等。

2. 主要观点和评价

作为20世纪重要思想家的本雅明虽然是"难以分类的人"，但在他复杂多样的思想身份中，"西方马克思主义者""现代文人"与"后现代文化的预言家"的身份标签似乎格外耀眼。本雅明一生在马克思主义、犹太神秘主义和浪漫的弥赛亚主义之间苦苦求索，他的救赎思想对后世的文化研究具有十分深刻的启示意义（杨庆茹，2008）。

机械复制理论是本雅明学术研究中最为人们所熟知的理论。"机械复制艺术"与法兰克福学派的"文化工业"尽管称谓不同，但它们都是指称大众文化。本雅明没有直接运用文化工业这个概念，但其理论与文化工业密切相关，也在客观上推动了它的发展（伍越，2019）。

他创新性地提出"灵韵"（Aura）一词并进行阐释，率先认识到机械复制时代艺术功能的转变，并将"灵韵"视为传统艺术与机械复制艺术之间最大的分野，以"灵韵"的存在与消逝作为区分传统艺术与机械复制艺术最直观、最触及本真的因素。

在机械复制时代艺术的功能已经由膜拜转向了展览，从而消解了文化精英主义的立场。在机械复制技术的推动下，文化的工业化生产更为普遍化，而在文化生产过程中，艺术的"灵韵"已然消逝。本雅明在当时已经认识到"灵韵"消失的历史必然性，对现代性带来的价值断裂也有着无限的惋惜和失落，本雅明的思想处于矛盾与乐观当中（王永凯，2017）。一方面，本雅明看到了机械复制技术带给艺术的诸多进步因素，受众在文化层面自由选择的空间正不断增长；另一方面，他结合当代社会由于技术失控而带来的一系列悲剧性事件，开始反省技术乐观主义的局限（冉彬，2005）。

当然，本雅明的思想理论的局限性也是不可避免的：一是他夸大了技术对艺术性质的发展的决定作用，带有技术决定论的倾向；二是他夸大了机械复制艺术和传统艺术形式的区别和对立，对传统艺术的贬低、对新艺术的推崇，使之观点失之狭隘和片面（陈玉霞，2010）。

（十六）马歇尔·麦克卢汉（Marshall McLuhan）

1. 生平

马歇尔·麦克卢汉（1911—1980），被誉为信息社会、电子世界的"圣人""先驱"和"先知"，"继牛顿、达尔文、弗洛伊德、爱因斯坦和巴甫洛夫之后的最重要的思想家……"（《纽约先驱论坛报》，1965）。麦克卢汉于1911年出生于加拿大的一个偏僻小镇，1933年在加拿大的曼尼托巴大学获得文学学士学位，1942年获得剑桥博士学位，并在美国多所大学执教，其间出版过多部巨著。1980 年 12 月 31 日去世。

2. 主要观点

麦克卢汉更加关注电力媒介,他几乎所有的笔墨都放在电子交流时代给人类带来的震荡上,电视于 20 世纪 50 年代在美国这样的西方发达国家进入千家万户,而麦克卢汉在 20 世纪 60 年代的成名不是偶然的,其前提条件是电视在 20 世纪 50 年代的崛起(胡泳,2019 年)。

其代表作有《机器新娘》(The Mechanical Bride: Folkloe of Zndeegerial Man, 1951)、《古登堡群英》(The Gutenberg Galaxy: The Making of Typographic Man, 1962)、《理解媒介:人的延伸》(Understanding Media: The Txtension of Man, 1964)、《媒介即讯息》(The Medium is the message, 1957)等。麦克卢汉提出的媒介理论主要有:媒介即讯息、媒介即人的延伸、冷媒介与热媒介、地球村。首先,媒介即讯息,强调媒介才是真正有意义有价值的"讯息",而非它所传递的具体内容。其次,媒介即人的延伸,指传播媒介对人感官中枢的影响,进而影响整个心灵与社会。"所谓媒介即是讯息只不过是说任何媒介及人的延伸对个人和社会的任何影响都是由新的尺度产生的,我们的任何一种延伸或曰任何一种新技术都要在我们的事务中引进一种新的尺度。"(麦克卢汉,2000)再次,麦克卢汉认为媒介有冷热之分,热媒介传递的信息比较清晰明确,无须更多感官和联想就能理解;冷媒介相反,信息含量少,但需多种感官联想配合理解。最后,麦克卢汉提出地球村的概念,随着电子媒介的发展,地球会变成一个村庄,人类终将重归部落化的"地球村"。

3. 影响

麦克卢汉媒介观的意义在于，它开拓了从媒介技术出发观察人类社会发展的视角，并强调了媒介技术的社会历史作用（郭庆光，2011）。但他的理论也有极端性和片面性：首先，麦克卢汉把媒介技术视为社会发展和变革的唯一决定因素，忽略了生产关系和社会关系等各种复杂的社会因素的作用；其次，在麦克卢汉的理论中，我们看不到人的主体性和能动性，人似乎成了完全受到自己所发明的媒介技术或工具主宰的对象；最后，麦克卢汉理论的全部依据都集中在媒介工具对中枢感觉系统的影响上，并由此出发解释人类的全部行为也是片面的（郭庆光，2011）。

（十七）斯图亚特·霍尔（Stuart Hall）

1. 生平

斯图亚特·霍尔（1931—2014），生于牙买加，是加勒比海非洲黑人后裔。英国文化研究学派的领军人物，被称为当代文化研究之父，英国新左派运动的创始人之一。1951年取得牛津大学硕士学位，1957年成为《新左派评论》（New Left Review）的第一任编辑，1964年转入伯明翰大学（University of Birmingham）刚成立的当代文化研究中心，1968年任代理主任，1972年升为主任，领导"当代文化研究中心"达12年之久，培养和影响了无数学者。

2. 评价

霍尔的思想直接受益于符号学，罗兰·巴特使他注意到意识形态在日常生活的嵌入,德里达(Jacques Derrida)使他对"差异"高度敏感(金惠敏,2006),葛兰西的"文化领导权"则使他看到文化背后无形力量的角逐。霍尔也是西方新左翼思潮的旗手,对马克思主义政治经济学有着深刻的透析。用符号学解构微观现象,用马克思主义解释宏观机制,将这两股思辨要求较高的思路融于一身,这是霍尔思想的深刻所在(陈力丹、林羽丰,2014)。

霍尔不仅是英国文化马克思主义的开创者,而且还是当今社会批判理论的过渡性人物,其思想发展大致可分为三个阶段:1956—1964年为第一阶段,这一阶段理查德·霍加特(Richard Hoggart)、E. P. 汤普森(Edward Palmer Thompson)和雷蒙德·威廉斯对其思想产生了重要影响。该阶段他分析了大众、流行媒体和消费资本主义对文化与政治的影响,试图找出并接合抵抗统治秩序的力量,并且特别对身份政治学、英国青少年的文化政治学和工人阶级的青年文化感兴趣。1964—1978年为第二阶段,这一时期反主流文化、国际范围内的学生运动、美国的民权运动和身份政治学塑造了霍尔的作品,霍尔主要吸收了路易·皮埃尔·阿尔都塞(Louis Pierre Althusser)的结构主义、安东尼奥·葛兰西的霸权主义以及符号学理论。20世纪70年代末以后,霍尔开始活跃于多个理论前沿,作为集体研究成果的《监控危机》标志着他成为一名关于种族与阶级关系、英国黑人经验和新右派的理论家(丹尼斯·德沃金,2011)。

其代表作主要有《电视讨论中的编码和译码》(*Encodiy and Decody in the Television Discourse*,1973)、《文化研究:两种范

式》(*Cultural Studies: Two Paradigms*,1980)等。其主要传播思想包括接合理论、编码/解码模式和三种解码立场等。

(十八)沃尔特·李普曼(Walter Lippmann)

1. 生平

沃尔特·李普曼(1889—1974),美国著名的政论家、专栏作家,传播史上具有重要影响的学者之一,在宣传分析和舆论研究方面具有很高的声誉,是现代新闻学和传播学研究的奠基人之一。1910年起从事新闻工作,开始在《波士顿平民》杂志、《人人杂志》任编辑。后创办《新共和》杂志并任主编。从1921年开始,一直为美国的主流大报撰写社论和专栏,1931年任《纽约先驱论坛报》的《今日与明日》专栏特约撰稿人,对美国的民意和政治产生过举足轻重的影响。他耕耘这一专栏长达36年,文章被国内外250多家报纸转载,备受世界各国政府和外交界重视。他的著作《公众舆论》(*Public Opinion*,1922)被公认为传播领域的奠基之作(程曼丽、乔云霞,2012)。

2. 主要观点

在传媒的自由主义理论家所崇尚的认识论中,含有这样一种逻辑:人的认知力作用于外部世界的过程是直截了当的,人对环境的认识和环境的真实情形是对应的,关照是直截了当的,就像照相、摄影那样(黄建新,2010)。李普曼打破了这种幻想,在《公众舆论》一书中,他开宗明义,说我们头脑中的印象和真实的环境完全不是一回事。李普曼提出"拟态环境"概念,他认为由于现代社会越来越复杂,人们需要了解的事情越来越多，所以我们无法在头脑中直接形成关于外部世界的图像，必须通过大众媒体这样的间接方式才能获得（刘海龙，2008）。同时，李普曼创造性地提出了"刻板印象"，由于大众传媒是根据自己的需要和成见进行报道，所以大众传媒不能给人提供真实的环境。在《公众舆论》一书中，李普曼就此开辟了后来蓬勃发展的议题设置过程的研究，是"议程设置"假说的最早论述者（殷晓蓉，1999）。他认为，媒体议题和生活议题在现实中的紧迫性和重要性不存在对应关系，换句话说，媒体关注的东西不一定是公众最迫切需要关注的东西，媒体的报道没有达到真环境的彼岸，外部的束缚和"刻板印象"钳制着媒体发现真相的能力（黄建新，2010）。"新闻不是社会状况的一面镜子，而是对已经显露出头脚的那方面的报告。"（李普曼，2002）"我认为最有生命力的假设是新闻和真相并非同一回事，而且必须加以清楚地区分。"（李普曼，2002）李普曼直接把17世纪以来以洛克（John Locke）和弥尔顿（John Milton）为代表的传媒自由主义理论家关于"意见的自由市场"的"真理在纷争中自明"观点颠覆了（黄建新，2010）。

3. 评价

在西方的传媒理论发展史上，李普曼是一个划时代的人物。李普曼把传媒理论的研究从传统的报刊的自由主义的"社会哲学—政治学"的理论模式转变为以"新闻学—传播学—舆论学"为主干的实证科学模式；他的实证研究呼应着他所处时代的哲学和科学氛围的转变，且否认了"真理的自我修正过程"，这个思想促使后来的传媒社会责任论者要求报刊尽可能避免主观和功利，为读者尽可能提供客观真实的报道，也为社会责任论者批判自由主义报刊理论把传媒社会功能理想化提供了有力证据（黄建新，2010）；舆论操纵理论随着他的《公众舆论》的面世而宣告诞生，这本著作中考察了多种观点如何凝结成一种社会目标或国家意志的过程，提出了一个重要的观点，即"舆论是可以操纵的"。他也因此成为操纵论创始人（林竹，2013）。

（十九）祝建华（Jonathan Zhu）

1. 生平

祝建华（1954—　），美籍华裔，香港城市大学媒体与传播系教授，是第一个入选国际传播学会会士（ICA Fellows）的华人学者。他于1990年获美国印第安纳大学大众传播学博士，曾任复旦大学新闻系教师，2001年至今任香港城市大学媒体与传播学系教授，他也是该校传播与新媒体硕士专业和互联网挖掘实验室的创办人，主要讲授新媒体理论、定量研究方法、社会网分析等课程。在国际期刊及学术会议上发表论文100余篇，主要研究方向有：社会化媒体用户行为、计算传播学、大数据、新媒体等。

2. 主要观点

祝建华曾在研究美国媒体议程设置时创立了零和游戏理论（Zero-sum Game），并将"零和游戏理论"运用到互联网的扩散与使用的研究中，形成了权衡需求理论（Weighted Needs）。权衡需求理论认为，当且仅当用户发现其生活中某项重要需求无法通过传统媒体得到满足时，而某种新媒体可以使该项需求得到满足时，用户才会接受并持续使用这一新媒体。权衡需求理论假设了受众使用媒体的总和是固定的，使用的媒介越多则平均使用在媒介上的时间越少，因此，各种媒介的竞争就面临着"零和"的博弈（祝建华，2004）。

此外，他还提出过数码沟指数（Digital Divide Index）、中文互联网茶壶结构（Teapot Structure of Chinese Internet）等理论（丰帆、周萃，2005）。

（二十）哈罗德·英尼斯（Harold Adams Innis）

1. 生平

哈罗德·英尼斯（1894—1952），加拿大经济史学家和传播学家，多伦多学派的鼻祖。英尼斯受业于加拿大麦克马斯特大学，获硕士学位，后于美国芝加哥大学获博士学位。1920年起直至去世执教于多伦多大学。英尼斯早期是一位声名卓著的经济史学家，40年代后，他转向了传播媒介对社会的影响，以传播媒介为轴心，以时间和空间为基本维度，考察了媒介与社会发展的关系，代表作有《帝国与传播》（Empire and Communication，1950）、《传播的偏向》（The Bias of Communication，1951）。

2. 主要观点

英尼斯提出的主要理论为媒介偏向理论。传播媒介的性质往往在文明中产生一种偏向，这种偏向或有利于时间观念，或有利于空间观念。因此媒介可以分为两大类：有利于时间上延续的媒介，如石刻文字和泥板文字，它们承载的文字具有永恒的性质，但是它们不容易运输、生产和使用；有利于空间上延展的媒介，如莎草纸和纸张，它们容易运输，方便使用，能够远距离传播信息,但是它们传播的信息局限于当下,比较短暂(英尼斯,1950)。英尼斯认为一个社会主流媒介的时空偏向与文明的兴衰密切相关。

3. 评价

从媒介环境的角度研究传播的长远社会效果,可以帮助理解宏观的社会现象和历史变革,弥补了传统传播学派的研究缺陷,英尼斯作为媒介环境学派代表人物,为理解媒介与社会提供了新的视角(丁梦琪,2015)。他开创了新的研究传统和新的研究领域,开始关注作为技术的媒介本身;他首创了历史的、宏观的研究模式,在传播学领域开辟了媒介分析的道路;循着他的足迹,以麦克卢汉、波兹曼、莱文森和梅罗维茨等人为代表的后来者得以不断摘取丰硕的果实,成为传播学领域的著名媒介理论家(唐克军,2007)。

三、重要学派及重要研究机构

（一）芝加哥学派（Chicago School）

1. 背景

在第二次工业革命的浪潮下，芝加哥工业化和城市化的进程加速，大量移民涌向芝加哥，原先的社会秩序和价值体系崩塌，必须从理论上进行价值重构。所以一系列社会革新的呐喊，呼唤着学术界的智力支持。芝加哥学派顺势而发，以芝加哥城为"实验室"做了大量的调查研究。芝加哥学派是许多不同学科学派的统称，因这些学派都源自芝加哥大学或芝加哥市，故名芝加哥学派。本词条所指是芝加哥社会学派。

美国最早的大众传播研究主要是由芝加哥学派的社会学家进行的。芝加哥大学的杜威、米德（George Herbert Mead）、帕克（Robert Ezra Park）等学者从社会心理学与社会城市学等角度，把传播放在一个重要的位置加以研究。米德的符号互动论、帕克对移民报刊的研究等都是这一时期的重要研究。

2. 主要观点

芝加哥学派认为传播是人类关系的本质,远远超出单纯的信息传递和交流,传播创造和维持社会,探讨大众媒体在一个健全的民主制中的作用。芝加哥学派的学术研究对传播理论与研究产生巨大影响,使美国的传播学研究具有了强烈的经验主义方向(刘海龙,2007)。

3. 评价

芝加哥学派对于传播学的贡献主要体现在以下方面:首先,为传播学的研究提供了大量理论基础,比如库利的"镜中自我"理论和"首属群体"概念;其次,为传播学提供了研究方法的范例,比如杜威的实用主义理论;最后,肯定并赋予了大众传播较高的社会地位,芝加哥学派学者研究社会问题,并找到解决问题的方法——大众传播,这也为后来的传播学发展奠定了基础(王光辉,2011)。

(二)哥伦比亚学派(Columbia School)

1. 背景

哥伦比亚学派诞生于"二战"期间。随着"二战"的爆发,大批欧陆学者进入美国展开传播研究,在救亡和维护民主的理念下,美国政府提供了充足的研究经费,于是各路学者们得以聚集在战时宣传部门,从而造就了哥伦比亚学派传播研究的兴盛(周葆华,2010)。

2. 代表人物和主要观点

1937年之后的16年间,哥伦比亚大学应用社会研究所的传播研究项目不断，经典研究层出不穷，比如伊里调查和埃尔迈拉调查。其间研究所走出了一大批闻名遐迩的社会科学家，其中包括拉扎斯菲尔德、默顿、贝雷尔森、迈克菲、科尔曼（李孝祥、冯强，2016）。哥伦比亚学派创制的"两级传播"理论和"使用与满足理论"是最经常被引用的理论（Bryant Dorina, 2004），作为研究所后期重要成员的戴维森（Donald Davidson）则提出了被誉为"第十四个里程碑"的"第三人效果"理论，赖特则提出了媒介的娱乐功能，修正了拉斯韦尔和默顿的媒介功能论学说，创新扩散研究是经过卡茨和罗杰斯的努力，在传播社会学与乡村社会学两个研究领域之间建立的学术天际线。创新扩散研究的基本理论典范是传承"两级传播"和"意见领袖"的架构，但也对意见领袖概念做出不少改进（Schramm, 1963）。

3. 评价

哥伦比亚学派的传播研究决定了日后传播学科的面貌，特别是施拉姆对传播学科的"规划"很大程度上继承了拉扎斯菲尔德的社会科学逻辑。施拉姆认为传播研究是宽泛的行为主义科学，传播研究"是定量研究，而不是思辨研究；研究人员对理论深感兴趣，但他们感兴趣的理论是他们可以验证的理论……他们是行为研究者"（哈特，2008）。1943年，施拉姆回到了艾奥瓦大学，并按照拉扎斯菲尔德的模式在新闻学院内设计了第一个大众传播的研究生项目（Cartier，1988）。但施拉姆划定学科边界、建构拉扎斯菲尔德等人的学术权威的同时，也无形中割裂了与相邻学科的联系，忽略了哥伦比亚学派的人文批判取向。

面对此种现象,卡茨疾呼"人文传统和社会学的回归"(Katz,1983)。直到今天,在传播研究表现出的跨学科、重问题、偏统计的特征中,都能看到拉扎斯菲尔德等人的影子(李孝祥、冯强,2016)。

(三)多伦多学派(Toronto School of Communication)

1. 背景

20世纪50年代,传播学的多伦多学派走向成熟,英尼斯是奠基人,麦克卢汉是旗手。1963年,多伦多大学用极其宽松的政策为麦克卢汉组建了"文化与技术研究所",十余年间,麦克卢汉在这里主持每周一的研讨会,交流、切磋,这个研究所成了多伦多学派坚强的学术堡垒(何道宽,2015)。

2. 主要观点

多伦多传播学派的媒介文化理论可以分为三个阶段,即奠基人英尼斯提出的"传播偏向论"、核心人物麦克卢汉倡导的"媒介讯息延伸论"和20世纪80年代以来德克霍夫(Derrick de Kerckhove)以新电子现实为研究框架所倡导的"文化肌肤论"。

英尼斯认为,在文明发展史上,媒介的时间偏向和空间偏向的平衡是克服西方文明危机的一剂良方(陆道夫,2004)。英尼斯声称:"大型政治结构倾向于在这样的条件下繁荣昌盛:不止一种媒介的倾向在文明中得到反映;一种媒介的分散化偏向被另一种媒介的集中化偏向所抵消";而就西方世界而言,"能否发展出一种政府体制依然是个问题,在这种体制中,传播的偏向性可以得到抑制，而对于空间和时间的重要性则可以得出评价"（Innis，1950）。

英尼斯的媒介理论启发了麦克卢汉，促进后者从文学领域进入媒介研究领域，并获得极大声誉，也使得一直被视为经济学家而非传播学家的英尼斯的媒介理论得到学界的关注。麦克卢汉在《古登堡群英》中认为"英尼斯是另一个偶然发现隐含在媒介技术形式中的变化过程的人"。英尼斯确定了媒介的属性：媒介在空间和时间上对社会组织产生决定性的影响。他的研究给麦克卢汉提供了灵感。（汤又辉，2011/6/30《文化研究》）

德克霍夫在《文化的肌肤：真实社会的电子克隆》（*Skin of Culture: Electronic Cloning of Real Society*）中，将"设计"称作"文化肌肤"。在技术文化场中，设计是至关重要的，它是技术的公共关系，是对技术的一种重复，设计通常重复技术的具体特点并对应于其基本意向，是"文化意义上的可看、可听或有质感的外在形状"（德克霍夫，1998）。

3. 评价

多伦多传播学派对传播学和文化研究的发展是功不可没的。通过跨学科的比较研究，他们一反以媒介传递的信息内容为中心的研究传统，开创了一种以媒介技术为焦点，以媒介技术史为主线把文明发展史贯穿起来的新的研究传统，关注传播媒介技术同整个文化之间的关系，揭示媒介在传递的内容意义之外的意义，包括传播媒介与经济的进程，媒介技术的性质与权力结构的特征，媒介的形式特性与社会的文化特征，媒介特征与人的感官、心理活动过程等，为后人充分认识各种传播媒介带给人类文明的影响提供了一种独特的视角与方法，具有十分深远的启迪意义（陆道夫，2004）。

（四）法兰克福学派（Frankfurt School）

1. 背景

法兰克福学派是20世纪西方马克思主义的主要流派之一，学派的名称来源于法兰克福大学社会研究所。研究所创建于1923年，成员主要是一些有犹太血统的德国哲学家和社会学家，1931年1月24日，霍克海默就任所长演说《社会哲学的现状和社会研究所的任务》，法兰克福学派真正诞生。

2. 代表人物和观点

法兰克福学派的社会政治观点集中反映在M. 霍克海默、T. W. 阿多诺、H. 马尔库塞、J. 哈贝马斯等人的著作中。比如霍克海默、阿多诺在《启蒙辩证法》中认为："电影和广播不再需要作为艺术，事实上，它们根本不是企业，而转变成连它有意制造出来的废品也被认可为意识形态，这些文化工业的意识形态奴役比起早期的统治实践来，要更为微妙和有效。"马尔库塞在代表作《单向度的人》中提出他的核心概念，即"单向度的人"，他认为，"现代工业社会的技术进步给人提供的自由条件越多，给人的种种强制也就越多，这种社会造就了只有物质生活，没有精神生活，没有创造性和否定性的麻木不仁的'单向度人'"（马尔库塞，2006）。哈贝马斯在1962年出版了《公共领域的结构转型》，提出公共领域的核心概念，公共领域指的是介乎于国家与社会（国家所不能触及的私人或民间活动范围）之间，公民参与公共事务的地方（哈贝马斯，1962）。

3. 评价

法兰克福学派的媒介文化理论表现出了强烈的精英主义的文化价值取向，他们的著作中字里行间流露出天生的悲观论调，他们认为大众文化是资本主义工业强加给受众的东西，着力于批判文化的物化本质，所以有人说他们的审美本质是"无望的救赎"（孔令华，2004）。"法兰克福学派的成员往往通过对各种现代主义高雅艺术的特殊依恋来审视通俗文化，这种特殊的文化倾向意味着，这些成员轻视处于社会特定地位的受众的各种阐释活动。"（史蒂文森，2001）约翰·波斯特认为，"法兰克福学派认为工人阶级已变成一群毫无生气的凡夫俗子，普遍受到媒介和通俗文化的操纵"（波斯特，2001）。

（五）伯明翰学派（Birmingham School）

1. 背景

"二战"后，英国的政治与文化氛围发生巨变，威廉斯、霍尔等左翼学者开始转向当代大众文化问题，以图为开辟新的左翼政治寻求学理资源（陈磊，2017）。20世纪60年代中期，霍加特建立伯明翰大学当代文化研究中心（The Center for Contemporary Cultural Studies，简称为CCCS），旨在进一步推进大众文化研究。伯明翰学派就是围绕着该研究中心，由从事文化研究工作的一群学者形成的，以研究通俗文化和媒体著称，又称文化研究学派，是批判学派中的一个重要流派。霍尔对"伯明翰学派"做出了定义,即融合了"结构主义"与"人本主义"并吸收了符号学(尤其是罗兰·巴特的作品)、西方马克思主义(特别是路易·阿尔都塞和安东尼奥·葛兰西的思想)和英国文化主义(威廉斯的文化理论和汤普森的历史实践)的学术流派(丹尼斯·德沃金,2011)。

2. 代表人物和主要观点

理查德·霍加特、斯图亚特·霍尔、理查德·约翰逊（Richard Johnson）、约翰·克拉克（John Clarke）和戴维·莫利等。

早期伯明翰学派的文化研究主要包括亚文化研究、历史研究和语言研究三大块。亚文化研究主要研究战后英国国内出现的青年亚文化现象；历史研究试图瓦解大一统的大不列颠历史观，强调英国内部各个部分差异的历史；语言研究力图吸收和发扬欧洲大陆20世纪语言学自索绪尔以来的研究成果，包括结构主义、符号学、后结构主义等，并对各种语言学流派进行批判。后期的伯明翰学派研究范围逐渐扩大，研究方法也异彩纷呈。从20世纪70年代后期到90年代初，伯明翰学派出版了《亚文化：风格的意义》（Subculture：The Meaning of style，Dick Hebdige，1981）、《通过仪式抵抗：战后英国的青年亚文化》（Resistance Through Rituals：Young Subculture in Postwar Britain）（St Hall，1975）、Culture of Society（Raymond Williams，1958）、《英国工人阶级的形成》（The Making of the English Working Class）（E. P. Thompson，1963）等一系列专著，多已成为文化研究的经典（胡疆锋、陆道夫，2006）。在一系列集体性的研究成果中,伯明翰学派在当代传媒、青年亚文化、工人阶级的日常生活、现代国家、历史理论和意识形态理论以及种族、阶级与性别之间的关系等众多领域做出了极具影响的学术贡献(德沃金,2011)。

3. 评价

该学派广泛吸收文学、社会学、人类学等学科方法,融合欧洲大陆理论与经验研究于一体,创新性地对英国现当代的社会文化现象进行剖析,形成了一套独特的文化研究理论和范式,直接推动了文化研究这一新兴学科在英国的建立。20世纪80年代伯明翰学派的研究范式开始在美国、澳大利亚乃至东亚等地区获得广泛传播并建立相应的学术建制,取得重大学术和社会影响,堪与德国法兰克福学派并称(陈磊,2017)。

(六)传播政治经济学派(School of Political Economy Communication)

1. 背景

传播政治经济学在20世纪40年代末到60年代中期初步形成,追溯传播政治经济学的学术渊源,除了马克思的原著外,西方文化马克思主义思想是其重要的学术源泉。从卢卡奇(Szegedi Lukács György Bernát)、葛兰西到法兰克福学派和阿尔都塞,文化马克思主义者为传播政治经济学的发展奠定了基础(曹晋、赵月枝,2008)。

2. 主要观点

传播政治经济学"分析媒介和传播系统与社会结构的关系,

亦即媒介与传播系统及内容如何强化、挑战或影响现有的阶级与其他社会关系,并强调经济因素对政治和社会关系的关键作用。审视所有权、支持机制(如广告)和政府政策对媒体行为与内容的效果,强调结构性因素与劳动过程对传播的生产、流通和消费的影响"(McChesney,2000)。该学派的开创人是加拿大学者达拉斯·斯麦兹(Dallas Walker Smythe),以"受众商品论"著称,他认为"在资本主义的传媒制度下,以广告收入为主要经济来源的媒介所生产的商品不是广播电视节目,而是受众这一特殊商品。节目只是提供给顾客的免费午餐,目的是要将观众吸引到节目上来,再把观众的眼球注意力卖给广告商,这样观众就被当作商品卖给广告商"(Smythe,1977)。赫伯特·席勒(Herbert Schiller)在《大众传播与美利坚帝国》(*Mass Communications and American Empire*)中认为,全球商业化的传播体系是通过整合与兼并、跨领域经营与国际化三个相互联系的维度实现的,大公司直接参与出版产品的生产、供应和销售,从而全面宰制文化市场的消费。如此格局,形成了市场的绝对壁垒,竞争与准入的条件对小型出版公司来说是不敢问津的,这些因素也是形塑南北差距的核心力量之一(Schiller,2006)。

3. 传播政治经济学在中国的发展

赵月枝最先将传播政治经济学派相关理论引入中国传播学界,其著作《传播与社会:政治经济与文化分析》从传播政治经济学派的理论渊源、研究路径和学术前沿方向,结合具体媒介案例对帝国时代下的世界传播发展情况进行了深入分析。

4. 评价

郭镇之认为,"传播政治经济学者的批判矛头直指资本主义的制度体系,因此,他们在社会中甚至在学术界(大学和研究团体中)更是少数派。但是,近年来,无论是在北美还是欧亚,包括韩国,政治经济批判的声音有日益增强的趋势。究其原因,是随着研究的深入,大工业、大媒介侵犯民主的集权本质日渐昭然,从而在道德方面陷于孤立。资本主义的逻辑虽然在现实中通行无阻,但在理论上却是不得人心的。他们的实践方法是只宜于做而不宜于说的。批判学派则反之"(郭镇之,2002)。

(七)技术—控制论学派(The School of Technology-Cybernetics)

1. 背景

20世纪40年代,工业国家的大众化报纸进入成熟时期,广播、电视普及,两次世界大战中电子信息战也给人留下深刻的印象。在通信设备发展的基础上,信息数理理论得以诞生,成为传播学技术—控制论学派的直接理论来源。

2. 早期代表人物和主要观点

信息论:香农从通信的角度定义了传播:"通信的基本问题是通信的一端精确地或近似地重复出现另一端所挑选的消息。"而信息是能够用来消除或减少不确定性的东西,进而提出"香农—韦弗模式"(传播过程的数字模式)(Shannon,1948)。

控制论:维纳的控制论是关于自我控制系统的理论,它以

"反馈"概念为依据,其定义是通过关于一个系统以往运行情况的信息来控制这个系统的未来行为(Wiener,1948)。控制论将计算机技术、通信工程、生物科学的原理联系在一起,揭示了机器和生物体所共有的通过环境变化来决定自我运动的原理(Wiener,1948)。

系统论:美籍奥地利理论生物学家和哲学家贝塔朗菲(Bertalanffy,1901—1972)提出。他认为系统是由若干相互联系的基本要素构成的,是具有确定的特性和功能的有机整体,系统论关注结构中各组成部分的关系和相互依赖的问题,考察个体与其他人的网络和关系问题(罗杰斯,2002)。

3. 后期代表人物及主要观点

美国著名的技术哲学家刘易斯·芒福德(Lewis Mumford,1895—1990)认为,"技术的世界不是孤立的,也绝非自成一统,它与来自看似遥远的人类环境的各种因素相互作用,机器体系的出现也绝不是某种突变,只有把它放置在长期、多元的历史背景中才能让人理解"(芒福德,2010)。

英尼斯认为,一种新的媒介的长处,将导致一种新的文明的产生。传播具有时间和空间的偏向,比如文字时代打破了口语时代"年长者垄断知识"的局面,印刷术时代培育了人类的理性思维方式,催生了理性主义(英尼斯,2003)。

麦克卢汉认为,媒介是人的延伸,比如印刷媒介是视觉器官的延伸、广播是听觉器官的延伸、电视是感知系统的延伸等,电子传媒的普及将整个地球的时空缩小成一个村庄,"产生一个人人参与的、新型的、整合的地球村"(麦克卢汉,2000)。

美国传播学家约书亚·梅罗维茨（Joshua Meyrowitz，1949— ）认为，"电子媒介将许多不同类型的人带到相同的地方，于是许多从前不同的社会角色特点变得模糊了。由此可见电子媒介最根本的不是通过内容来影响我们，而是通过改变社会生活的场景地理来产生影响"（梅罗维茨，1958）。

美国媒介理论学家保罗·莱文森（Paul Levinson，1947— ）认为，技术还是在有限的层次上对我们的生存产生了深远的影响，人类发明的所有信息技术，没有任何一种技术能够和我们人类基本要素的语言中心相提并论，除非它是对语言的超越和通过某种方式所进行的替代（莱文森，1997）。

4. 评价

"三论"本身基本属于自然科学的研究范畴，它们的出发点是承认非人的生物体、计算机、人类社会和思维之间存在相似性，从这样的认识前提出发研究传播，看重的是人机交流的物理功能设计和传播过程的技术特性（陈力丹，2015）。"三论"的创立为技术控制论学派的兴起奠定了基础。早期的传播学研究中，学者们关注的多是媒介技术承载的信息和效果，但其自身演变及后续影响并未进入研究视野（陈川，2016）。

在传播学的技术控制论学派中存在一个从技术乐观主义（技术决定论）→技术悲观主义（技术人文主义）→技术理性论的过程（陈川，2016）。当然，我们无法确认当下传播学研究对技术的认识是否完全合理，但技术与社会密不可分的事实是毋庸置疑的，特别是在互联网时代，各种技术层出不穷，技术与社会的关系将演化至何种状态仍未可知，然而可以肯定的是，技术不仅仅是物质手段，同时也具有文化属性（陈川，2016）。

（八）结构主义符号—权力学派（Structural Symbol-Power School）

1. 背景

结构主义符号—权力学派的构成比较复杂，流派较多。法兰克福学派、伯明翰学派（文化学派）、传播政治经济学派都是属于该学派。他们都承认人的思维和信息的传播受制于传播的基本符号系统。族群、民族、国家千百年形成的文化意识和传统无形地积淀在语言中，通过语言的使用而内化为社会成员的集体心智，因此任何传播都早已被"结构"了。这个学派多以揭示传播中符号背后的权力背景为研究思路，故有"结构主义符号—权力学派"的称谓，又因多持批判立场而被称为"传播学批判学派"。

2. 学派和评价

（1）法兰克福学派

起源于德国的法兰克福学派又称"社会批判学派"，开展社会问题研究和马克思主义研究。它继承了德国哲学思辨的传统，集中研究商业化体制下的文化工业以及资本的文化统治本质，属于传播学的一个重要的研究方向。

美国法兰克福学派代表赫伯特·马尔库塞认为，发达工业社会成功地压制了人们心中的否定性、批判性、超越性的向度，使这个社会成为单向度的社会，而生活在其中的人就成了单向度的人，这种人丧失了自由和创造力，不再想象或追求与现实生活不同的另一种生活（马尔库塞，2006）。

德国社会学家尤尔根·哈贝马斯从"公共领域与私人领域的融合趋势""社会领域与内心领域的两极分化""从文化批判的公众到文化消费的公众""从私人的新闻写作到大众传媒的公共服务：作为公共性功能的宣传（广告）"诸方面论证了公共领域社会结构和政治功能的转型，其中用很大篇幅分析了近现代大众传媒的功能退化（展江，2002）。

评价：法兰克福学派的文化工业理论弥漫着精英主义和悲观主义的气息，他们对现代工业文化的深刻批判，表现出他们要担当文化救赎的使命，但这种批评仅囿于观念领域而导致实践方面的缺失（陈力丹，2016）。

（2）文化学派

1964年英国伯明翰大学文化研究中心成立，由此逐渐形成英国文化学派。文化学派以文本分析和受众调查为手段，揭示大众传媒的利益、意识形态以及受众符号解读的多样性和相对的主动性。

英国文化学派代表人物斯图亚特·霍尔在《编码/解码》中分析了传媒产品制作、发行、传播、消费和再生产四个阶段的生产程序、形式和存在条件。他认为，传媒扮演着意识形态的角色，传媒产品生产的四个阶段相互联系，并受制度权力关系的制约（霍尔，1973）。受众对文本的解读有三种方式，即：优先式解读、妥协式解读和对抗式解读（霍尔，1973）。

评价：该学派反对简单的"经济基础还原"论，摆脱了传统学科观念的束缚，对多种理论兼收并蓄，发展了各种各样的分析、阐释和批判媒介文化产品的方法，开辟了一系列媒介文化研究领域：最早研究报纸、电台、电视、电影等大众传媒以及其他流行的文化样式对受众的影响；关注形形色色的受众如何以不同的方式来阐释和运用媒介文化（杨华，2005）。文化研究学派虽然具有强烈的文化纯粹主义倾向，但它把观念还原到经验之中，把文化看作一种整体的生活方式，最终还是解开了"文化""日常生活"这道方程式（杨华，2005）。

（3）政治经济学派

政治经济学是传播研究的一种思路，是将传播活动作为一种经济活动，以生产、分配、流通、交换及其宏观决策活动这种政治经济学的思路来观察媒介及其传播行为的。在传播政治经济学研究中，学科的母体或者方法论是政治经济学，研究对象是以传播媒介为核心的人类传播行为及其活动。传播政治经济学研究传统上主要有三大分支：自由主义（现在的新经济学派）、马克思主义、制度学派。制度学的分析不仅预示了霸权产生的方式，而且指出了传播在其中的重要性——传播创造了社会环境（郭镇之，2002）。

美国传播政治经济学派学者达拉斯·斯麦兹认为，在资本主义的传媒制度下，以广告收入为主要经济来源的媒介所生产的商品不是新闻和广播电视节目，而是"受众"这一特殊商品，即观众被当作商品卖给广告商（郭镇之，2001）。

美国著名传播学者赫伯特·席勒认为，"美国传播媒介联合体的性质具有重要的意义，它不仅在影响国内人民生活和日常行为中有着极其重要的作用。在国内并不明显而在国外日益显著的意义就是其与国际社会的联系。国内传播机构的结构、性质和管理不再完全是国内关注的事情，尽管它们曾经是，这种强大的机构现在已经直接冲击着世界各地人们的生活"（席勒，1969）。

评价：只聚焦当代资本主义的意识形态功能，没有探讨媒体为资本服务的经济角色，同时，很多学者将政治经济学等同于经济化约决定论（下层基础、经济决定了上层基础、文化政治等），忽视了其他因素对传播产生的作用（曹晋、赵月枝，2008）。

（4）结构主义派别

结构主义派一般指研究意识形态国家机器理论、语言的象征表现功能理论的学者（陈力丹，2015）。

阿尔都塞认为，媒介促使人们以可以接受的方式自然地思考和行动，使话语的统治权力合法化，因为概念和词句在不断的复制和重组的过程中始终贯穿着意识形态（陈卫星，2004）。

法国思想家皮埃尔·布迪厄（Pierre Bourdieu，1930—2002）提出"媒介场"（media field）的概念，用以分析电视的传播行为。他认为，电视新闻场比其他的场域更容易受外部力量的作用，甚至比政治场更容易受市场、受众的控制（布迪厄，1996）。

评价：结构主义符号—权力学派反对将自然科学的研究方法直接搬用到对人的传播现象的研究上，承认传播学研究的主体是有思想和主观能动性的人，把传播和传媒置于历史、社会、文化的背景下研究，把传媒视为有一定价值倾向的中介，因而视野广阔，具有很强的理论思辨色彩（陈力丹，2016）。

学派分散、个性化较强，观点带有较多的个人生活背景和书斋学术的特征；揭示了问题，但没有解决问题的路径；他们相当程度上怀疑现存秩序下人们所理解的所有东西，不相信社会由此建立起来并提供给每个社会成员的行为准则，具有虚无主义倾向，并且在研究过程中较少对传播的新环境做出新的有力论证，忽视技术的发展与人之间存在着一种张力（陈川，2016）。

（九）耶鲁学派（Yale School）

1. 背景

耶鲁学派是指美国以霍夫兰、欧文·贾尼斯（Irving Lester Janis）和威廉·麦奎尔等人为代表的传播学学派，属于传播学主流研究范式的传统学派（张放，2014）。

"二战"期间，耶鲁大学教授霍夫兰接受军方委托在军队里进行心理实验。"二战"后霍夫兰继续研究说服效果形成的"条件"，从战争期间到1961年霍夫兰去世，他和团队进行了数十项研究。在霍夫兰的领导下，耶鲁大学心理学系涌现出一批杰出的社会心理学家，他们通过"传播与态度改变耶鲁项目"而结成一个紧密的研究团队。

2. 主要观点

耶鲁学派认为，传播是传播者通过传递刺激信号以改变他人行为的过程（霍夫兰，1953）。这个定义包含三方面内容，即传播者、传播内容和传播对象，耶鲁学派的劝服研究就是围绕这三方面设计的，他们在传播与说服的问题上有许多重要的学术发现,比如信源的可信性对传播效果的影响、"休眠"效果等（刘海龙,2007）。

3. 评价

该学派主要采用实验心理学的方法,致力于说服性传播效果的研究,揭示传播效果形成的条件和复杂性。耶鲁学派认为单一的大众传播并不能直接导致人们态度的改变,效果的形成并不简单地取决于传播者的主观愿望,而是受到传播主体、信息内容、传播技巧、受众属性等条件的制约（郭庆光,2011）。信源的可信度越高,其说服效果越大;信源的可信性对信息的短期效果具有重要影响,而从长期效果看,最终起决定作用的仍是内容本身的说服力（郭庆光,2011）。

耶鲁学派的研究更关注受众在个体单位上的心理与行为,很少涉及宏观的社会层面,这导致耶鲁学派的媒介效果研究带有浓厚的还原论色彩而总是停留在微观效果的层面（张放,2014）。

第二章
大众传播理论

一、大众传播的效果理论

（一）皮下注射论（Magic Bullet Theory）

1. 定义

皮下注射论又称"魔弹论"或"传送带理论"。"魔弹论"对传播的效果做出了如下的假说：他们认为受众是靶子，毫无抵抗力，而媒介所传播的内容则被认为是"魔弹"，传媒需要的只是对着靶子"射击"（施拉姆，1984）。

按照洛厄里（Shearon A. Lowery）和德弗勒（Melvln L. DeFleur）的解释，"魔弹论"主要建立在行为主义的刺激—反应模型上。它的主要理论来源有两个：一是19世纪以来兴起的"大众社会理论"（Mass Society Theory），该理论认为，工业化、城市化和现代化造成人们之间传统的联系被打破，传统规范和价值观式微，随着劳动分工和社会差异的增大，人与人之间的距离也在扩大，社会被原子化，个体之间相互隔绝，只有通过正式的司法、契约和大众传播相互联系；二是达尔文的进化学说，该理论消除了人与动物之间的差异，人和动物一样，其行为都是对外界刺激的反应（刘海龙，2008）。在这两个前提下，洛厄里和德弗勒把"魔弹论"的主要观点归结为以下五点：

①生活在大众社会中的人过着相互隔绝的生活；

②人类生下来就具有一样的本能；

③所以人们对事件的参与（如媒介信息）方式是差不多的；

④造成人们以相同的方式接受和理解媒介信息；

⑤因此，媒介信息就像"子弹"一样击中每只眼睛和耳朵，对人类的思维和行为产生直接、迅速、一致，因而也是巨大的影响。

2. 影响

由于受到传播业界的影响，在传播学的起步阶段，"魔弹论"的部分思想作为未经证实的常识成为传播研究默认的前提。尽管有限效果论挑战了这种观念，但实际上有限效果论仍然是在"魔弹论"的思维框架下得出的。学者们仍然相信并全力维护这样的观念：传播具有强效果而且是直接的效果。在有限效果论出现以后，"魔弹论"并非完全退出了历史的舞台，只是从显性的观念转化为一种隐性的、不易觉察的潜在观念。由于实用性和社会控制导向的传播研究需求在很大程度上形塑了当代美国的传播学，美国学者之所以在骨子里维护"魔弹论"的观念，是与他们雇主的价值取向相一致的。对强效果论的潜在维护使美国传播研究者将绝大多数精力放在了效果的研究上，使美国传播学的视野失之狭窄（胡翼青，2009）。

（二）意见领袖（Opinion Leader）

1. 定义

20世纪40年代，拉扎斯菲尔德等人在《人民的选择》一书中正式提出"意见领袖"的概念，他们认为大众传播并不是直接"流"向一般受众，而是要经过意见领袖这个中间环节，即"大众传播—意见领袖—一般受众"（郭庆光，1999年）。"意见领袖"接触媒体的频率更高，他们通过向他人提供信息，传达观点，影响其他受众，他们的存在对大众传播效果产生重大影响。

2. 发展

随着网络应用的普及和网络作用的凸显，网络中"意见领袖"影响舆论、引导舆论的能力也越来越受到重视。网络中的意见领袖有不同特点：更加多元化，提供海量的信息；个性化特征明显，可以是某一专业领域的意见领袖；影响范围更大，影响力也更强；互联网的强互动性使说服力更强。

（三）两级传播（Two-Step Flow of Communication）

1. 定义

拉扎斯菲尔德关于"两级传播流"理论假设的表述最早出现在1944年出版的《人民的选择》①一书中，它的概念表述是："信息是从广播和印刷媒介流向意见领袖，再从意见领袖传递给

---

① 《人民的选择》以1940年的美国总统大选为分析案例，试图阐释在大众传媒及人际关系的影响下，选民如何做出投票的选择。

那些不太活跃的人群的。"（拉扎斯菲尔德等，2012）后来拉扎斯菲尔德又对这个定义进行了修改和完善："使用这个概念，我们意指大众传媒往往通过两个过程向受众传递信息。意见领袖读报或听广播后，会将过滤后的小量观点和信息，传递给那些不太活跃的人群。"（罗杰斯，2005）

这里新提到了媒介传播的"两个过程"：一是指对信息的接收与关注过程；二是指对影响或信息进行接收或拒绝的反应过程。拉扎斯菲尔德使用了"流"（Flow）的概念进行解释，他认为，大众媒介只是完成了信息传送的功能（信息流），而影响传递的功能（影响流）则是由两级传播中的第二级——意见领袖来完成（陈雪奇，2013）。

2. 影响

该理论自20世纪40年代诞生以来一直争议不断，但却开创了大众传播研究中的有限效果时代。该理论发现了置于大众传媒和普通受众之间的中介——意见领袖，强调大众传播中人际传播的作用，注重对媒介传播效果中的各个中介变量进行研究，改变了在这之后诸多传播效果调查的研究取向（崔波涛，2014）。此外，两级传播在初级群体、人际传播和意见领袖的三个理论支点上，形成了一个复杂且互动频繁的理论系统，有利于人们深入认识大众传播过程中，人际传播、舆论领袖以及初级群体的作用，为传播研究提供了新颖的视角（崔波涛，2014）。

（四）休眠效果（Sleep Effect）

1. 定义

休眠效果理论研究始于美国实验心理学家卡尔·霍夫

兰——将实验心理学引入传播学研究的第一人。他在1946—1961年，和卫斯（Walter Weiss）就传播和态度的改变进行了一系列实验研究即耶鲁计划，并于1953年出版了《传播与说服》（Communication and Persuasion）一书。在涉及传播者的可信性问题时，他们的假设是：不同可信度的信源将影响受众对传播的感知和评价方式，也影响受众的意见和态度改变的程度。

2. 影响

霍夫兰、拉姆斯登和谢菲尔德关于"休眠者效应"的研究提出一个假设：对传播内容认同度的提升，可能是由于随着时间的推移，最初对传播内容的怀疑消失了。这个假设假定，对支持传播者结论的论据和其他内容的遗忘是常态，因此，在接触传播内容之后，对所宣传观点的即刻认同会相当高，但随着时间的推移会逐渐减弱，然而，如果对消息源持有怀疑，对传播者的立场将几乎不会有初始认同。如果对消息源的遗忘速度比传播内容还快（或者是从内容中"分离"出来），那么对所宣传观点的认同就会随着时间而提高（霍夫兰等，2015）。

（五）一面提示与两面提示（One-sided Message & Two-sided Messages）

1. 定义

1946—1961年，卡尔·霍夫兰领导的"耶鲁传播与态度变迁计划"完成了超过50项实验，其研究结果也催生了一批关于态度研究的耶鲁丛书。1953年出版的《传播与说服》一书描述了这些研究的理论框架和结果，其中就包括"一面提示"与"两面提示"的概念。

"一面提示"指对某些存在对立因素的问题进行说服或宣传的时候，仅向说服的对象提示自己一方的观点或于己有利的判断材料。这种方式能够对己方观点做集中阐述，论旨明快，简洁易懂，但同时也会给人一种"咄咄逼人"的印象，使说服对象产生心理抵抗。"一面提示"对于原来就赞同此观点和受教育程度较低的人有较强的说服效果。

"两面提示"指在提示己方观点或有利材料的同时，也以某种方式提示对立一方的观点或不利于自己的材料。由于给对立观点以发言机会，这种方式给人一种"公平"感，可以消除说服对象的心理反感，但由于同时提示对立双方的观点，论旨变得比较复杂，理解的难度增加，如果把握不好分寸，反而容易造成为对方做宣传的结果。"两面提示"对于原来反对此观点和受教育程度较高的人，有较强的说服效果。

但是一面提示和两面提示的假设也和特定条件有关，即在以下情况，对错误的干扰性预期和对不同观点的意识可以被最小化：受众一开始就反对传播者的立场；受众的智商相对较高；受众不断处于对抗性的传播之中，不断接受相反观点（卡尔·霍夫兰，2013）。

2. 反思

针对霍夫兰进行实验得出这个结论的科学性，有学者也提出批判："一系列研究都发生在实验室环境中，对于在自然环境中所发生的传播行为,并不能等同解释;研究对象多为学生和实验性对象,实验选取的主题也只能代表一种情境下的传播效果,其适用范围相对有限。"(陈丽,2015)

(六)选择性接触(Hypothesis of Selective Exposure)

1. 定义

1940 年美国总统大选期间,在洛克菲勒基金会和哥伦比亚大学广播研究中心的支持下,拉扎斯菲尔德主持的哥伦比亚大学应用社会学研究所,以俄亥俄州伊里县(因此这次调查又叫"伊里调查")的居民为调查对象,对选民、选举与媒介宣传等问题进行了历时半年的调查研究。通过这次调查,他们提出了对后来的传播效果乃至整个传播学研究产生了重要影响的一系列理论假说,其中就包括"选择性接触"假说(赵建国,2012)。

拉扎斯菲尔德注意到选民往往会偏爱某些节目,或者更喜欢参加某种会议,或者更容易理解某个演讲,这种选择强化了他对选举的既有倾向(拉扎斯菲尔德,2012)。

2. 影响

选择性接触属于选择性理论中的一个层面,另外两个层面为选择性理解和选择性记忆。赛佛林(Werner Severin)与坦卡德(James Tankard)(1985)在其《传播学的起源、研究与应用》一书中比喻选择性接触、选择性理解与选择性记忆好似环绕每个受众的三道防卫圈,从外到内依次与大众媒介相抗衡,逐级抵御媒介对自己原有立场的冲击,不断抗拒信息对自己既定认识的袭扰,其中最外围的那道防卫圈,就是选择性接触。

选择性理论的主旨是说受众接受信息总会根据个人的需求和意愿而有所选择、有所侧重乃至有所理解，以便使之同自己固有的价值体系和既定的思维方式尽量地相互协调，而不是存在矛盾（广陵，1996）。

（七）使用与满足（Uses and Gratifications）

1. 背景

使用与满足研究出现在 20 世纪 40 年代，那时候的研究集中在为什么受众会消费不同类型的媒介。卡茨通常被认为是第一个正式提出使用与满足的传播学者，他提出传播学研究不应当仅仅关注"媒体对人们做了什么"，还应该仔细地研究"人们对媒体做了什么"（Katz，1959）。

2. 基本模型

卡茨（E. Katz）和布鲁默（J. G. Blumler）以及古雷维奇（M. Gurevitch）总结了使用与满足研究主要关心的问题，即：社会和心理起源引起需求（Need），需求激发对大众媒体和其他来源的期望（Expectation），期望造成了不同类型的媒介接触（Media Exposure），最终导致了需求的满足（gratifications）和其他非企及性结果（Blumler & Gurevilch，1974）。这一总结也可视作对使用与满足基本模型的概括（陆亨，2011）。

3. 影响

使用与满足研究的出现和发展是传播学研究从传者导向转向受者导向视角的一个重要标志。作为大众传播媒介适度效果理论的经典模式之一,它引导人们更加关注受众,把满足受众的需求作为衡量传播效果的基本标准;认为受众的媒介接触是基于个人需求进行的,强调受众的能动性,推翻了受众被动论;指出大众传播对受众的基本效用,矫正了"有限效果论"。

4. 反思

尽管使用与满足被认为是传播学中最流行和重要的理论之一,该理论在当今传播学界越来越被看成一个路径而非实证理论（陆亨,2011）。

其最重要和最具批判性的批评大多来自该理论的研究者们本人（陆亨,2011）。通过对电视收视的动机分析,鲁宾（Rubin）证实了习惯性（habitual）和意向性（intentional）收视的共同存在;而且不同受众不同时间的主动性程度难以确定,布鲁默（Blumler）认为主动性不应该被当成一个二分变量（主动或被动）,主动性是一个模糊的概念,太过个体主义（individualistic）;也有学者认为这个基本模型忽视了结构和社会因素对媒介消费的影响（Eliott,1974）;此外,该研究路径是功能视角驱动的,而功能多是指"有用的"结果,这一研究路径忽视了对那些所谓消极的使用,负功能的研究（Carey & Kreiling,1974）。

（八）免疫效果（Inoculation Effect）

1. 背景

"二战"后期,霍夫兰在美军中进行的态度改变的经典实验表明，双面论证对反宣传的抵抗力明显大于单面论证，尽管从单纯比较来看两者效果并无优劣强弱之分，但对反宣传的抵抗力却有极大区别（郭庆光，1999）。冷战期间，拉姆斯丁和贾尼斯（A. A. Lumsdaine & I. L. Janis）以中学生为研究对象，进行了一项"苏联至少在5年内不可能大量生产原子弹"的实验研究，研究结果发现，"正反两方面消息较单方面消息的优点之一便是，它对后来的说服工作可以建立起更有效的抵抗力，接受正反两方面消息的人就像打过防疫针的人一样，对后继的反宣传的'病毒'有一种天然的抵抗力"（王雄，2002）。

2. 内容

耶鲁学派的学者威廉·麦奎尔吸纳了他们的基本思想并开展了实证研究。1961年，他进行了一项"先期信念防御各类型在免被说服中的相应功效"的实验（章志光，2007）。在系列实验研究基础上，麦奎尔提出了著名的"预防接种理论"，即"免疫效果理论"。该理论的核心观点是：大部分人持有许多未经挑战的信念，这些信念在受到攻击时很容易被动摇，因为人们不习惯保卫它们——这种情况好比一个人在无菌环境中长大，一旦被暴露于细菌环境中，其身体就很容易被感染。个体要获得思想观念的抵抗力，可以靠"滋养"，即事先对一个人的基本信念给予支持的观点；也可以靠"预防接种"，即将人暴露于微弱的、能刺激抵抗力形成的攻击其基本信念的反面观点之中。实验结果证明，"事前接种"的免疫效果优于"事前滋养"（郭毅然，2013）。

把这种呈现两方面的、反驳性的宣传作为一种宣传技术来运用,不仅更有效力,而且如果能灵活熟练地运用,还可以不断增加接受者对于随后反宣传的抵抗力(阿伦森,2007)。

(九)议程设置(Agenda Setting)

1. 定义

所谓议程设置理论,最简明的表述为:新闻媒体不能告诉人们"怎么想"(what to think),但却能够告诉人们"想什么"(what to think about)。这段话来自美国学者科恩(Bernard Cohen)对大众传播影响的描述,他认为:"新闻媒体远不只是一个信息和意见的提供者。很多时候,它并不可能成功地告诉人们怎么想,但是在成功地告诉它的读者想什么方面,它却极为出色。"(刘海龙,2008)

2. 背景

议程设置理论强调的是大众媒介对公众认知的影响。对这一现象最早关注的是美国新闻学研究的奠基人李普曼,在其著作《公众舆论》(Publish Opinion)中,他将舆论看作人们头脑中的图像,并提出新闻媒介影响我们头脑中的图像的观点。虽然李普曼没有能通过实证研究验证这一理论,但已经体现出议程设置理论所表达的基本含义。

1948年拉扎斯菲尔德和默顿提出大众媒体具有地位赋予功能,大众媒体的报道可以使社会问题、个人、团体以及社会运动引起人们的关注,这种显著性会让它们具有一定地位和合法性,这一功能中已经蕴含了议程设置的萌芽(刘海龙,2008)。

而将议程设置功能作为一种理论假说并进行实证考察的研究最早可见于美国传播学家 M.E. 麦库姆斯（Maxwell McCombs）和 D. L. 肖（Donald Shaw）于 1972 年发表的论文《大众传媒的议程设置功能》。这篇论文是根据 1968 年美国总统选举期间他们在北卡罗来纳州的查珀尔希尔（Chapel Hill，另译教堂山）就传播媒介的选举报道对选民的影响所做的一项调查研究的总结。他们认为，大众传播具有一种为公众设置"议事日程"的功能，传媒的新闻报道和信息传达活动以赋予各种"议题"不同程度的显著性的方式，影响着人们对周围世界的"大事"及其重要性的判断（郭庆光，2011）。

3. 发展

议程设置的两个层次：对于议程设置的研究一开始考察的是传媒对受众认知层面以及关注与思考对象方面的影响。在后来的研究中，麦库姆斯和肖以及其他研究者对这一思考进行了修正，他们认为："议程设置应该是一个过程，它既能影响人们思考什么问题，也能影响人们怎样思考。"并将议程设置分成两个层次，第一层指的是媒介议程影响某些对象的显著性，从而影响人们关注的对象及人们对事物重要程度的判断；第二层指的是媒介议程影响人们对某一对象的某些属性的判断，从而影响人们思考问题的框架，而这是由信息本身的结构来影响的（彭兰，2017）。

"议程融合"理论：随着互联网、有线电视、数字电视、手机等更为个人化的媒体的普及，传统大众媒体的议程设置能力开始下降，单一而普遍的公众议程在减少，影响议程设置过程的其他中介因素正在增多（刘海龙，2008）。针对这一发展现状，麦库姆斯和肖等人在1999年提出议程融合理论（agenda melding），该理论认为，在现代社会中，个人必须通过加入某个社会群体来降低认知不协调，获得安全感和确定性，为了融入自己想要加入的群体，个人必须接触与该群体相关的媒体，使自己的议程与这一群体议程一致（刘海龙，2008）。

网络传播中议程设置的发展与变化：第一，网络议程设置的主体更加多元，有时一个议程的设置是在多元主体的共同作用下实现的；第二，由于网络媒体更强调网民的选择性与主动性，提倡"个性化"信息服务，所以由网站进行议程设置的作用将可能受到削弱，而由网民的自我设置与选择的作用将越来越强；第三，网络对传统媒体的议程设置可能出现放大、削弱、重构等不同作用；第四，网络中的议程设置既有如传统媒体那样统合社会中大多数人群的公众议程，也有只适合于特定人群的小众议程；第五，网络中的"公众议题"与现实社会的"公众议题"可能会发生偏移，一些议题在网络上炒得火热，但在网络之外却会显得相对冷清；第六，由于网络的跨国界性质，网络议程设置会呈现全球化趋向（彭兰，2017）。

网络议程设置理论（又称NAS理论），其核心观点是，影响公众的不是单个的议题或者属性，而是由一系列议题组成的认知网络；新闻媒体不仅告诉我们"想什么"或者"怎么想"，同时还决定了我们如何将不同的信息碎片联系起来，从而构建出对社会现实的认知和判断（史安斌、王沛楠，2017）。

（十）时滞（Time Lag）

1. 定义

在传播学中，时滞是与议程设置研究相关的一个议题，指的是媒介对公众的影响从发生到产生效果需要的时间（赛佛林、坦卡德，1999）。

2. 相关研究

学者斯通（GC Stone）和麦库姆斯（Maxwell McCombs）在1981年发表的文章《议程设置中的时滞探究》（*Tracing the Time Lag in Agenda-Setting*）中提出，议程从媒体转向公众的时间差为2~6个月（斯通、麦库姆斯，1981）。其研究方法是从以往做过的实验中找到有关公众议程的数据，然后对该实验进行前较长一段时间里许多不同时间节点的媒介内容做一次分析，以此分析公众议程和媒介议程之间的关系（赛佛林、坦卡德，1999）。此后，还有学者对有关民权、毒品问题等的时滞现象进行研究。

3. 影响

首先，对于媒介从业人员来说，时滞是一个非常重要的问题，在公共关系及其他信息行业工作的人，如果他们清楚要将一个议题提到公众的意识里需要多长时间，就可能将自己的工作策划得更好；其次，相比传统媒体而言，在网络时代，受众能够快速获得大量信息，时滞效应已经大大缩小（赛佛林、坦卡德，1999）。

（十一）沉默的螺旋（The Spiral of Silence）

1. 概念

"沉默的螺旋"理论由德国政治学家、传播学者伊丽莎白·诺埃尔—诺依曼（Elisabeth Noelle-Neumann）在其文章《沉默的螺旋：舆论——我们的社会皮肤》（The Spiral of Silence: Public Opinion and Our Socicll society）（1974）中提出。所谓"沉默的螺旋"的过程是指，优势意见占明显主导地位，其他的意见从公众图景中完全消失，并且"缄口不提"。即在个人意见表明的过程中，人们会对周围意见环境有所感知，当发现自己的意见处于优势地位时，会大声表明自己的观点，而另一方的意见处于劣势可能"吞"下自己的观点，保持沉默，从而进入螺旋循环。该理论是诺依曼在1965年德国大选民意调查后所得出的结论，它解释了大众舆论如何影响个体的意见及行为（诺依曼，2013）。

2. 内容

个人意见的表明是一个社会心理过程。人作为一种社会动物，总是力图从周围环境中寻求支持，避免陷入孤立状态。为了防止因孤立而受到社会惩罚，个人在表明自己观点时首先要对周围的意见环境进行观察，当发现自己属于"多数"或"优势"意见时，他们便倾向于积极大胆地表明自己的观点；当发觉自己属于"少数"或"劣势"意见时，一般人就会趋于环境压力而转向"沉默"或附和。

意见的表明和"沉默"的扩散是一个螺旋式的社会传播过程。一方的"沉默"造成另一方意见的增势，使"优势"意见显得更加强大,这种强大反过来会压迫更多持不同意见者转向"沉默",如此循环形成螺旋式的过程。

大众传播通过营造"意见环境"来影响和制约舆论。舆论的形成不是社会公众"理性讨论"的结果,而是"意见环境"压力作用下人们惧怕孤立心理,强制人们对"优势意见"采取趋同行动这一非合理过程的产物(郭庆光,2011)。

3. 发展

网络传播时代对"沉默的螺旋"理论的思考:一些学者认为,"沉默的螺旋"在网络传播中受限甚至消失,这是由于网民的"亚大众"特征及网络交流中的匿名性、网络平台所营构的民主氛围等特点使得言说者不仅不甘"沉默",反而说得大声,说得激烈(郭光华,2002)。

反"沉默的螺旋":随着网络时代的到来,对传播影响与效果的研究更加强调对受众的个性与主动性的关注,受此背景影响,反"沉默的螺旋"概念不断发酵,所谓反"沉默的螺旋"即在大众传媒面前,受众不是被动的、盲从的非理性动物,而是具有能动性的社会主体,常以反沉默螺旋的方式发表意见,很少因"意见气候"和"害怕孤立"而对自己的意见保持沉默(刘建明,2002)。

但也有学者认为,在网络传播中,舆论压迫的对象变成匿名的 ID,虽然可以随时更换 ID,但是对同一个 ID,其他 ID 对它的孤立效果仍然存在,而沉默螺旋产生的基本条件——人们可以自由表达,在网络空间中仍然存在,因此"沉默的螺旋"仍有可能继续存在(刘海龙,2001)。

（十二）创新扩散（Diffusion of Innovations）

1. 定义

罗杰斯认为，所谓创新的扩散，是创新通过一段时间，经由特定的渠道，在某一社会群体的成员中传播的过程。它是特殊类型的传播，所含信息与新观念有关。

2. 内容和发展

许静总结了创新扩散的发展脉络：对创新扩散的研究始于第二次世界大战以前，法国社会学家和法学家塔德（Gabriel Tarde）最早观察了扩散现象，并提出了意见领袖、扩散的 S 曲线及人际传播中的社会经济地位的作用等概念；后来的人类学家考察了技术创新的扩散在文化变迁中的作用；1943 年瑞安和格罗斯（Bryce Ryan & Neal C. Gross）关于美国艾奥瓦州推广杂交玉米种子的研究影响很大。而在有关"创新扩散"的研究中，涉猎最为广泛的、与传播学联系最为密切的是罗杰斯和他的同事们所做的研究（李特约翰，2009）。

与两级传播研究一样，创新的扩散研究同样关注传播过程，也强调大众传播中人际传播的重要作用，但是将"两级传播"模式修改成"多级"或"N级"传播模式，此外还提出了一些新的观点（许静，2007）。

罗杰斯提出创新扩散的四种要素，即创新要素、渠道要素、时间要素和流通发生的社会系统要素。

罗杰斯认为，一项创新是被采用的个人或团体视为全新的一个方法，或者一次实践，或者一个物体。其特征包括相对的优越性、相容性、复杂性、可试性、可观察性：相对的优越性是一项创新比起它所取代的方法具有的优势；相容性指一项创新与现存价值观、潜在接受者过去的经历以及个体需要的符合程度；复杂性是一项创新被理解或被使用的难易程度；可试性是在某些特定条件下一项创新能够被实验的可能性；可观察性是指在多大程度上个体可以看到一项创新的结果（罗杰斯，2002）。

传播渠道是信息从一个个体传向另一个个体的手段，一对个体之间信息交换关系的性质决定了在什么条件下知情方会或不会将该创新传播给未知方，以及传播效果如何（罗杰斯，2002）。信息载体包括大众媒介和人际两种。大众传播过程包括作为信息传递过程的"信息流"和作为效果或影响的产生和波及过程的"影响流"，前者可以是一级的，即信息可以由传播媒介直接"流"向一般受众，而后者则是多级的，要经过人际传播中许多环节的过滤（许静，2007）。大众传播是最快最有效的手段，但人际关系渠道也能够说服个人接受一个新方法，尤其是当渠道中个体具有相似的社会经济地位、教育程度时（罗杰斯，2002）。就参与者的相异性而言，最理想的情况是，参与者除了对创新的认识不同之外，在其他特征上都相同（罗杰斯，2002）。

时间因素包括三种：一是创新决策过程，是个体知道一项创新后采用还是拒绝该创新所经历的过程，包括认知、说服、决定、实施以及确认五个主要步骤；二是个体或单位比其他系统成员采用创新更早或更晚的程度，创新的采纳者分为五类，分别是创新者、早期采纳者、中期采用者、晚期采用者以及迟钝者;三是一个系统中创新的采用速度,通常指给定时间内该系统中采用创新的人数(罗杰斯,2002)。如果将采用新方法的个体数目绘在时间轴上,会得到一条 S 形的结果分布曲线:在开始的一个时间段内,只有少数几个个体采用创新,这些人就是创新者;但是很快扩散曲线的斜率开始上升,在随后的每一个时间段里,越来越多的个体采用该创新;之后,采用轨迹达到平衡,只有越来越少的个体没有采用创新;最后,S 形曲线趋近于渐近线,扩散过程结束(罗杰斯,2002)。

罗杰斯(2002)把社会系统看作一组面临共同问题、有着同一目标的、相互联系的单位。系统的社会结构或传播结构促进或阻碍了创新在系统中的扩散(罗杰斯,2002)。创新扩散的社会系统特征,除个人的年龄、收入水平及技术恐惧症等因素外,最主要的是社会系统结构、群体规范及社会政治、经济和文化因素等(许静,2007)。

3. 扩散的后果

创新一旦得以实施,就会产生一些后果,但是往往创新扩散的影响和效果并不十分显著(李特约翰,2009)。而且并非所有创新的后果都是令人满意的,甚至还可能是有害的:比如在许多发展中国家,引进电视的一个不利后果是,它给发展中国家增添了许多这个社会无力满足的期望;在亚洲,对于学习现代水稻栽种、使用杀虫剂的农民来说,结果是得不偿失,因为它破坏了生态平衡(赛佛林、坦卡德,2000)。

4. 新发展

在社交媒体时代，创新扩散理论相关要素发生了一些变化，比如新媒体成为创新扩散的重要渠道，传播速度和效率也大大提高，在内容方面实现海量传播，信息发布者和接收者角色不再固定。而且有别于传统媒体的单向传播，社交媒体是双向互动式的传播模式。所以在新的语境之下，创新扩散理论需要进一步发展完善，以增强其在新时代的解释力。

（十三）涵化分析（Cultivation Theory）

1. 背景

20世纪60年代后期，美国的暴力和犯罪问题十分严重，美国政府专门成立了一个暴力起因与防范委员会来研究解决这些问题的对策，格伯纳（George Gerbner）主持的涵化分析就是在该委员会的支持和赞助下开始的（郭庆光，2011）。

2. 定义

涵化是一个来自农业种植的暗喻，它把电视讯息看作一个整体，认为不同节目类型中都有一些持久不变的内容模式，反复灌输给受众，日久天长，影响受众对现实的感知，甚至塑造其思维方式（刘海龙，2008）。

郭庆光认为，涵化分析的社会传播观是：社会要作为一个统一的整体存在和发展下去，就需要社会成员对该社会有一种共识，也就是对客观存在的事物、重要的事物以及社会的各种事物、各种部分及其相互关系要有大体一致或相似的认识。只有在这个基础上，人们的认识、判断和行为才会有共通的基准，社会生活才能实现协调。

3. 内容和发展

涵化分析最初着眼于电视暴力内容的影响，包括分析电视上的凶杀和暴力内容与社会犯罪之间的关系，在整体上没有发现两者之间的必然联系；其次，还考察这些内容对人们认识社会现实的影响，发现电视节目中充斥的暴力内容增大了人们对现实社会环境危险程度的判断，而且电视接触量越大的人，这种社会不安全感越强（郭庆光，2011）。

根据一系列实证调查和分析的结果，格伯纳等人认为，在现代社会，大众传媒提示的象征性现实对人们认识和理解现实世界发挥着巨大的影响，由于大众传媒的某些倾向性，人们在心目中描绘的主观现实与实际存在的客观现实之间正在出现很大的偏离，而且这种影响不是短期的，而是一个长期的、潜移默化的、涵化的过程，它在不知不觉中制约着人们的现实观（郭庆光，2011）。

20世纪80年代格伯纳等人修正了该理论，他们添加了两个新变量，即主流化与共鸣（Mainstreaming and Resonance）（许静，2007）。主流化可以被理解为电视倾向于培养重度观众观点的相对共性（格伯纳，1980）。并且电视指向居于统治地位的社会精英所设定的意识形态靠近，是为了便于顺利统治而制造主流，它关注观众内部的趋同和更为一般的意识形态、霸权和社会控制问题（刘海龙，2008）。格伯纳提出电视的3B来描述主流化的控制过程：电视模糊了（blurring）不同的人看待自己的世界时的传统区别；电视将人们的现实混合（blending）在电视的文化主流中；电视的这种主流文化屈从（bending）于电视及其出资人的机构利益（巴兰、戴维斯，2004）。格伯纳认为，电视通过主流化所实施的社会控制是使用讲故事的方式进行的，叙事是主流化的关键因素（刘海龙，2008）。共鸣是指，当人们在电视上看到的东西与日常现实（甚至是感知到的现实）一致时，两者的结合就会导致双重效果，电视对受众的涵化作用也会加倍（格伯纳，1980）。

20世纪80年代末对培养理论再次修正，把培养效果区分为两种，即首序信念和次序信念（First-order Beliefs and Second-order Beliefs）：首序信念是指对现实世界若干事实的认定，比如一年中受暴力犯罪之害的人口比例；次序信念则是指从以上"事实"认定中推论得出的一般看法，比如世界究竟是安全的还是危险的（许静，2007）。研究表明，常看电视会影响观众的首序信念，但次序信念则可能受到电视和其他因素的共同影响（许静，2007）。

20世纪90年代培养分析又提出新闻折射假说。比起电视剧等虚构类罪行节目，观看地方新闻内容可能强烈影响对罪行等问题的理解，因为这类节目具有高度的真实性和现场感，其内容又很有接近性（许静，2007）。

涵化分析并非一项孤立的研究，而是包含在一项更为综合的"文化指标研究"中。"文化指标研究"源于20世纪60年代末，包括"制度分析""讯息系统分析"和"涵化分析"三个部分（郭庆光，2011）。在文化指标研究框架下再来理解涵化分析，它讨论的是一个社会由精英主导的文化生产体制，通过大众媒体（主要是电视）令人眼花缭乱的故事中隐藏的同质化讯息，使受众潜移默化地接受统治者定义世界的过程（刘海龙，2008）。

4. 特征

涵化分析是一个关于社会控制的理论，它描述了居于主导地位的群体（社会精英）是如何通过商业体制实现其整体利益的，具有批判理论的特征：首先，涵化分析主要关注商业体制下电视对观众的影响，电视的巨大影响来自它是一个讲故事的人，涵化分析本质上是关于叙事的理论；其次，涵化分析并不关注单条信息的影响，而是考察整个讯息系统中重复出现的、稳定的内容模式的宏观影响，关注电视造成的长期的、相对稳定的、一致的、广泛共享的后果，而不是效果研究所追求的变化；最后，涵化分析考察的是电视对受众现实感知的影响，它并不认为电视具有不可抗拒的强大影响，但是却认为它在塑造我们关于现实的共同观念上具有累积的影响（刘海龙，2008）。

5. 反思

涵化分析自提出之日起，就一直面临着批评与回应。根本原因来自该研究跨越了实证与批判两个范式：从形式上看，该研究采用了实证研究的方法证明自己的结论；但是从理论内核来看，它又是一个宏观的、批判的理论，实证调查的结果与宏观结论之间的逻辑链难免脱节（刘海龙，2008）。换句话说，格伯纳及其同事采用了常在有限效果论中使用的工具，来研究通常和文化研究相关的问题（巴兰、戴维斯，2004）。从批判的范式来看，培养分析过度拘泥于定量客观主义的神话，无视观众意义的解读过程，既不能全面地阐释整个生产与消费过程，也不能深入地讨论霸权的接受过程；从实证主义的范式来看，其质疑主要针对的是培养分析的研究方法和实证研究的证据是否真的存在（刘海龙，2008）。

被称为首位也是最有影响力的涵化理论的批评者纽科姆（Horace Newcomb）认为，涵化分析对暴力内容做了简单化的处理，对不同的观众来说，暴力的意义是不一样的，暴力对他们的影响也是不同的，但是培养分析却没有分析这些差异（刘海龙，2008）。

李特约翰（2009）认为，与那些简单化的"有限效果"或"有力效果"模式相比，涵化分析为我们展现出了一幅更为复杂的图景。虽然媒介效果看上去比较有力或者比较强大，但是，仍然存在着一些干预性的变量。涵化并不是一个普遍现象，实际上，不同的群体受到涵化因素的影响并不相同，与他人的互动会影响个体是否接受电视所再现的社会现实。

（十四）社会学习理论（Social Learning Theory）

1. 背景

20世纪六七十年代美国社会暴力问题十分突出，在电视暴力影响的研究中，争议最大的是20世纪60年代末至70年代电视与社会行为的"卫生局长报告"，报告的第二卷即围绕"社会学习"展开，涉及的是观察学习或模仿（obervational learning or modeling）的特性，即儿童通过观察别人的行为结果改变自己行为的方式（洛厄里、德弗勒，2004）。班杜拉（Albert

Bandura）认为屏幕上电视角色的暴力行为得到奖励还是惩罚，会鼓励或抑制儿童对该行为的学习和模仿（刘海龙，2008）。

传统的学习理论或称操作学习理论是由早期的行为学家发展起来的，它认为人们在面临刺激物时会学习新行为，对那些刺激做出反应，这些反应随后得到肯定的奖赏或否定的处罚而得以加强（巴兰、戴维斯，2004）。人们通过这种方法学会新行为，或将其添加到人的行为库中，但这是一个低效率的学习形式，除此之外，我们都有通过观察来进行学习的经验（巴兰、戴维斯，2004）。

社会学习理论是在行为主义的学习理论，特别是在刺激—反应的接近性原理和强化原理的基础上发展起来的一种行为理论（班杜拉，2015）。现代社会学习理论是20世纪60年代的产物。班杜拉突破了传统的行为主义的理论框架，从认知和行为联合起作用的观点上去看待社会学习，后来他进一步强调认知元素的重要性，发展为社会认知理论。

2. 内容

第一个主要内容三元交互决定论，即人的行为、认知以及环境三者之间构成动态的交互决定关系，其中任何两个因素之间的双向互动关系的强度和模式，都随行为、个体、环境的不同发生变化而不是固定的：一方面，个体的期待、信念、目标、意向、情绪等主体因素决定着他的行为方式。另一方面，行为的内部反馈和外部结果反过来又部分地决定着他的思想信念和情感反应等；环境状况作为行为的对象或现实条件决定着行为的方向和强度，但行为也改变着环境以适应人的需要；个体的人格特征、认知技能等是环境作用的产物,但环境的存在及其作用不是绝对的,而是潜在的并取决于主体的认知把握,并且只有受到人的注意或认知把握,才能被激活或转化成现实的环境力量对他的心理活动产生影响(高申春,2001)。

第二是在经验研究层次上面,社会学习理论最富特色和最具代表性的部分是观察学习,亦即由示范作用引起的学习现象(高申春,1999)。班杜拉认为,大多数人类行为是通过对榜样的观察而获得的,通过观察他人,人们形成了自己的行为准则,而且在将来某些时候,这些被编码的信息会为行为提供指导(班杜拉,2001)。学习者在观察学习中无须直接做出反应,也不必亲自体验直接的强化,而只需通过观察他人接受一定的强化来进行学习,这种建立在替代性强化基础上的学习模式是人类学习的重要形式。

班杜拉认为,观察学习的榜样示范具有指导效应、抑制效应和去抑制效应、反应促进效应、环境加强效应以及唤醒效应。指导效应指的是观察者能够通过观察他人的行为习得认知技能和新的行为模式。抑制和去抑制效应指的是加强或减弱对已经获得的行为的抑制。示范对行为约束的效应在很大程度上取决于传递出来的有关被示范的行为过程的表现和结果的信息,这些信息对个体所起约束作用的方向和强度主要依赖于以下三个因素:观察者对自己的能力能否完成被示范行为的判断;他们对被示范行为会产生奖赏还是惩罚结果的感知;他们对如果自己从事类似活动会导致相似结果还是不同结果的推理。反应促进效应指的是他人的行为能对观察者先前习得的有能力做却未做的行为起社会促进作用，因为原先未这么做并非出于抑制，而是由于冲击不充分。环境加强效应指的是榜样的行为不仅能促使相似行为的发生，还使观察者注意到他人喜爱的某些物体或环境设施。唤醒效应指的是看到榜样表达情感易引起观察者情感的过程。

此外，观察学习受注意过程、保持过程、生成过程和动机过程四个组成过程的制约：注意过程控制对被示范行为的探索与感知；通过保持过程，暂时的经验转换为符号概念以利于记忆表征，这些观念成为反应产生和反应纠错标准的内部范型；生成过程对各子技能组织成新的反应模式起控制作用；动机过程决定是否将观察获得的能力付诸实践（班杜拉，2001）。

大众媒介是观察学习的重要来源。班杜拉做过一项实验，让儿童们分三组观看一个模特对塑料的波波娃娃实施的一系列暴力行为，第一组儿童观察到模特因其行为受到奖励，第二组没有什么后果，第三组模特被惩罚（赛佛林、坦卡德，2000）。那些看到模特被奖励的儿童表现出较高的直接模仿水平，体现出去抑制效应，而看到模特被惩罚的儿童则很少有模仿，体现出抑制效应（赛佛林、坦卡德，2000）。

第三是自我调节和自我效能。班杜拉认为自我调节是个人的内在强化过程，是个体通过将自己对行为的计划和预期与行为的现实成果加以对比和评价，来调节自己行为的过程（高申春，2001）。自我效能是指个体执行某一活动所达到的水平或从中表现出的能力，在实践上表现为自我效能感，即个体对自己是否胜任某项任务或能否达到某一作业成绩的潜在能力的主观信念。自我效能感主要有四个来源，即成功经验、替代经验、言语劝导以及面临某一任务时的心身状态（高申春，2001）。

3. 影响

首先，班杜拉的社会学习理论打破了传统行为主义研究的局限性，强调认知的因素在人的学习过程中的重要性；其次，该理论展示了媒体和行为之间的因果联系，具有很强的解释力（巴兰、戴维斯，2004）。但是实验室内的展示令人质疑其普遍适用性，实验法可能高估媒体的效果，难以解释媒体消费的长期效果，过于狭窄地关注媒体对个人的效果而非对文化的效果（巴兰、戴维斯，2004）。

（十五）第三人效果（Third Person Effect）

1. 背景

第三人效果是从社会心理角度提出的微观效果（刘海龙，2008），作为新效果观的代表，是传播学研究中继"沉默的螺旋"之后的又一重要理论（禹卫华，2007）。1983年，戴维森（Donald Davidson）在《舆论季刊》上发表《传播的第三人效果》，提出著名的"第三人效果假说"（禹卫华、岳嫒，2009）。戴维森认为存在一种认为大众媒体对"我（们）"（语法上的第一人称）、"你（们）"（第二人称）不能产生影响，却对"他（们）"（第三人称）产生影响的判断，这种判断也可以被看作大众媒体的一种影响，他将其称为"第三人效果"。这里所说的"第三人"，可以有两种不同的定义方式：一是和我（们）、你（们）相对的第三人称的他（们）；二是站在信息发出者的角度，即作为信息传递过程的旁观者的第三者。目前学者普遍认为，导致第三人效果的主要原因是低估他人、高估自己的倾向，主要心理原因是为了提升自己，使自我感觉更良好（刘海龙，2008）。

2. 内容

第三人效果理论是从"二战"中两个心理战经典案例的研究中被提出的，第一个案例是日军对美军实施的心理战使美军白人士兵不战自溃，第二个案例是1983年英军对德军飞行员运用的心理战（禹卫华，2007）。珀洛夫（Perloff）认为第三人效果包含感知部分和行为部分，即戴维森的"第三人效果假说"的两个重点：第一，在认知方面，受众倾向于认为"媒介信息对其他人的影响大于对自己的影响"；第二，受众产生"信息对其他受众的影响大于对自己的影响"的认知后会产生相应的后续行为，常见的是支持限制媒体等（禹卫华、岳嫒，2009）。

过去多个实证研究已经证明了第三人效果认知假设的刚性存在，现在理论研究的焦点主要集中在第二层次，即第三人效果的行为层次。行为层次运行的机理以及第三人效果行为是否由认知决定等问题是学者们一直关注的焦点（禹卫华，2007）。

3. 影响

第三人效果在本质上并非什么新现象或新理论，它是我们"自以为是"的错觉在传播学领域的应用和拓展。在群体传播中，传播者、接收者、信息的生产者和消费者混杂在一起，因此第三人效果就更为明显。从"我"的立场出发，第三人是他者，是他们，是与"我"不相似的大多数；从他者的角度来看，"我"则成为第三人。这也正是第三人理论产生传播效果的重要原因。事实上，别人没那么笨，我们也没那么聪明。当我们担心第三人受媒介支配而采取相应措施时，我们已成为第三人。所以每个人都是潜在的第三人，都可能成为第三人（隋岩、曹飞，2012）。

（十六）媒介事件（Media Events）

1. 定义

董天策等学者提出，"媒介事件"的概念建构及其流变涉及三种媒介现实或传播现实，以及相应的三种学术理路与研究传统：一是在传播研究文化转向过程中对重大历史事件的仪式化传播进行研究而提出的"媒介事件"概念，由戴扬（Daniel Dayan）和卡茨（Eliliu Katz）提出；二是公关实践与理论针对自身特点而使用的"媒介事件"概念，源自历史学家布尔斯廷（Daniel Boorstin），转述于施拉姆，普及于公关界；三是针对新媒体环境出现的新型"媒介事件"，邱林川、陈韬文将其命名为"新媒体事件"，产生了"媒介事件"的衍生概念。

在《媒介事件：历史的电视直播》（Media Events: The Live Broadcasting of History）一书中，戴扬和卡茨提出"媒介事件"的概念。媒介事件指的是"对电视的节日性收看，即是关于那些令国人乃至世人屏息驻足的电视直播的历史事件——主要是国家级的事件"（戴扬、卡茨，2000）。

2. 发展

戴扬和卡茨（2000）在书中将这些事件概括为"征服""竞赛""加冕"三种模式："征服"指的是人类的巨大飞跃的电视直播；"竞赛"主要集中在体育和政治领域，它们是有规则的冠军之战；"加冕"就是游行（比如葬礼）。虽然"征服"和"竞赛"都包含很强的仪式成分，但"加冕"完全是仪式。

刘海龙总结了以这三种模式为代表的媒介事件的八个特点：电视直播；中断了日常生活和日常的电视节目；事件预先策划，按脚本进行；观众规模巨大；具有非看不可的强制性；直播解说中充满着虔诚与敬畏；事件的功能是促进社会整合；典型的功能是提供安慰与调和。近年来，"灾难""恐怖袭击"和"战争"逐渐取代了传统的仪式型媒介事件，成为电视媒介事件的主导。

就戴扬和卡茨提出"媒介事件"来说，它是特殊的电视事件，具有新闻事件和突发事件所不具备的强大的社会影响力，能够起到凝聚民心、化解矛盾、延缓冲突、整合社会的作用（刘祖斌，2002）。

1961年，布尔斯廷在《图像：美国假事件指南》（*The image: A Guide to Pseudo-events in America*）一书中使用了"pseudo-event"一词，该词源于希腊语，意思是"假的"或"有意欺骗"，因此通常将"pseudo-event"译为"假事件"或"伪事件"，它用来指称为了得到媒体报道而人为制造的新闻实践（董天策等，2017）。施拉姆不仅认同布尔斯廷的"pseudo-event"概念，而且将其从历史学引入传播学，使用了一个更加中性化的"media event"概念（董天策等，2017），意指"人为制造的事件，主要用于媒介报道"（施拉姆，2007）。后该概念进入公关界，并翻新出"制造新闻""新闻策划"等概念。

在戴扬和卡茨提出的"媒介事件"概念的基础上，邱林川、陈韬文认为，"'新媒体事件'的传播形态不再是卫星电视，而是新兴的网络媒体，包括互联网及手机网络。'新媒体事件'因而又称为'网络事件'"（邱林川、陈韬文，2011）。但这类"新媒体事件"更准确的说法应当是"网络公共事件"，在研究传统上同戴扬、卡茨的"媒介事件"理论关注"电视直播"以及人们在电视机面前的集体观看这样一种媒介事件机制全然无关，是一种全新的"媒介事件"类型（董天策等，2017）。

3. 影响

董天策等学者（2017）认为，前两种媒介事件概念具有各自的内涵、使用范围、学术理路与研究传统，从而具有各自的理论自治性。由第一种概念衍生出来的第三种概念即"新媒体事件"在突出新媒体意义上似可成立，但其理论内涵与学术理路却与第一种概念并没有多少内在联系，是一种不恰当的理论挪用。由第二种概念引申出来的"新闻策划"等概念是典型的中国语境中的学理问题，反过来又加剧了"媒介事件"概念的复杂性。目前国人对"媒介事件"概念的使用，往往比较随意，甚至相当混乱。这是需要高度重视并积极改进的学术问题。

（十七）知识沟（Knowledge Gaps）

1. 定义

美国明尼苏达大学的蒂奇诺（P. J. Tichenor）、多诺休（G. A. Donohue）和奥利恩（C. N. Olien）在对电视进行研究时发现，社会经济地位、传播技能、文化水平、社交范围不同的人接收电视节目以后，原有的知识沟差异会被拉大（陈力丹，2015）。1970年，他们提出了知沟假说：随着大众传媒向社会传播的信息日益增多，社会经济地位高的人将比社会经济地位低的人以更快的速度获得信息，因此，这两类人之间的"知沟"将呈扩大而非缩小之势。蒂奇诺总结了影响知沟现象出现的因素：传播技能；信息储备；相关的社会交往；对信息的选择性接触、接受和记忆；大众媒介系统的性质（刘海龙，2008）。

2. 发展

1975年，蒂奇诺等人对最初的假说做了修订，主要是关于缩小甚至消除知沟的某些条件，他们发现在多元化社区，由于存在各种各样的信源，因而知沟便有扩大趋势；相反，在同质性社区里，人们的信息渠道虽不正式但相同，知沟则有缩小趋势。除此之外，当人们对某个议题感到冲突时，知沟也可能缩小，知沟引起的社会关切程度越大，知沟就越可能缩小（王晓晴，2006）。

3. 影响

知沟假说是一个从社会结构的角度解释大众传播功能的大胆假说。采用了结构—功能主义的理论框架解释知识在不同群体中分布不均的原因，将其归结为社会经济地位等结构性因素。但也有学者从个人选择的角度提出了另外的解释，他们认为知沟现象是个人的信息需求差异导致的。德温（Brenda Derive）则对知沟假说中"知识"的定义提出质疑。知沟假说从宏观的社会结构出发，提出了社会经济地位对媒体信息认知效果的影响。在这个假说中，主角并不是媒体，而是社会结构。知识假说提示我们在研究大众传播影响时，不要孤立地研究媒体对个体的影响，而要把媒体放到更大的社会背景中加以考察。知沟理论对传播与社会不平等的关注，使它带有一定的批判色彩。更宽泛地说，"知识沟"实际上是一种"传播沟"，随着全球化与信息技术的进一步发展，由国际贫富差异和数字化技术带来的信息分配不平等引起了研究者的关注，"数字鸿沟"可以看作知沟假说的延伸（刘海龙，2008）。

（十八）上限效果（Ceiling Effect）

1. 定义

上限效果是在知识沟假说（Knowledge Gap Theory）的基础上提出来的。

1970年，艾蒂玛（J. S. Etimar）和克莱因（F. C. Klein）（1977）提出上限效果假说：个人对特定知识的追求并不是无止境的，达到某一上限后，知识量的增加就会减速乃至停滞。社会经济地位高的人获得知识的速度快，其上限到来得也早；而社会经济地位低的人虽然知识增加的速度慢，但随着时间的推移最终能够在上限追上前者（艾蒂玛、克莱因，1977）。

这就意味着，大众传播最终还是会带来社会知识沟的缩小（郭庆光，2011）。

2. 内容

首先是信息源的性质决定的上限，大众传播传达的不是高深的知识，而是一般知识，因此无论社会经济地位高者还是低者，都不可能从中得到超出一定范围和程度的知识；其次是受众本身的上限，受众中的"先驱者"如经济地位高者，在感觉到自己的某种知识已经很充足时，会自动减缓对这种知识的追求；最后是现有知识的上限，如果受众个人的知识程度已经高于大众传播的内容，他们便不会通过大众传播去寻求知识（许静，2007）。

3. 评价

该理论在一定程度上修正了知识沟假说，但是其说服力尚有待进一步的证明。首先，从个人在整个一生追求获取知识的过程中，这个"上限"是否一定存在，还需要进一步考察；其次，知识是会不断更新、逐渐老化的，那些社会经济地位低的人即使后来在某个上限赶上了社会经济地位高者，这种知识的实际价值也早已大大打了折扣（郭庆光，2011）。因此，认为通过大众传播的知识平均化效果可以消除知识沟，实现普遍社会平等的观点是很幼稚的（郭庆光，2011）。

（十九）媒介决定论（Media Determinism）

1. 内容

媒介决定论也可以称技术决定论。在学界，技术决定论的代表是法国的埃吕尔（Jacques Ellul）、加拿大的麦克卢汉、美国的 L. 温纳（Langdon Winner）等，在法兰克福学派对现代工业技术的批判与反思中，也可以找到技术决定论的影子（郭庆光，2011）。

在技术决定论者看来，技术是一种按自身逻辑发展的独立力量，它虽产生于人的需求，但它一旦成为气候，便很容易脱离人的控制而成为脱缰的野马，因而，技术的后果内在于技术而不取决于人的意志；其次，技术塑造人类发展而不是服务于人类的目的，一种技术产生以后，人和社会在享受它提供的有限"自由"的同时，更多的是处处受到它的限制：人必须被动地适应技术条件或技术环境的制约，按照技术的逻辑改变自己的工作、生活方式，甚至是观念价值体系（郭庆光，2011）。

媒介环境学派是媒介决定论的典型代表，麦克卢汉被多数人认为是媒介决定论者，体现为其经典言论"媒介即讯息""媒介是人体的延伸"以及热媒介和冷媒介等概念，但不断有学者为其正言。保罗·莱文森将媒介决定论分成硬的和软的两种：硬媒介决定论指信息系统对社会具有必然的、不可抗拒的影响；软媒介决定论指的是媒介提供事件产生的可能性，事件的状态和影响是诸多因素的结果，而不仅仅是信息技术的结果（刘海龙，2008）。硬媒介决定论具有牛顿主义科学观的特征，这正是麦克卢汉所要反对的，麦克卢汉所主张的是一种普遍联系的、系统的媒介作用模式（刘海龙，2008）。

2. 影响

提出网络社会概念的卡斯特（Manuel Castells）认为，技术决定论的困境可能在于问错了问题,因为技术就是社会,而且若无技术工具,社会也无法被了解或再现(卡斯特,2001)。这一观点和波斯曼(Neil Postman)所说的"媒介即认识论""媒介即隐喻"不谋而合,他认为媒体的真正影响在于营造了一个人们无法摆脱的社会环境,我们必须借助它们才能赋予世界以意义(刘海龙,2008)。

媒介决定论有其片面和极端的一面,但是在看待媒介对人和社会的影响时有不可忽视的重要优势。

技术和人之间的关系一直是传播学研究的重要课题,随着新媒体技术、人工智能等的发展,该议题又成为学界关注的热点,如何看待和处理技术与人的关系是当前每个人都会面临的问题。而归根结底,媒介工具是人的创造物,重要的是人如何使用它,利用它来传播什么,达到什么样的社会目的(郭庆光,2011)。

(二十)社会顺从理论(Social Conformism)

1. 定义

社会顺从理论由社会学家拉扎斯菲尔德和默顿于1948年提出,他们在《大众传播、大众鉴赏力和有组织的社会行为》一文中指出:"社会中的一些主要权力集团(其中以工商界组织最突出)日益采用宣传手段代替更直接的控制手段以达到摆布各阶层公众的目的,经济界似乎已减少直接的宣传,转而进行更为精巧的心理宣传,即主要通过大众传播媒介进行宣传。""大众媒介是由大企业支持的,而大企业又和现存的社会—经济制度有着密切的联系,所以大众媒介是为维护这种制度服务的,传媒中不断宣传现存社会结构的合理性也就是强调人们应该义不容辞地接受这个结构。"(拉扎斯菲尔德、默顿,1948)

2. 内容

拉扎斯菲尔德认为,媒介具有授予地位,促进社会准则的实行以及对社会产生麻醉精神的正负功能,当社会"利用大众媒介宣传社会目标"时,媒介往往宣传"社会顺从主义"(王怡红,1994)。社会顺从理论是批判理论的一种,它指出了大众媒介在现代资本社会中的社会—政治角色及商业媒介在维护资本主义霸权方面所起的作用(周葆华,2008)。赛佛林指出,如果社会问题干扰了商业利益,媒介就会抛弃这些社会问题,经济的压力使媒介忽略那些敏感的议题,顺从商业社会,这种顺从不仅表现在广告业,也表现在媒介的内容上,不仅通过媒介表述出来,而且通过媒介没说出来的东西表达出来(赛佛林&坦卡德,2006)。

(二十一)数字鸿沟(Digital Gap / Digital Divide)

1. 背景

随着全球化与信息技术的进一步发展,由国际贫富差异和数字化技术带来的信息分配不平等引起了研究者的关注,这可以看作知沟假说的延伸(刘海龙,2008)。

2. 内容

"数字鸿沟"的概念源于1999年美国国家远程通信和信息管理(NTIA)发表的一篇题为《在网络中落伍:定义数字鸿沟》

(*Falling Through the Net: Defining the Digital Divide*)的报告，报告中将数字鸿沟定义为一个在那些拥有信息时代的工具的人以及那些未曾拥有者之间存在的鸿沟。数字鸿沟体现了当代信息技术领域中存在的差距现象。后来的学者认为，这一鸿沟更多地体现为以互联网为代表的新数字媒体接触和使用状况的四种差异，这些差异可以用"ABCD"来概括，郭庆光将其总结如下：

A（Access）——人们在互联网接触和使用方面的基础设施、软硬件设备条件上的差异，经济地位优越者在这个方面有着突出的优势。

B（Basic skills）——使用互联网处理信息的基本知识和技能的差异，而知识和技能的掌握程度与教育有着密切的关系。

C（Content）——互联网内容的特点、信息的服务对象、话语体系的取向等更适合于哪些群体使用和受益。

D（Desire）——上网的意愿、动机、目的和信息寻求模式的差异。例如，有的人使用互联网是为了寻求知识和事业发展，而有的人仅仅是为了游戏和休闲娱乐，有的人是积极主动地寻求有价值的信息，有的人则满足于被动地接收信息，这种不同也会造成他们今后人生的两极分化现象。

简言之，在数字化技术的革命中，由于部分人能够拥有最先进的信息技术，他们就会比缺乏这些条件的贫困者拥有更多获得信息的机会，能够享受到信息技术带来的便利和发展个人能力的机会。社会被信息技术分成了"拥有者"和"匮乏者"两个部分，并且他们之间的差距会随着技术的发展越来越大。

有学者认为,这种差距表现在全球鸿沟、社会鸿沟、民主鸿沟三个方面(刘海龙,2008)。

3. 影响

这种差距,既存在于信息技术的开发领域,也存在于信息技术的应用领域,特别是由网络技术产生的差距。数字鸿沟现象存在于国与国、地区与地区、产业与产业、社会阶层与社会阶层之间,已经渗透到人们的经济、政治和社会生活当中,成为在信息时代凸显出来的社会问题(石磊,2009)。

二、大众传播的受众研究

（一）洞穴人（Allegory of the Cave）

1. 背景

古典哲学最著名的比喻之一。提出者是古希腊哲学家柏拉图（Plato）。柏拉图在其《理想国对话集》第七卷的开篇，让他的老师苏格拉底（Socrates）（文学化身）叙述了这个比喻，其部分内容为：设想有这么一个地洞，一条长长的通道通向地面，和洞穴等宽的光线可以照进洞底。一些人从小就住在这个洞里，但他们的脖子和腿脚都被捆绑着，不能走动，也不能扭过头来，只能向前看着洞穴的后壁。再想象他们背后远处较高的地方有一些东西在燃烧，发出火光。火光和这些被囚禁的人之间筑有一道矮墙，沿着矮墙还有一条路，就好像演木偶戏的时候，演员在自己和观众之间设有一道屏障，演员们把木偶举到这道屏障上面去表演。有一些人高举着各种东西从矮墙后面走过，除了火光投到对面洞壁上的阴影外，囚徒们看不到别的东西，并自然地认为影子是唯一真实的事物。

2. 应用

应用在传播学中，这部分内容常被用来比喻现代大众媒体的影响，即通过制造信息环境，影响我们关于世界的想象，议程设置和培养分析就是从这个视角来探讨大众传播的影响的（刘海龙，2008）。此外，拟态环境也可从中找到呼应之处。李普曼认为，拟态环境就是揳入人和环境之间的虚拟环境，而人对虚拟环境的反应会作用于真实环境（李普曼，2006）。

（二）大众（Mass）

1. 定义

Mass 在西方社会科学传统中有其特定含义，其本义为"乌合之众"，来源于工业社会的早期大众社会理论（李谢莉、杨雨丹，2004）。"大众"是伴随着大众社会理论的形成而出现的一个特定概念。在这个时代，作为工业革命、资产阶级革命以及大众传播发展的结果，过去的那种传统社会结构、等级秩序和统一的价值体系已被打破，社会成员失去了统一的行为参照系，变成了孤立的、分散的、均质的、原子式的存在，即所谓"大众"（郭庆光，2011）。

2. 特点

郭庆光总结了"大众"的六大特点，分别是规模的巨大性、分散性和异质性、匿名性、流动性、无组织性、同质性。传播学者布鲁默也曾给"大众"一词做过四层描述：第一，大众分布广泛，差别很多；第二，大众是个不知名的群体，由不知名的芸芸众生组成；第三，大众互不往来，很少沟通，谁也不知道别人的存在；第四，他们独断专行，很难采取一致的行动（李彬，1999）。布鲁默的描述与20世纪长时间以来对现代社会的流行看法是一致的，即把活动在现代社会中的人视为一群各自为政的"乌合之众"。20世纪以来的社会学家在某种程度上常具有一种浓厚的精英意识，他们总在有意无意中以启蒙者的姿态出现，因此在他们看来，"大众"总是被动、无知乃至愚昧的（连水兴，2010）。

3. 发展

英国学者麦奎尔在分析受众起源时，明确指出了受众的第一种类型，受众是社会发展的产物，社会的群体或公众，在成为受众之前便已经存在，在成为受众之后，他们的社会属性亦没有消失（隋岩，2015）。随着大众社会理论的发展，大众传播理论受众观的"大众"开始向"公众"转变。早期的受众理论围绕着被动、愚昧的"乌合之众"展开，其中最有代表性的是20世纪30年代兴起的"魔弹论"，其核心是：传播媒介具有不可抵御的力量。20世纪60年代以来，西方进入了所谓的后资本主义社会，又称后现代社会或消费社会，在消费社会中，对大众传媒来说，观众（听众）就是"消费者"，"消费者"是一个没有中心、超越了梯度、抹平了等级的概念，从这个意义上来说，大众传媒在受众观上发生了重心转移，即"大众"一词的含义正逐渐转向大众本身（People），而大众传媒事实上是为大众服务的传媒（李谢莉、杨雨丹，2004）。

（三）公众（Public）

1. 定义

公众主要是一个政治概念。公众一般指社会上围绕共同关心的公共事务或问题，通过公开、合理的讨论而形成的能动的社会群体，他们是社会公共利益的维护者，其行为是有理性的，因此，卢梭曾把公众称为民主政治的基础，认为公众的意志——"公意"代表了共同体的最高意志，它是"不可摧毁的"（郭庆光，2011）。

20世纪初，法国社会心理学家塔尔德（Jean Gabriel Tarde, 1843—1904）在1901年出版的《舆论与群集》（*L'opinion et la foule*）一书中提出，"公众"的造就是报刊对社会的一个最主要的贡献，公众是现代舆论的主体（Tarde，1901）。与作为物理人群的"集群"不同，他们是"纯粹的精神上的集合体，由分散的个体组成，他们没有身体上的接触，他们的组合完全是精神关系上的组合"。公众由"有理性、有知识、有教养"的个人组成（郭庆光，2011）。

2. 特点

法国学者丹尼尔·戴扬将"公众"与传媒活动中的"受众"进行了更为细致的区分，认为"公众"具有以下六方面的特点：

第一，公众是一种社会群体，它具有社会交往性（sociability），并显示一定的稳定性。

第二，公众认真对待内部讨论，并由这种讨论而形成。

第三，公众具有公开展示自己的能力，每个具体的公众都在这种公开的"自我表现"过程中确立与其他公众的关系和自己的特殊性。

第四，公众在公开的自我表现中表明对某些价值的认同，对某种共同理念或世界观有所追求，特定公众的成员因这些共同性的认同、理念或价值观形成公众群体。

第五，公众有将个人性质的审美"趣味"转化为公共性质的社会"要求"的能力。

第六，公众具有自我意识和自我审视能力，公众的自我表现、自我形象设计和自行设立群体价值标准，都是这种自我意识和自我审视能力的表现。这是一种新的"受众观"，表明普罗大众已经逐渐摆脱了最初的幼稚和迷信，走向了相对独立的思考和判断（连水兴，2010）。

（四）容器人（Container People）

1. 定义

日本学者中野牧在《现代人的信息行为》一书中第一次用"容器人"这一形象说法描述了现代人的行为特点，这是"电视人"的一种说法，类似的说法还有"单面人""感觉人""片段人"等（张薇、孙园园等，2005）。

"容器人"建立在"媒介依存症"的基础上，其表现为沉溺于媒介而忽略、逃避现实社会，依赖媒介塑造个人的价值和行为体系，从而形成孤僻的性格特征等（纪政雪子，2014）。

2. 影响

在大众媒介时代，由于电视媒体自身的特点，传播方式的单向性，间接造成"与外界隔绝"（如人们要主动搜索、收看电视节目，否则难以从电视媒介中获取信息），人犹如"罐状"的容器一样在狭小的房间里接收信息，而在现实社会中，它则渐渐削弱了人与人之间正常交流的能力。郭庆光对"容器人"的特征进行了阐述,"容器人"强调自我意志,但却容易接受大众传媒的意见和观点,这些影响着个人的社会化过程和人格的形成。"容器人"是依赖媒介的发展而形成的,虽说是个人内部的心理和行为的变化,但是不管怎么说,都受到了媒介环境的影响,影响着人们对事物的判断和行为的方式。

(五)单向度的人(One Dimensional Man)

1. 定义

该理论出自法兰克福学派代表人物之一马尔库塞最负盛名的一部力作《单向度的人》。19世纪工业革命推动人类社会进入新的历程,伴随而生的广播、收音机、电视等大众传媒工具则加速了整个人类社会的"工具性理性"进程。对此,马尔库塞认为这不仅将人改造得畸形化,更是用机械化掩盖了人被物化的本质,其本质是资本主义社会利用大众媒介等机械化工具对人的意识形态进行的新型的极权控制,直接后果便是压制了人的否定性、批判性与超越性的思想,使得整个社会都变成了单向度的社会,而生活于其中的人也成了单向度的人。马尔库塞将单向度的人定义为失去了否定、批判和超越能力的人。"这样的人不仅不再有能力去追求,甚至不再有能力去想象与现实生活不同的另一种生活。而这正是发达工业社会极权主义特征的集中表现。"(马尔库塞,2008)

在《单向度的人》中,马尔库塞把分析的焦点放在现代工业社会,敏锐地揭示了现代工业社会的新趋势和新特点,指出新的历史条件下资产阶级和无产阶级之间矛盾的新变化（孙丽、孙大为，2008）。而作为20世纪60年代学生运动思想领袖的马尔库塞也随着运动的失败最终将自己对单向度意识形态的拯救走向了艺术和美学救赎之途，走向了不可能实现的乌托邦（吴学琴，2007）。

2. 影响

马尔库塞还对大众传媒有所批判。在其著作《单向度的人》中，马尔库塞认为当代工业社会是一个新型的极权主义社会，造成极权主义性质的是技术的进步，技术的进步使发达工业社会对人的控制可以通过电视、电台、电影、收音机等传播媒介而无孔不入地入侵人们的闲暇时间，从而占领人们的私人空间（马尔库塞，1989）。资本主义社会通过控制传播而导致一种单向度文化的产生（李黎明，2011）。单向度的媒介文化会像巫术一样被硬塞进人们的头脑中，造成民众精神的压抑（李黎明，2011）。

（六）首属群体（Primary Group）

1. 定义

首属群体也曾被译为初级群体，由库利（Charles Horton Cooley）于1909年出版的著作《社会组织》中提出。库利认为，它在构成一个人的社会本性方面是面对面的、亲近的和重要的，因此他称之为"首属的"，因为它在个性社会化方面的重要意义，也是因为诸如父母亲、兄弟姐妹、同事和教师等首属团体是最早进入一个人的一生之中的（罗杰斯，2005）。库利曾写道："所谓初级群体，是指成员间有面对面的交往与合作的群体。初级群体具有重要作用，其中最主要的是构成个性的社会性和理想的重大功能。从心理学角度讲，密切联系的结果就是一个共同体中各种个性的整合，因此，一个人的自我在很大程度上是群体的共同生活和目的。也许描述自我的整体性的最简单办法是用'我们'来表示。"（于泳，2007）

2. 发展

拉扎斯菲尔德和卡茨在对小群体与大众媒介和个人影响进行整合研究后，形成了《个人影响》第一部分内容（严功军，2015），以"人所扮演的位置：大众媒介效果研究的新焦点"为小标题，进行了深入的理论探讨。拉扎斯菲尔德等人的"两级传播"等概念的提出，是以"人"和"首属群体"的重新发现为前提的。对大众传播效果研究而言，以往的研究奉行"媒介—受众"的简单线性模式，将受众视为孤立的个体（周葆华，2005）。而该理论的提出指出了大众传播的影响力是通过初级群体中的关系的影响而得以发生的，这样，以"魔弹论"为代表的传播效果的直接影响理论受到了前所未有的严峻挑战（芮必峰，1995）。

约瑟夫·克拉珀（Joseph T. Klapper）在《大众传播的效果》一书的序里说到经典的生命力时提道："库利在20世纪初用'首属群体'的概念来表达重建传播社群的理想，卡茨和拉扎斯菲尔德在20世纪50年代回到首属群体分析两级传播流时，则默认传播社群依然存在，当代人们再思考首属群体时，则表达了互联网世界对传播民主的乡愁。"（克拉珀，2016）

3. 反思

美国主流传播学一直宣称拉扎斯菲尔德的二级传播论就是对人际传播、对次级群体的再发现，但他们始终都是个体主义、行为主义、工具理性以及技术决定论的（胡翼青，2016）。

（七）受众商品（Audience as Commodity）

1. 定义

受众商品论是传播政治经济学研究的开辟者和代表人物达拉斯·斯麦兹在《传播：西方马克思主义的盲点》（*Communications: Blindspot of Western Marxism*）中提出的理论，他反对传播商品是信息、图像、意义的传统观念，认为垄断资本主义制度下大量生产的传播商品是受众和阅读（Smythe，1977）。大众媒介的言论、信息或思想，只是吸引顾客登门造访的"免费午餐"，媒介通过提供优良的电视节目刺激和引起受众的胃口，从而达到吸引他们聚集和参与自己的节目、版面中，接近和赞许广告商的信息，进而培养受众对广告商信息的好感，所以斯麦兹大胆地论断"大众传播媒体没有黑盒子，广告商广告费用购买的是可预期的受众"（Smythe，1977）。

2. 反思

斯麦兹提倡政治经济学路径，对其他路径的排斥引起了其他学者的质疑。他没有回答什么样的受众被出售，具体的过程如何，什么样的受众对媒介和广告商来说才是最重要的等问题。英国政治经济学学者默多克（Graham Murdock）首先进行了回应，他认为斯麦兹的提议是单方面的，其对文化方面的分析被

经济考量限制（Murdock & Garham，1978）

（八）传媒接近权（The Right of Access to Mass Media）

1. 背景

20世纪中后期，黑人运动在美国达到高潮，广播电视技术的发展导致了传播过程的改变，媒体商业化导致超级媒体集团的出现，这一方面提高了媒体市场的准入门槛，另一方面导致了媒体话语的趋同，媒体行业的这种情况不仅没有帮助社会问题的解决，实现社会稳定，反而在大众需要借助媒体来发出声音解决问题时未能提供接近媒体的入口，使得社会越来越动荡，在这种情况下，美国学者J. A.巴隆开始反思宪法第一修正案中"言论和出版自由"的深刻含义（罗丹，2017）。

2. 内容

传媒接近权即一般社会成员利用传播媒介阐述主张、发表言论以及开展各种社会文化活动的权利，同时，这项权利也赋予了传媒应该向受众开放的义务和责任。1967年，巴隆在《哈佛大学法学评论》（Harvard Law Review）上发表了《接近媒介——一项新的第一修正案权利》（Access to the Press. A New First Amendment Right）一文，首次提出了"媒介接近权"的概念。1973年，他又出版了《为了谁的出版自由——论媒介接近权》（Freedom of The Press For Whom：The Right of Access to Mass Media）一书，对这个权利概念进行了系统的论述。巴隆认为，美国宪法第一修正案规定的"出版自由"保护的是作为一般社会成员的受众的权利，而不是传媒企业的私有财产权，在传播媒介越来越集中于少数人手中、广大受众越来越被排斥在大众传媒之外的今天,已经到了"必须把第一修正案的权利归还给它的真正拥有者——读者、视听众"的时候了(郭庆光,2011)。

3. 影响

从传播学的角度看,传媒接近权的提出意义重大。首先,"人"作为传播学研究的主要对象,强调个人权利的获得与实现,不仅是人文主义原则的深刻体现,更是为传播学的研究定下人文基调,起到了为传播研究正本清源的作用;其次,提高传播效率,在传播过程中对反馈环节的重视,不仅实现了对传播者需求的满足,也体现了将传播者纳入传播活动这一系统环节中的必要,受众媒介接近权的实现才能更好地保证受众对媒体进行监督;最后,这有利于完善媒介环境,大众媒介在客观环境与受众认知环境之间,充当着构建"信息环境"的角色,强调受众对媒体的接近性,要求他们主动行使使用媒体的权利,能够最大限度上对媒体或者传者进行约束(罗丹,2017)。

(九)生产型受众(The Productive Audience)

1. 背景

20世纪80年代,约翰·费斯克(John Fiske,1939—)在吸收了葛兰西的文化霸权理论与霍尔的编码和解码理论的基础上,提出了生产型受众理论,即受众能够主动采取游击战术,获取自己的意义,创建自己的文化,从而避免意识形态的俘虏

(孔令华、张敏，2005)。

作为西方大众文化理论后期研究的代表人物，费斯克的研究观点不同于法兰克福学派的精英文化理论，他将研究的重点放在了大众本身，努力发现大众群体中存在的积极影响。1987年，费斯克在自己的《电视文化》(Television Culture)一书中从结构主义和符号学的角度提出了电视是"生产性文本"的概念。"生产性文本"具备了"作者式文本"的开放性——可以随意书写，即受众成为文本的书写者，在这个过程中，受众并不仅仅是电视文化的消费者，更是大众文化的生产者，可以获得生产的快感(殷晓阳，2017)。

2. 内容

费斯克认为，受众是"以主动的行动者，而非屈从式主体的方式，在各种社会范畴间穿梭往来的"(费斯克，2001)。由于现代社会的控制方式越来越制度化，权力的运作越来越抽象，在增加控制能力的同时，也产生了各种零碎的、非连续的场域，给消费者提供了钻空子的机会，他们挑选商业文化所提供给他们的文化资源，在自己复杂的身份中选取最有利的一个，各取所需，或闪躲，或创造，弹指之间把权力集团费尽心机的控制化为乌有(刘海龙，2008)。

3. 影响

费斯克的生产性受众研究突破了原来的受众类型论的模式，十分重视受众作为社会实践的主体，突出受众的意义生产功能，这一点是以往的受众研究所忽略的(孔令华、张敏，2005)。但费斯克过于强调受众的主动性，对大众很少进行批判。正因如此，麦克盖根（Jim McGuigan）把他划入"文化民粹主义者"之列，并认为他"不加批判地对大众的通俗文化消费加以庆贺"（麦克盖根，2001）。

（十）媒介使用者（Media Users）

1. 定义

20世纪90年代以来网络技术的发展，一再挑战与"大众传媒"具有伴生关系的传统"受众研究"，作为一个集合性名称的"受众"越来越难于表征现实，而"使用者"（users）一词正在变得流行（McQuail，2013）。

在传统的话语中，无论是作为收听者、接受者或者消费者、目标对象，受众角色总是被动的，而在新的媒体环境中，受众正在向具有主动性和交互性的信息使用者转变（周勇、黄雅兰，2013）。虽然"受众"一词从某种程度上来讲，仍然适用于大众媒介研究，但是却很少适用于新媒体（Lievrouw & Livingstone，2002）。如今的媒介使用者不能再被视为简单的信息消费者，他们是一群"以我们此前从未想象过的方式塑造、分享、重构和融合媒介内容的人"（Picone，etc.，2015）。

王辰瑶指出，首先，新闻使用者是一个波动的群体，使用者可在不同新闻与媒介平台中自由流动；其次，新闻使用者是主动的意义生产者，使用者根据自身需要来使用新闻；最后，新闻使用者是新闻生产中的对话者，网络的交互性赋予了使用者参与新闻生产中来的可能性，促使新闻记者与使用者对话。

2. 发展

网络时代的到来，让每个媒介使用者都可能成为传播力的真正拥有者，并在媒介场域和媒介场域之外的其他场域进行平等、多向的对话和传播的生成及延续。由技术现实构建的连续在场，终将演化为由媒介使用者的传播力构建的无处不在的媒介和持续不断的信息流；以大众传播媒介为中心的信息网络，将升级为以媒介使用者为中心的信息网络（马宁，2014）。

（十一）用户（User）

1. 定义

20世纪二三十年代，关于"受众"的研究雏形形成。当时早期的传播学研究者从宣传目标出发，将受众看作宣传内容的被动接受者，将受众放于无话语权的位置。随着通信技术更新换代和互联网技术的发展，"受众"逐渐转向"用户"。"用户"不同于被动接受信息的受众，用户既是传播接受者也是信息发布者，掌握主动话语权（谭天，2015）。此外，与国内偏爱使用"用户"一词来重新表述网络时代的媒介受众不同，麦奎尔注意到"受众"作为一个集合性名称越来越难于表征现实，还提出了"使用者"这一术语（McQuail，2013）。

"用户"的发展根源立足于网络的发展，以及受传合一、话语权边境被打破的相对自由的传播环境。相对传统媒体时代的受众，新媒体的用户不仅是媒体内容的消费者，也是媒体内容的生产者与传播者，同时，用户个体的存在价值及需求得到凸显，用户在网络中的生存也逐渐呈现数据化、表演化、节点化、并发性的特点（彭兰，2017）。

杨光宗与刘钰婧认为，受众向用户的转变对新闻传播学科产生了以下影响：首先，用户改变了传统的新闻传播学概念体系，传播主体由媒介机构转向受传合一的用户；其次，在方法体系中，智能手机的出现让用户打破时间与空间的限制，做到随时随地发布信息；再次，用户由于自主参与信息发布的各个环节，因而在判断信息价值时，评价容易情绪化，舆论稳定性减少；最后，在评价效果体系中个性化体现突出，信息效果呈现两极分化。

2. 影响

受传合一的"用户"被引用提出，标志着传播学由线性的、技术化的"受众模式"转变为非线性的、社会化的"用户模式"，大众传播中单一的媒介传播被打破，媒介融合模式成为发展大势所趋（杨光宗、刘钰婧，2017）。

（十二）媒介素养（Media Literacy）

1992年，美国媒体素养研究中心对媒介素养的定义：媒介素养是指人们面对不同媒体中各种信息时所表现出的信息的选择能力、质疑能力、理解能力、评估能力、创造和生产能力以及思辨的反应能力（张玲，2004）。在国内，一种有代表性的认识是，媒介素养是指媒介受众对各种媒介信息的解读批判能力以及使用媒介信息为个人生活、社会发展所应用的能力（胡莹、项国雄，2005）。虽然国内外研究者普遍把媒介素养仅仅定位于公众的媒介素养，但陈力丹认为，"媒介素养分两个层次，一个是公众对于媒介的认识和关于媒介的知识,另一个是传媒工作者对自己职业的认识和一种职业精神"(陈力丹,2007)。

社会化媒体带来了传播格局空前的复杂化。面对着社会化媒体中信息鱼龙混杂的现象,强调公众媒介素养的提高以及公民自律十分必要,但与大众媒体报道的不及时、政府信息的不公开有直接的关系。彭兰认为,公众媒介素养、传媒业者的媒介素养以及政府机构与官员的媒介素养,这三者是同时存在、相互依赖的三足鼎立的关系。对于一个平衡的、积极的信息传播系统来说三者缺一不可。而其中,政府机构与官员的媒介素养起着更基础的作用(彭兰,2013)。

(十三)社会参与论(Audience Participation Theory)

1. 背景

20世纪70年代后,媒介垄断程度达到新的高度,一方面,信息化的发展使信息与传播在社会政治、经济、文化生活中的作用越来越重要,并与每个社会成员发生了越来越直接的联系。另一方面,现实的媒介垄断使传播资源越来越集中于少数人手中。社会参与理论正是在一般民众要求自主利用媒介的意识不断增强,而现实中又缺乏可以利用的传播资源的矛盾状态下出现的(罗丹,2017)。

2. 内容

社会参与论,又称受众参与理论,该理论要求大众传媒向一般民众开放,允许民众个人和群体的自主参与。其核心价值是多元性、小规模性、双向互动性、传播关系的横向性和平等性。在社会参与理论诞生和发展的过程中，美国学者 J. A. 巴隆（J. A. Balen）的《为了谁的出版自由——论媒介接近权》和 B. H. 巴格迪坎（B. H. Bagh Dikan）的《传播媒介的垄断》产生过重要的影响。

郭庆光在《传播学教程》中，将社会参与理论的主要观点总结为：任何民众个人或弱小社会群体都拥有知晓权、传播权、对媒介的接近和使用权、接受媒介服务的权利；媒介应主要为受众而存在，而不应主要为媒介组织、职业宣传家或广告赞助人而存在；社会各群体、组织、社区都应该拥有自己的媒介；与大规模的、单向的、垄断性的巨大媒介相比，小规模的、双向的、参与性的媒介更合乎社会理想。

3. 评价

该理论的提出及实施在一定程度上缓解了媒介垄断带来的社会矛盾，但由于种种原因，实施的力度非常有限；社会参与论反映了一般民众对社会责任理论的失望心理，因为这种理论并没有改变少数人垄断媒介的现状；在信息已经成为一种基础资源的今天，民众唯有自己行动起来才能争取到自身的传播权和媒介接近权（郭庆光，2011）。

三、大众传播的性质、功能与社会影响

（一）把关人（Gatekeeper）

1. 背景

"二战"期间，美国为节约战争开支开展了一场号召人们食用牛下水的大规模宣传活动，勒温在对这场宣传活动的过程进行研究时发现，除非家庭主妇们接受了宣传，把牛下水买回家中并做成菜肴摆上餐桌，否则她们的丈夫或孩子很难有机会接触并接受这种不习惯的食品。在这个过程中，家庭主妇实际上起着一种"把关人"的作用（郭庆光，2011）。

2. 内容

1947年，勒温在《群体生活的渠道》（*Channels of Group Life*）一书中论述了"把关人"的概念。他指出：信息流动的渠道中总存在某种"关区"（gate areas），即根据公平的原则，或根据"把关人"的个人意见，而决定信息或食品是否可被允许进入渠道，或继续在渠道里流动（麦奎尔、温德尔，2008）。把关人的主要作用是选择和过滤他所接收到的信息。

1950年，传播学者大卫·怀特（David White）发表了《把关人：新闻选择的个案研究》(*The Gate Keeper: A Case Study in the Selection of News*)一文，第一个将把关理论具体到新闻传播研究中。他把编辑理解为把关人，而所有选定信息的抽象实体都是"新闻"。他明确了新闻筛选过程的"把关"模式，如图2-1所示（White，1950）。

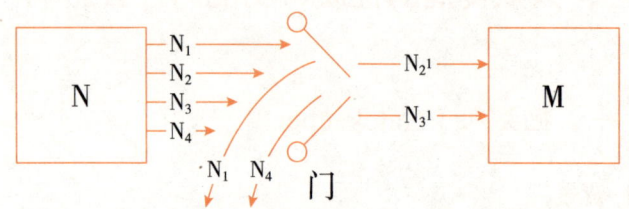

图2-1 怀特的新闻选择"把关模式"

怀特指出：传媒组织是新闻报道的"把关人"，由他们对新闻信息进行取舍。该模式的优点是形象，但对把关行为的研究过于简化（殷俊、孟育耀，2010）。

怀特将把关人概念引入新闻研究领域之后，把关人概念被广泛应用到新闻和信息的选择、加工、制作和传达过程的研究当中，成为揭示新闻或信息传播过程内在的控制机制的一种重要理论。

3. 发展

在网络传播时代，把关人的范围产生了变化，把关成了全民行为，除了传统媒体各层的把关人，网站编辑、版主以及网络个人都是不同层面的把关人，网民成为把关权的最大瓜分者，当网民个人的把关行为叠加到一定程度后，就形成了"协同把关"，网民间的相互纠偏、复合印证以及网络所呈现的结构性的信息提纯能力，让微内容、微价值的聚合力量得以发挥（阮立，2018）。

（二）拟态环境（Pseudo-environment）

1. 定义

"拟态环境"又称"假环境"，就是我们所说的信息环境，它并不是现实环境的镜子式再现，而是传播媒介通过对象征事件或信息进行选择和加工、重新加以结构化后向人们提示的环境（郭庆光，2011）。它是由美国新闻学研究的奠基人李普曼在其著作《公众舆论》中提出的。李普曼指出："我们必须特别注意一个共同的要素，那就是在人与他所在环境之间的插入物即虚假环境，人的行为是对于虚假环境的一种反应。但如果这种反应见诸行动，其后果不是在刺激行动的假环境中而是在发生行动的真实环境中起作用。"（李普曼，1989）李普曼的这段话告诉我们，大众传播形成的拟态环境（假环境）不仅制约着人的认知和行为，而且通过制约人的认知和行为来对客观现实环境产生影响。这使得大众传播所提示的拟态环境，越来越有演化为现实环境的趋势（郭庆光，2011）。

2. 发展

"拟态环境的环境化"概念，由日本学者藤竹晓提出。他认为许许多多的"拟态事件"，包括语言、观念、价值、生活或行为方式等，最初并不见得有代表性或普遍性，但一旦进入了大众传播渠道，很快就会演化为社会流行现象，变成随处可见的社会现实。大众传播虽然提示的是"拟态环境",与现实环境之间有很大的距离,但由于人们是根据媒介提供的信息来认识环境和采取环境适应行动的,这些行动作用于现实环境,便使得现实环境越来越具有了"拟态环境"的特点,以至于现代人已经很难在两者之间做出明确的区分(郭庆光,2011)。

(三)大众传播功能说(Mass Communication Function)

1. 定义

大众传播的功能指大众传播活动对人和社会所起的作用与效能。1948年,拉斯韦尔在《传播在社会中的结构与功能》一文中归纳了传播的三种功能:环境监视功能(surveillance of the environment)、社会联系与协调功能(correlation of the parts of society)、社会遗产继承功能(transmission of social heritage)。环境监视功能指的是大众传播通过提供新闻信息帮助人们持续地、及时地注意环境的变化,这类信息中主要是那些危险情况和与经济、公众和社会生活密切相关的重要新闻;社会联系与协调功能指的是大众传播指示人们应如何对周围发生的事件做出反应,因此在大众传播中发挥联系功能的主要是言论信息;社会遗产继承功能指的是大众传播通过对知识和社会规范的传播,使之在社会成员中一代一代地传递下去(Lasswell,1948)。

2. 发展

在拉斯韦尔"三功能说"的基础上,美国学者查尔斯·赖特在1959年发表的《大众传播:功能的探讨》一文中,补充了大众传播的第四种功能：提供娱乐。这一功能指的是大众传播通过传播娱乐性信息来提供娱乐，让人们放松身心（Wright，1959）。

施拉姆曾在1982年出版的《男人、女人、讯息和媒介》（Men, Women, Message, and Media: Understanding Human Communication）一书中总结了拉斯韦尔和赖特的观点，将大众传播的四种功能概括为：雷达功能、控制功能、教育功能和娱乐功能（施拉姆，1984）。这种四功能说在大众传播学领域得到了广泛认可。

另外两位美国学者拉扎斯菲尔德和罗伯特·默顿在1948年发表的《大众传播、大众品味与有组织的社会行动》（Mass Communication, Popular Taste, and Organized Social Action）一文中则强调了大众传播的另外三个功能：社会地位赋予功能（status conferral）、社会规范强制功能（enforcement of social norms）、麻醉的负功能（narcotizing dysfunction）（Werner & James, 2006）。社会地位赋予功能指的是任何一种意见、商品乃至人物，只要得到大众传播的广泛报道，都会成为社会瞩目的焦点，并获得很高的知名度和社会地位；社会规范强制功能指的是大众传播通过将偏离社会规范和公共道德的行为公之于世，能够唤起普遍的社会谴责，将违反者置于强大的社会压力之下，从而起到强制遵守社会规范的作用；而麻醉的负功能指的是大众传播对人们生活的一种负面影响，人们过度地使用大众传播，会渐渐失去社会行动力（郭庆光，2011）。

（四）预防接种理论（Inoculation Theory）

1.定义

预防接种理论是应用于态度改变的理论，由麦奎尔和帕帕乔吉斯（Demetrios Papageorgis）提出：大部分人持有许多未经挑战的信念，而这些信念在受到攻击时经常被动摇，因为人们不习惯于保卫它们。这种情况类似于医学上的情况，如果一个人是在无菌的环境中长大的，突然被暴露于细菌环境中，这个人的身体便很容易被感染，因为这个人还未获得任何抵抗力，这种人要获得抵抗力，可以靠滋养——良好的饮食、运动锻炼、休息等；但也可以经过一种预防接种，即有计划地接触处于微弱状态下的细菌环境，从而刺激个体抵抗力的发展，在医学界，就产生抵抗力的效果而言，预防接种的方法已经比滋养更为有效了（沃纳·赛佛林，2000）。

冷战期间，拉姆斯丁（A. lumsdaine）和贾尼斯（J. Janis）以中学生为研究对象，制作了关于"苏联至少在5年内不可能大量制造原子弹"的两种消息——单方面消息和正反两方面都有的消息。他们发现，正反两方面消息较单方面消息的优点之一是，它对后来的说服工作可以建立起更有效的抵抗力。这也是麦奎尔和帕帕乔吉斯的理论根据。

1961年，麦奎尔进行了一项"先期信念防御各类型在免被说服中的相应功效"的实验，麦奎尔和帕帕乔吉斯发现，反驳性捍卫比支持性捍卫更有效地使文化中的公理抗拒改变。经过支持性防御实验后，反宣传仍然降低了人们对文化公理的信念，平均得分为 7.93 分（"肯定错误" 1 分到 "肯定正确" 15 分的评价等级），仅比在完全没有事先准备的情况下达到的平均 6.64 分稍微好一点。经过接种预防后，反观点使人们对文化中的公理的信念只降到平均 10.33 分的等级。

帕帕乔吉斯和麦奎尔预测，当人们受到对基本信仰的攻击和对这些攻击进行反驳后，可以发展一种普遍化的免疫力。换言之，他们预测，这样的过程将发展出一种普遍性的抵抗力，使基本信念即使遭到不同方式的攻击，也不可能改变。他们的预测出于两种原因：有了第一次攻击被反驳的经验，便会降低后来攻击的可信度；事先将攻击暴露出来，可以使人们知道他们所持的信念的确有弱点，从而推动他们去发展更多的支持观点。他们的研究结果显示，预防接种带来的对攻击不同观点的免疫力几乎可以与攻击同样观点的免疫力一样强。事实上，在这两种条件下，最后的态度立场并无显著的不同。当然，这增加了某一种预防接种的潜力——接种计划的推行者不必预见后来人们可能遭受的对其信念的所有攻击，而可以放心让免疫力去发挥预防作用了（沃纳·赛佛林，2000）。

2. 影响

预防接种理论是站在受众的立场，着眼于如何抵御传播者的宣传与劝服，并保持原有的态度，所以有意识地向受众灌输一些反面的信息，使他们在思想上先对这类反面信息产生抵抗性，这样一旦真正面临反面信息的大规模侵袭时，便不会轻易动摇（方建移，2016）。在该理论的作用下，可以有效抗拒道德教育中人们面对负面道德现象时的摇摆和放弃，比如可以允许新闻媒体适当的负面报道，在突发事件处理中，相关单位应在第一时间召开新闻发布会，提前给受众打好一针"预防针"，获得解决问题的主动权（方建移，2016）。

（五）框架（Frame）

1. 定义

框架的概念源自人类学家葛列格里·贝特森（Gregory Bateson），由加拿大裔美国社会学家欧文·戈夫曼（Erving Goffman）将这个概念引入文化社会学，后来再被引入大众传播研究中，成为定性研究中的一个重要观点（张洪忠，2001）。戈夫曼将框架定义为人们用来认识和解释社会生活经验的一种认知结构，它"能够使它的使用者定位、感知、确定和命名那些看似无穷多的具体事实"。在他看来，框架并非有意被制作出来的，而是无意识地贯穿于个人的社会经验之中，换言之，框架是个体认识世界的一种方式。身为象征互动论的学者，戈夫曼提出框架概念，其目的在于说明个人如何依据一套规则来管理自己的社会生活经验。社会事件混乱无序，个人总是寻求确定性，将混乱变得有序，将复杂变得简单，而个人能力和认识都极其有限，我们总是依靠过去经验形成的那套主观认知框架来组织自己的社会生活，调整行为，赋予行为意义，因此，框架是个人将社会生活经验转变为主观认知的重要依据。在认知心理学看来，框架就是个人用来处理外部世界信息的模板，在这个意义上，戈夫曼的"框架"概念近似于认知心理学常用的"解释图式"或"脚本"概念（陈阳，2015）。

戈夫曼的框架概念涉及多重内涵：转换，框架是人们将社会真实转换为主观认知的重要凭据；理解与分析，人们借由框架来理解、分析外在世界层出不穷的事件；沟通与交流，人与人之间的沟通是经由框架的分享而实现的，意味着框架也是交流传播的平台（肖伟，2010）。吉特林（Todd Gitlin）发展了戈夫曼的概念，提出了更明确的定义：框架就是"关于存在着什么、发生了什么和有什么意义这些问题上进行选择、强调和表现时所使用的准则"。同戈夫曼相比，吉特林的定义更加明确了个人在形成框架的过程中的活动和作用，且他不认为框架是难以被测量的抽象之物（陈阳，2015）。

2. 在传播学中的应用

如今，框架概念主要在三个社会科学领域内被使用：管理和组织研究、社会运动研究以及大众媒体研究（陈阳，2015）。20世纪90年代以来，由戈夫曼发展而来的框架分析同时出现在三个传播学研究领域：

从新闻生产的角度来研究媒体框架如何被建构。在新闻生产研究领域，框架分析非常容易跟"权力"发生联系，从而使得相关研究带有批判的意味（陈阳，2007）。

从内容研究的角度来考察媒体框架是什么。框架分析被发展成为一种研究新闻文本的方法，框架是新闻报道的中心思想，为新闻事件赋予意义，媒体框架以前后一致的方式来对新闻事件做出选择、强调和排除，使得对事件的某些理解在文本里更加突出，并且成为受众感知到的社会真实。凭借选择和重组的策略，媒体通过对象征符号和表意元素的使用来建构新闻框架，它可以是隐喻、举例、标语、叙述、视觉图像等象征符号，也可以是句法结构、情节结构、主题结构和修辞结构（陈阳，2007）。

从效果研究的角度来分析受众如何接收和处理媒介信息，即受众框架。比如因特曼（Robert Entman）的定义，框架就是从感知到的现实中挑选出一些方面，并在传播文本中使之显著，通过这样的方法，以便推进特定的问题定义、因果关系解释、道义评价和（或）提出解决方案的建议（郭镇之、邓理峰，2007）。他认为媒介从业人员对事物的选择和凸显会影响受众对事物的理解，侧重框架的传播效果，这也涉及受众的接受框架（孙彩芹，2010）。

3. 发展

1993年，因特曼总结认为，传播学视野之下的框架是一个"分散的概念"，框架研究是一个"破碎的范式"（陈阳，2015）。前两个研究领域采取了框架概念的社会学含义，英文文献使用frame或frame analysis，而媒体效果研究则更多采取了它的心理学含义，英文文献使用framing或framing analysis（陈阳，2007）。

（六）公共领域（Public Sphere）

1. 定义

哈贝马斯（Jürgen Habermas）在1962年的《公共领域的结构转型》（下面简称《公共领域》）中对公共领域理论做了系统的论述，并使其迅速成为一个全球性的模型。文中并没有明确地给出一个"公共领域"的定义，只是对公共领域做了一个简明扼要的界定："所谓公共领域，首先是指我们的社会生活中的一个领域，某种接近于公众舆论的东西能够在其中形成。"（展江，2002）但是公共领域的概念并非哈贝马斯首创，此前德国学者汉娜·阿伦特（Hannah Arendt）在其著作《人的条件》中已做过一些论述，她将公共领域阐释为一个由人们透过言语及行动展现自我，并进行互动与协力活动的领域，哈贝马斯的公共领域概念得益于阿伦特、熊彼特、布鲁纳、杜威、雅诺斯基、查尔斯·泰勒等人也分别从不同的角度做过研究（朱清河、刘娜，2010）。

2. 影响

《公共领域》的核心概念是"资产阶级公共领域"（展江，2002），资产阶级公共领域首先可以理解为一个私人集合而成的公众的领域，但私人随即就要求这一受上层控制的公共领域反对公共权力机关自身，以便就基本上已经属于私人但仍然具有公共性质的商品交换和社会劳动领域中的一般交换规则等问题同公共权力机关展开讨论（哈贝马斯，1999）。哈贝马斯在回答一位中国学者的问题时这样概括了"资产阶级公共领域"的基本特征：资产阶级公共领域是一种特殊的历史形态，它尽管与其在意大利文艺复兴时期城市中的前身具有某些相似之处，但它最先是在 17、18 世纪的英格兰和法国出现的，随后与现代民族国家一起传遍 19 世纪的欧洲和美国；其最突出的特征，是在阅读日报或周刊、月刊评论的私人当中，形成一个松散但开放和有弹性的交往网络，通过私人社团和常常是学术协会、阅读小组、共济会、宗教社团这种机构的核心，他们自发聚集在一起，剧院、博物馆、音乐厅，以及咖啡馆、茶室、沙龙等给娱乐和对话提供了一种公共空间；这些早期的公共领域逐渐沿着社会的维度延伸，并且在话题方面也越来越无所不包，聚焦点由艺术和文艺转到了政治。如图 2-2 所示。

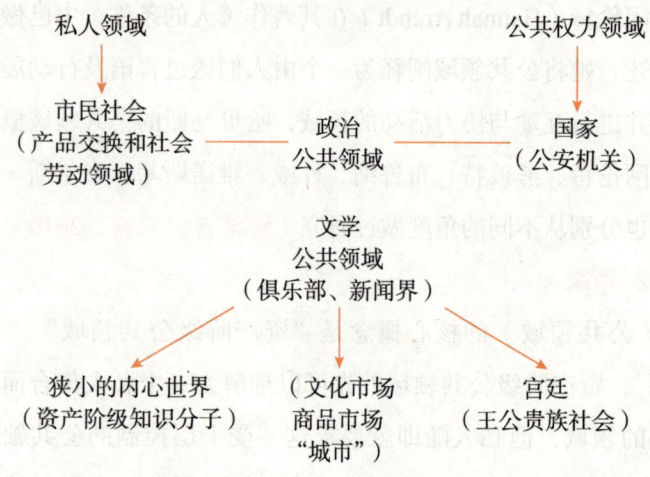

图 2-2 18 世纪资产阶级公共领域轮廓的社会结构图
（哈贝马斯，1999）

3. 要素

哈贝马斯所说的"公共领域"主要由三个要素构成：

公众：公共领域的第一个构成要素是由超脱于个人或集团（利益集团）私利之上，亦不受国家或其他政治权力（公共权力）约束或为其服务的私人自愿组成的、拥有一定规模的"公众"。这里的"公众"成员并没有身份或阶层、阶级的限制，只要某一个体自愿、自由地关注某些"普遍利益"，就有可能成为"公众"的一分子。

公共舆论：公共领域的第二个构成要素是以批判意识为核心，以对国家权力进行批评与监督、控制为主要特征与目标的"公共意见"或"公众舆论"，它必须是批判的、公众的和理性的。

公众媒介：公共领域的第三个构成要素是公众赖以表达、传播自己的意见并使之对以国家权力为主体的公共权力形成影响、约束乃至监督、控制的媒介和场所，可以统称为"公众媒介"与"公众场所"（陈勤奋，2009）。

4. 影响

关于公共领域的批评之声很多，英国中央伦敦理工专科学校的尼古拉斯·加纳姆（Nicholas Gamham）则对公共领域理论持更多的肯定态度。他将《公共领域》一书的批评归纳如下：

哈贝马斯忽视了当代与资产阶级公共领域并行的平民公共领域的发展；哈贝马斯将资产阶级公共领域理想化了，近期研究揭示了早期印刷市场恶性竞争的结构，而这个市场不是由致力于公共启蒙的能够自由交流的知识分子所控制；哈贝马斯将家庭和经济排除在公共领域之外；哈贝马斯的理性主义公共交流模式使他不能形成多元主义的公共领域理论；《公共领域》的后半部分带有鲜明的精英文化取向，因而过于倚重阿多尔诺的文化工业模式，它夸大了文化工业控制者的操纵力量，忽视了信息领域中国家干预的公益模式。

加纳姆认为，尽管这些批评有助于完善哈贝马斯的理论，然而它们并不能忽视《公共领域》的三大优点：它聚焦于大众公共传播制度与实践之间和民主政治的制度与实践之间经久不变的联系；它注重任何公共领域所不可或缺的物质基础；它避免了"自由市场国家控制"这种简单的二分法,而这种二分法在欧美支配着传媒方针研究(展江,2002)。

(七)观念的自由市场(Freedom Marketplace of Ideas)

1. 定义

在有关表达自由以及媒介责任的论述中,一直存在"观念市场"的类比,它借用了经济学上的自由市场概念,将观念市场理解为人类通过一定媒介实现观念集中交换的场所,强调只有通过"广泛而充分的思想竞争",人们才能发现真理或做出科学的决策。观念市场是一个公众讨论问题的场所或公共空间,完善的观念市场及其运作不仅可以促进"真理的探讨",它还可以使市民们在大家关心的问题上形成一致意见而克服互相之间的差异(王四新,2008)。

1644年,约翰·弥尔顿(John Milton)针对当时英国的出版审查和许可制,发表了《论出版自由》,他坚定地认为:一旦真理和谬误都可以不受约束地通过研究和讨论加以检验,真理就必将战胜谬误(胡泳,2015)。"虽然各种学说流派可以随便在大地上传播,然而真理却已经亲自上阵;我们如果怀疑她的力量而实行许可制和查禁制,那就是伤害了她。"(弥尔顿,2012)真理一定会战胜谬误的观点,正是"观念市场"的前提假设之一。这种观点认为应该让各种不同意见到公开的市场中发表和讨论,评价谁是谁非,而不是由权力机构赐予或决定。人的思想是建立在理性的基础上的,真理是通过公开的辩论和自由竞争而得出的,要根据每个社会个体本人的理性观点来判断事物是否真理。通过这种公开的斗争，积极的、正确的思想总会被大众接受，从而将糟粕淘汰，虽然这个过程中人们也可能会暂时被糟粕的东西蒙蔽，但是经历时间的锤炼，人们会根据自己的理性来修正（郝雨、杜友君，2015）。弥尔顿提出了新闻自由的"天赋论"，"写作自由和言论自由……是一切伟大智慧的乳母"，坚信出版自由是天赋人权，是公民神圣的个人权利自由。

2. 发展

从弥尔顿的思想出发，后世发展出观念的"自我修正"概念。"观念市场"以及"观点的自行修正"理论成为自由主义新闻学的理论根基。但"观念市场"这一经济术语的比喻直到20世纪初才出现，霍姆斯（Oliver Wendell Holmes Jr）首次将观念争论比喻为市场行为。"观念市场"的类比在反对政府的规制这一点上与新闻自由至上主义是一致的。借用市场经济的自由放任观，"观念市场"的信奉者主张政府对这一市场放任自流。"观念市场"理论的提出建立在个人理性思考的力量和个体的自然权利之上。随着自由主义和个人主义成为近代欧洲的普世价值观，启蒙运动将理性确立为人之为人的基础，自由表达的权利成为社会共识。

3. 影响

"观念的自由市场"这一观念将市场竞争的模式引入观念争辩过程中，并随着人们的不断引用而成为个人言论自由权的经典表述，也构成了自由的媒体在一个社会系统中运行的基本准则，即理想的大众传媒应具备一个重要功能：提供一个交换评论与批评的场所（胡泳，2015）。

（八）媒介依存症（Media Dependency Theory）

1. 定义

媒介系统依赖论是一种"生态"理论，主要由美国大众传播社会学家梅尔文·德弗勒和桑德拉·鲍尔·洛基奇（Sandra Ball Rokeach）提出，其主要目标是要解释为什么大众传播有时具有强大的直接的效力，而有时又只具有间接的和相当微弱的效力（德弗勒、洛基奇，1990）。媒介依赖论认为，一个人越依赖于通过使用媒介来满足需求，媒介在这个人生活中所扮演的角色就越重要，而媒介对这个人的影响力也就越大（邵培仁，2008）。它注重于小型、中型和大型系统之间的关系和它们各组成部分之间的关系。媒介系统被设想为现代社会结构的一个重要部分，与个人、群体、组织和其他社会系统具有关系（德弗勒、洛基奇，1990）。这种关系表现在大众传播中，就是媒介依赖关系（邵培仁，2008）。因此，这就意味着媒介依赖关系一方面在于目标，另一方面在于资源。生活在一个社会的部分意义就在于个人、群体和大型组织为了达到个人和集体的目标，必须依赖其他的人、群体或系统控制的资源，反之亦然（德弗勒、洛基奇，1990）。

2. 特点

"媒介系统依赖论"既承认当代社会中大众传播的广泛影响力，又不主张夸大传媒的重要性和这种影响力。它强调媒介系统依赖关系的双向性，认为这种关系是媒介与受众及与社会群体、组织和其他社会系统互为依赖的关系,这是该理论的特点和长处之一。

兼收并蓄传播学中的社会学范式和心理学范式的一系列有关观点是"媒介系统依赖论"的又一特点。具体而言,它吸收了"结构功能论""社会冲突论""象征互动论"和"认知结构理论"的一些主要思想。"媒介系统依赖论"在其解释框架中采纳和整合了"结构功能论"和"冲突论"对社会各部门之间的关系的分析。该理论认为相互依赖中可能孕育着"争夺珍贵资源"的冲突。它把所有群体设想成"利益群体",不但为了自身的利益而产生在相互依赖基础上的彼此合作,而且会为了自身的利益而产生相互间的冲突。

3. 影响

这一理论不仅关注社会系统及群体层次上的媒介系统依赖关系,而且关注个人层次上的这种依赖关系。这时,它的着眼点在于以这种依赖关系来解释人们接收媒介讯息对于他们个人的信念和行为所产生的影响。理论指出,个人像社会系统一样与媒介系统产生依赖关系。个人受谋求生存与发展这两种基本动机的驱使,树立起理解(自身与社会)、确定方向(行动及互动)、获得娱乐(社交和单独)这三种目标,这些目标的实现有赖于个人接触媒介控制的信息资源(张咏宁,1997)。

4. 发展

在互联网环境下,网络媒体特殊的传播方式所建立的用户与网络之间的依赖关系比传统媒介与受众的关系更为密切和牢固(谢新洲,2004)。"电视人"和"容器人"的概念是建立在对现代人的一种社会病理现象——"媒介依存症"的批评的基础上的。"媒介依存症"有几个特点,包括过度沉湎于媒介接触而不能自拔;价值和行为选择一切必须从媒介中寻找依据;满足于与媒介中的虚拟社会互动而回避现实的社会互动;孤独、自闭的社会性格等(郭庆光,1999)。

后来,桑德拉·鲍尔·洛基奇主持了一个大型研究项目"媒介转型:改变社区黏合纽带"(2001、2003),在对媒介依赖论进行适当反思中,将"媒介依赖论"推进到了一个新的阶段,用新的术语"联接性"替代了"依赖性",并在最终的课题中提出了"传播基础结构论",这种变化既可以看作媒介依赖论的逐步淡化,又可以看作媒介依赖论向媒介生态论的时代转变(邵培仁,2008)。

(九)信息茧房(Information Cocoons)

1. 定义

由美国学者桑斯坦(Cass R. Sunstein)在其著作《信息乌托邦——众人如何生产知识》(*Infotopia: How Many Minds Produce Knowledge*)中提出。信息茧房意味着我们只听我们选择的东西和愉悦我们的东西的通信领域(桑斯坦,2008)。

在互联网时代,伴随网络技术的发达和网络信息的剧增,人们能够在海量的信息中随意选择我们关注的话题,完全可以根据自己的喜好定制报纸和杂志,每个人都拥有为自己量身定制一份个人日报(the daily me)的可能,但由此就可能失去了解不同事物的能力和接触机会,不知不觉间为自己制造了一个信息茧房（喻国明，2016）。

2. 影响

彭兰指出，信息茧房在传统媒体时代就已经表现出来，但随着社会化媒体和个性化信息服务的发展，这种现象日益增强。在其影响下，用户越来越失去对外界环境的全面感知，群体极化现象突出，社会整合将变得越来越难。同时交往理性也会弱化，不利于公共领域的塑造与形成（贾瑞，2016）。

此外，沉浸在信息茧房中，用户即使获得再多的同类信息，也不能拓宽自己的知识面，反而是强化了信息茧房，扩大了与其他群体的知识鸿沟（王刚，2017）。

3. 反思

人类要摆脱居住在信息茧房所带来的梦魇，可以通过集体的产品——由公众自由参与信息发布与维护的维基等载体形式，自由、积极地向社会贡献自己的信息，使社会广泛而复杂的信息得以聚合，使信息真实、全面、准确、客观，既影响私人行为也影响公共行为（梁锋，2013）。

喻国明提出，要避免发生信息茧房负面效应，首先要提升技术水平，使算法更聪明、更能完整准确地测度到人们信息需求的全貌和重点。而更重要的是，我们必须有打破信息茧房的自觉意识，提升自身的媒介素养、网络素养，自觉地将这类小圈子的资讯叠进大社会的资讯，这种资讯"混搭"将极大程度避免发生信息茧房负面效应。

从媒体角度来讲，要压实媒体的社会责任，媒体传播要有公共精神，抓住主流媒体的核心价值，提供高质量的新闻内容

(王刚，2017）。

（十）潜网（Social Control in the Newsroom）

1. 定义

1955年，布里德（Warren Breed，1915—　）在《新闻编辑部的社会控制：功能分析》中首次提出"潜网"。他调查美国数十家报社的上百位新闻工作者后，发现在报社内部存在一张微妙而又非常强劲的控制网络。它一方面确保媒介组织的传播意图得以实施，另一方面防止新手对现行规矩的冒犯。这张"潜网"是一种无形的束缚，潜藏于心，要靠每个人去领悟、揣摩，控制的过程也是一个不易察觉的过程。

2. 原因

机构权威和制裁（Institutional authority and sanctions）。出版商有权要求员工服从。

责任感和尊重（Feelings of obligation and esteem for）。这样的义务和对上级的亲近感在促使员工服从的过程中起着战略性的作用。

流动性的愿望（Mobility aspirations）。向上流动的机会促使年轻新闻工作者服从。

缺乏相互冲突的群体忠诚（Absence of conflicting group allegiance）。美国报业协会并没有干涉政策等内部事务，强调新闻编辑室之外的商业工会主义和政治利益。

活动的愉快本质（The pleasant nature of the activity）。新闻编辑室的群体性、工作有趣并且有津贴。全体员工在他们都喜欢和尊重的工作上通力合作。

新闻成为一种价值（News becomes a value）。新闻工作者把他们的工作定义为每 24 小时生产一定数量的所谓"新闻"。

在这些变量中，最重要的是对上级的义务和尊重，这不仅是最重要的，也是最波动的变量。潜在的传播控制进一步强化了控制新闻选择的意识形态，再通过新闻工作者有意识或者无意识的新闻筛选，渗透到整个社会的心智之中，造成社会群体压力的顺从。媒介组织中的这种控制网络，实际上是特定社会环境中更大范围的社会控制体系的折射（Warren Breed，1955）。

3. 影响

布里德认为为了"自由而负责的新闻界"而努力，需要出版商担负起责任。而克莱·舍基（Clay Shirky）提到的人人时代的到来（舍基，2015），"人人都是自媒体"的无组织的社会力量正在崛起，编辑室里的"潜网"力量在相对分解，"潜网"的实际控制力正在弱化。

（十一）信息社会（Information Society）

1. 定义

信息社会指"信息成为与物质和能源同等重要甚至比之更加重要的资源，整个社会的政治、经济和文化以信息为核心价值而得到发展的社会"（朝日现代用语，1992）。信息社会的产生源自信息技术创新与互联网的出现，技术创新与产业发展推动了社会发展和进步，互联网的出现使信息技术不仅改变了我们社会的生产方式，也改变了我们社会的生活方式（丁波涛、王世伟，2016）。

2. 特点

一般认为，信息社会具有以下几个特点：社会经济的主体由制造业转向以高新科技为核心的第三产业，即信息和知识产业占据主导地位；劳动力主体不再是机械的操作者，而是信息的生产者和传播者；交易结算不再依靠现金，而是主要依靠信用；贸易不再主要局限于国内，跨国贸易和全球贸易将成为主流（郭庆光，1999）。

3. 影响

1964年11月，日本学术界和社会媒体就信息技术对社会发展产生的影响展开了广泛的讨论。在这一过程中提出了信息化、社会信息化指数以及信息社会等相关概念。1967年，日本学者林次郎认为工业社会之后就是"信息社会"，但被世界认可的一个重要节点是，2003年12月，在"国际电信联合会"等国际组织的推动下，来自175个国家和地区的代表在日内瓦召开了第一次（也称为第一阶段）信息社会世界峰会，大会提出了"建设信息社会：新千年的全球性挑战"的《原则宣言》，并制订了全球信息社会发展的《行动计划》，这是人类共同建设信息社会第一阶段发展的基础目标，也标志着人类已迈进全新的信息社会发展阶段（丁波涛、王世伟，2016）。

但也有学者认为，当"信息社会"这个词大行其道时，信息的概念在社会学领域中却只得到寥寥的关注。信息的概念无法简单定义，信息概念并非简单的实体，而是有着不同意涵的多样性。信息的概念绝不仅仅只有一个,而是有不同的、起源于一系列不同学科的概念,这些学科包括计算机科学、媒介学和社会学。基于这一论点,任何一种现有的、定义信息的概念都不够全面。如卡斯特所提出的"信息社会"的理论缺乏对于信息的界定以及它如何生产、物质化和具身化的技术过程分析。这样一种令人困惑的图景使得我们仅拥有只言片语来试图了解一个概念的全貌(盖恩、比尔,2015)。

(十二)刻板印象(Sterotype)

1. 定义

刻板印象本是印刷术语,专指印刷铅版。在《公众舆论》一书中,沃尔特·李普曼首次将该词从印刷技术领域引入社会科学研究领域。此后,刻板印象研究成为西方新闻传播学和心理学研究中的重要论域(汪露,2010)。李普曼认为在舆论过程中,"刻板模式"是一个关键的因素:"刻板模式"是一种规范,它能简化现实以至于一个信源能够轻易地将之传递给其他个体——例如,宠坏了的大学生,有天赋的黑人运动员和成功的亚洲商人(罗杰斯,2002)。"多数情况下我们并不是先理解后定义,而是先定义后理解。置身于庞杂喧闹的外部世界,我们一眼就能认出早已为我们定义好的自己的文化,我们也倾向于按照我们文化所给定的,我们所熟悉的方法去理解。""如果我们不能充分理解别人的行为,那么在了解到他们的心思和见识之前,为了公平起见,我们不仅要对他们所处理的信息,而且要对他们据以传播信息的观念做出评价。因为,公认的典型、流行的样本和标准的见解,都会在人们接受信息的过程中产生阻碍作用。"(李普曼,2006)他本人认为刻板印象具备积极和消极功能,是一个中性词(陈阳,2015)。

2. 特征

心理学家通过多次实验发现,刻板印象是以一种自动激活扩散的机制运作,即有关某个社会群体或某类事件的一系列品质及行为特征相互联结,而且这些联系会在知觉者无意识或无控制的状态下被相互自动激活。这种自动激活导致刻板印象具有四个特征:无目的性、无意识性、不可控制性和有效性。因此,刻板印象作为最常见的社会类别知识的集合,尽管它可能与社会事实不符,容易滋生不公正和误解,但由于它能让知觉者有效地加工信息、做出判断,也能帮助知觉者解释复杂的社会环境,因而具有认知上的优势。而且由于自动过程反映的是人们的真实态度,该态度是很坚定的,难以受到外在压力和策略性过程的影响,难以随着时间和环境变化而有所变化,所以即便对刻板印象进行意识性抑制,它的效应依然存在,并且比较明显(曾庆香、黄春平、肖赞军,2005)。

(十三)内爆(Implosion)

1. 定义

"内爆"是马歇尔·麦克卢汉在他的《理解媒介》(*Understanding the Media*,1964)一书中提出的概念。麦克卢汉认为:"凭借分解切割的、机械的技术,西方世界取得了三千

年的爆炸性增长。现在它正在经历内向的爆炸。"（麦克卢汉，2001）

"外爆"与"内爆"是一对相对的概念。在物理学意义上，外爆是事物由中心向边缘的单向扩张，其结果是导致分裂、独立，形成区隔和界限，而内爆则刚好相反，"特指一种向内的聚爆过程，是事物内部裂变与界限消除的过程"（王治河，2004）。从社会文化意义而言，外爆特指一种机制化和技术化的社会现代性过程，通过政治、经济、文化的外爆式扩张和发展，形成各种"中心与边缘、主体与客体及二元意义建构，如美与丑、假象与真理、自由与控制"等，体现出典型的现代性转型特征；而内爆则是对于外爆所形成的各种二元结构，从外向内裂变，使一切事物都消失于混搭与无序之中，消除所有界限和差异，体现出典型的后现代性特征（严功军、张雨涵，2017）。

2. 发展

在电力技术到来之前，社会始终处于缓慢向外扩张的状态，然而"机械形式转向瞬息万里的电力形式，这种加速度使外向爆炸逆转为内向爆炸"。麦克卢汉指出，在电子内爆中，媒介与信息的界限消失了，媒介本身就是信息，同时电子传播使社会诸多二元对立关系变为共时空、同存在的多元并存关系（麦克卢汉，2001）。

法国后现代哲学家鲍德里亚（Jean Baudrillard，1929—2007）进一步发展了"内爆"这一概念。鲍德里亚在《传媒中意义的内爆》(*meaning implosion in the media*) 开篇即写道："我们生活在一个信息越来越多而意义越来越少的世界。"媒介意义的内爆体现为其传播内容的拟像化，媒介可以通过信息符号来建造虚拟的世界，这便是鲍德里亚所说的"仿真"，进而由此产生"超真实"的幻境（张默，2014）。媒介在制造"真实"的过程中也在吞噬意义，并且拼贴意义、制造意义，真实与虚拟之间界限的消除，最终导致意义的虚无，而真实和意义的内爆，一个直接而严重的后果是整个社会的内爆，"整个社会交往和社会价值都被瓦解了"（郭军、戴阿宝，2006）。

（十四）媒介生态学（Media Ecology）

1. 定义

媒介生态学派是媒介研究的一个学派，"Media Ecology"这一术语由麦克卢汉首创，而真正衍生成一个学科则要归功于尼尔·波斯曼。

波斯曼认为："媒介生态是将媒介作为环境来研究"（Postman，1968），另一位这方面的美国著名学者林文刚（Casey Man Lum）写道："人不仅生活在自然环境和社会环境中，还生活在由媒介创造的环境中。"（林文刚，2003）但在中国，"媒介生态学"和北美的 Media Ecology 并不是一回事，"中国学者的媒介生态研究意识是原发的，而不是引进的，从一开始学者的关心就侧重在媒介的发展生存环境研究方面"（崔保国，2003）。媒介生态学讨论的是，媒介构成了现代人的一种生态环境，这种媒介生态环境如何影响着人和人所处的社会结构（陈力丹，2011）。

"传播技术的意义并不是单纯加入信息发送者与接受者之间，而是强调传播者生活在一种环境当中，这种环境从根本上影响了人们互动的性质，媒介从根本上影响了被传输或交换的信息的意义。它对传播技术本身进行了系统性的分析，把媒介置于社会的轴心和人类文化及思想形成过程中的首要地位，关注社会关系、个体心灵和人们的心理关系模式如何受制于不同的媒介类型，认为媒介结构从根本上影响了我们所构想的'我们是谁'以及如何与他人联系的问题。"（王冰，2010）这一表述实际上解释了媒介环境学的母题研究媒介技术对人和社会所造成的影响，特别是媒介对社会和人类文化的影响，媒介并不完全是中性的，这一表述比波斯曼的论述更为全面（陈力丹、毛湛文，2013）。

2. 在中国的误读

当今中国新闻传播学界广泛讨论的"媒介生态"，即不同媒介之间生存、竞争、合作的生态问题，也都可以名正言顺地归置于"媒介生态学"（media ecology）的研究视野之内（邵培仁、廖为民，2008）。"这样混乱的陈述加剧了对媒介环境学的误读，究其原因就在于中国的'媒介生态'概念从根本上就是理解错误的。"（陈力丹、毛湛文，2013）"理论基础不牢固，媒介生态概念的定义混乱等使其在分析实际媒介问题的时候缺乏说服力和实践性；学术传统、权威思想和组织准备的缺位，使中国的媒介生态学尚未具备成为一个学科的条件。"（陈浩文，2008）

（十五）消费社会（Consumer Society）

1. 定义

"消费社会"一词是由法国社会学家让·鲍德里亚提出的，指的是生产相对过剩，需要鼓励消费以便维持、拉动、刺激生产的社会形态。在生产社会，人们更多关注的是产品的物质特征与实用价值。在消费社会，人们则更多地注重商品的符号价值、文化精神特征与形象价值（程曼丽，乔云霞，2012）。

鲍德里亚在其著作《消费社会》中集中阐述了他对消费社会的认识。西方许多学者纷纷用"后"来命名当代社会形态（如后现代社会、后工业社会等），他则从现代社会中人与物的关系入手，从特殊的需求理论，即消费者实际上是对商品所赋予的意义及意义的差异有所需求，而不是对具体的物的功用或使用价值的需求出发来界定社会形态（蒋原伦，2004）。用鲍德里亚的话来说，在消费社会中消费者与物的关系因而出现了变化，他不再会从特别用途上去看这个物，而是从它的全部意义上去看全套的物，例如洗衣机、电冰箱、洗碗机等，除了各自作为器具之外，都有另外一层意义，橱窗、广告生产的商号和商标在这里起着重要作用，并且强加着一种一致的集体观念，它们不再是一串简单的商品，而是一串意义，它们相互暗示着更复杂的高档商品，并使消费者产生一系列更为复杂的动机（鲍德里亚，2000）。也就是说，在现代社会人们消费的不仅是商品的使用价值，更多的是商品的品牌背后的象征意义，现代社会人们的消费行为已成为一种符号消费。

2. 评价

一方面，鲍德里亚提出的消费社会理论断言现代资本主义社会是一个受到消费支配的社会，为现代社会意识形态分析提供了一个批判性的理论视角（杨慧民、王娜，2016）。但另一方面，鲍德里亚不是从对社会体制的合法性及其规范论证的角度去讨论消费社会，而是从符号学的经验分析和人的本真性诉求去批判消费社会（吴兴明，2006）。以纯粹符号学的角度进行分析，将物质社会抽象成一个符号帝国，难免会走上形而上的极端，在整个社会形成一种审美主义批判的文化氛围（蔡瑞博，2017）。

（十六）文化规范论（Cultural Norms Theory）

1. 定义

文化规范论是由美国学者梅文尔·德弗勒（Melvin L. Defleur）在《大众传播诸论》（1966）一书中提出的。他认为，大众媒介之所以能间接影响人们的行为，是因为它发出的信息能形成一种道德的文化规范力量。人们不知不觉地依据媒介逐步提供的"参考架构"来解释社会现象与事实，表明自己的观点和主张。媒介的这种影响不是在突发过程中，而是在日积月累、潜移默化的过程中，缓慢地渗透进受众的思想和脑海中去的（邵培仁，2000）。他在再版的《大众传播诸论》（1970）中进一步解释道：大众媒介通过选择性的陈述和对某些主题的强调，在受众当中造成了印象，即有关被强调论题的共同文化规范是以某种具体的方式构成或确定的。因为个人的行为通常是受到某一论题或考虑相关的文化规范的指导,所以媒介起着间接影响行为的作用(德弗勒、洛基奇,1990)。

2. 评价

该理论在探讨时一直存在争议。其一,关于理论研究对象的界定问题。德弗勒将"文化规范论"归为受众理论,但也有学者认为其不是一种受众理论而是一种效果理论;其二,对理论本身存有质疑。英国文化研究学派认为,主要是社会文化规范或政治权利为传媒划定了藩篱,而不是传媒梳理或创造了新的文化规范(童兵、陈绚,2014)。后期,德弗勒本人对这一理论似乎已丧失信心。在他的《大众传播诸论》(第3版)(1975)中,这个理论已被略去。德弗勒在与鲍尔-洛基奇(Sandra Ball-Rokeach)合著的《大众传播诸论》(第5版)中解释道:文化规范论虽然得到一定的发展,但它至多只是更全面理解大众传播对行为的某些间接影响的第一步。换句话说,它还走得不够远。因此他又提出了社会组织论将理论进行扩展,大众传播影响社会化的方式不仅有文化规范,还有角色、等级和制约(德弗勒、洛基奇,1990)。

(十七)媒介规范论(Media Norms Theory)

1. 定义

媒介规范论,又被称为媒介标准理论、媒介与社会关系的规范理论等。在传播学中,媒介规范理论研究的是媒介应当在社会中扮演何种角色,也是传播学相关学者为达成某种理想的传播秩序或传播行为,对媒介加以辩护或展望的学问,它显然内在地预设了某种道德理论和价值观（贺程，2011）。

2. 内容

关于媒介规范论的内涵，不同学者有自己的阐述。例如英国传播学者麦奎尔在其著作《麦奎尔大众传播理论》(*McQuail's Mass Communicaiton Theory*)中曾专门有一章讨论过媒介与社会的规范理论。他认为媒介规范理论是关于媒介权力和责任的一些观点，这些观点会引发人们对媒介为个人和社会创造利益的期待。具体包括：媒介是如何运作的，谁拥有和控制媒介，媒介为谁提供传播渠道，以及人们期待媒介如何运作等（麦奎尔，2010）。美国传播学者巴兰（Stanley J. Baran）也在其著作《大众传播理论：基础、争鸣与未来》(*Mass communication theory: foundations, ferment, and future*)中提到了媒介规范理论。他认为媒介规范论描述了组织和运作媒体系统的理想方式，描述了要想实现理想价值观或原则，事情应该怎么做（巴兰、戴维斯，2014）。

3. 类型

关于媒介规范论的类型，最早由施拉姆等人在《报刊的四种理论》(1956)一书中概括为四种：极权主义理论、自由主义理论、社会责任理论、苏联共产主义理论（施拉姆等，1980）。后来麦奎尔等传播学者又将媒介规范理论扩展归纳为六种类型，即：威权（极权）主义理论、自由主义理论、社会责任理论、苏联的共产主义媒介理论、民主参与的媒介理论、发展中国家的媒介理论。

（1）极权主义理论

极权主义理论，又称威权主义理论，它描述的是压制性的政权对新闻的控制（麦奎尔，2010），主要内容包括：报刊必须对当权者负责，维护国王和专制国家的利益；报刊必须绝对服从于权力或权威，不得批判占统治地位的道德和政治价值；政府有权对出版物进行事先检查，并且这种检查是合法的；对当权者或当局制度的批判属于犯罪行为，要基于严厉的法律制裁。（郭庆光，2011）

（2）自由主义理论

该理论产生于出版发行者与某些权威之间对立的背景下，其要求言论自由或者新闻自由。主要内容包括：任何人都拥有出版自由而不必经过政府当局的特别许可；除人身攻击外，报刊有权批评政府和官吏，这种批评是正当合法的；新闻出版不应接受第三者的事先检查，出版内容不能受到任何强制；在涉及观点、意见和信念问题上，真理和"谬误"的传播必须同样得到保证（郭庆光，2011）。

（3）社会责任理论

该理论产生于自由主义理论之后，是对自由主义理论的一种修正，强调大众传播媒介对社会和公众应承担一定的责任和义务（郭庆光，2011）。主要内容包括媒介要承担社会责任，而且媒介所有权是一种公众信托形式；新闻媒介应该是真实的、准确的、客观的、中肯的；媒介应该是自由而自我约束的；媒介应该遵守伦理信条与专业性的准则；在某些环境下，政府可能需要介入以捍卫公共利益（麦奎尔，2010）。

（4）苏联的共产主义媒介理论

该理论被描述为一种"积极"的媒介理论。与自由主义理论不同，它更多地强调了社会的权利而非个人的权利（麦奎尔，2006）。概括来说，以苏联为代表的社会主义国家的媒介规范内容包括：传播媒介和传播资源是国家的公有财产，不允许私人占有；传播媒介必须为工人阶级服务，必须接受共产党的思想和组织上的领导；媒介必须按照马列主义原理、社会主义意识形态和价值体系来传播信息，宣传、动员、组织和教育群众；在服务于社会总体目标的同时，媒介应该满足广大群众的愿望与需求；国家有权监督和管理出版物，取缔反社会的传播内容（郭庆光，2011）。

（5）民主参与的媒介理论

该理论提倡媒体在草根层面上支持文化多元主义，要求大众传播媒介向一般民主开放，允许民众个人和群体自主参与。此外美国传播学者巴兰认为与社会责任理论不同，民主参与理论号召发展创新性的、能由社团成员直接控制的"小"媒体，"小"媒体应该得到认可和资助（巴兰、戴维斯，2014）。

主要内容包括：任何民众个人和弱小社会群体都有知晓权、传播权、对媒介接近权和使用权，接受媒介服务的权利；媒介应主要为受众而存在，而不应主要为媒介组织、职业宣传家或广告赞助人而存在；社会各群体、组织、社区都应该拥有自己的媒介；与大规模的、单向的、垄断性的巨大媒介相比，小规模的、双向的、参与性的媒介更合乎社会理想。民主参与理论的核心价值是多元性、小规模性、双向互动性、传播关系的横向性或平等性（郭庆光，2011）。

（6）发展中国家的媒介理论

该理论的主要内容包括：大众传播活动必须与国家政策保

持同一轨道，以推动国家发展为基本任务；媒介的自由伴随着相应的责任，这种自由必须在经济优先的原则和满足社会需求的原则下接受一定的限制；在传播内容上要优先传播本国文化，优先使用本民族语言；在新闻和信息的交流合作领域，应优先发展与地理、政治和文化比较接近的其他发展中国家的合作关系；在事关国家发展和社会稳定的利害关系问题上，国家有权对传播媒介进行检查、干预、限制乃至实行直接管制（郭庆光，2011）。

4. 评价

一般来说，对媒介规范理论的审视分为积极和批判的两种角度：在积极的角度上，该理论关注媒介应当如何扮演其社会角色以达到某种特定社会目标；从批判的角度看，它主要关注媒介及其潜在的社会功能如何被权力和意识形态斗争所利用和误用。总的来说，当下规范理论研究的总体目标是为大众传播媒介的表现、责任及质量设立一个标杆，以使媒介行为可以被具体地测量和控制（贺程，2011）。

四、文化研究与媒介研究

(一) 文化研究 (Culture Studies)

1. 定义

文化研究特指由英国伯明翰大学当代文化研究中心的研究者发展起来的研究传统,因而文化研究学派又称伯明翰学派。他们结合了社会学、文学理论、传播理论等来研究工业社会中的文化现象,尤其关注文本研究和受众研究(刘海龙,2008)。

2. 特点

由于社会条件的变化,文化研究学派学者的主张也会随之变化。从整体而言,文化研究立足于大众文化的立场,反对传媒批判理论中的精英主义倾向(段鹏,2013)。其研究特点可以归纳为五点:第一,强调文化对社会的重要性;第二,重视文本分析和受众分析;第三,文化研究是拒绝学科化的接合知识;第四,提倡跨学科研究;第五,反科学主义和人文主义倾向(刘海龙,2008)。

3. 代表人物和评价

随着文化研究学派影响力的逐渐增强，文化研究本身的扩散也成为一个新的文化现象。以经验主义盛行的美国也开始出现文化研究学者，并形成了自己独特的学术风格（刘海龙，2008）。

（1）英国文化研究

发展历史：在20世纪60年代，英国的一些新马克思主义者形成了一个社会理论流派，该理论流派被广泛称作英国文化研究。他们非常关注大众媒体及其在不同社会亚群体中推行霸权世界观和主导文化中的作用（巴兰、戴维斯，2014）。他们认为文化不等于文化产品，而是活生生的意义生产过程，在这个过程中接受者及接受的方式在很大程度上决定意义的生产。

主要代表人物及作品参见本书词条"伯明翰学派"。

评价：英国文化研究确立了文化的本体论地位，高度重视思想、文化、意识、意识形态的作用（童兵、陈绚，2014）。将意识形态纳入文化的范畴进行观照，以揭示文化文本中蕴含的意识形态与压制因素，并发掘受众对文本的对抗性解读力量，这种研究的方法论在某种程度上摆脱了法兰克福学派以意识形态解读大众文化与受众关系的机械模式，颠覆了大众社会理论主张的被动受众观的主张（杜忠锋，2011）。

（2）美国文化研究

发展历史：20世纪70年代，美国大学的一些学者在关注媒体是否具有强大威力时开始怀疑社会研究中科学方法是否有用，他们中一部分开始对欧洲式的文化批判感兴趣，另一部分则试图创造"正宗的"美国文化研究学派，他们的思想主要从加拿大学者哈罗德·英尼斯和马歇尔·麦克卢汉那里汲取养分（巴兰、戴维斯，2014）。

代表人物：詹姆斯·凯瑞。凯瑞提倡用马克思·韦伯的"理解""参与"的方法来研究传播，而不是像实证主义那样"旁观""客观"地研究传播，认为人们除了把传播看作传递，用"科学"的方式测量它的效果并且用于行政管理外，还应该看到传播可以形成共同价值、习惯、社群的一面（刘海龙，2008）。

评价：美国文化研究的长处和短处都很突出。一方面，通过专业化和国际化，文化研究在知识界的地位越来越重要，全球影响也越来越扩展；另一方面，美国的强势文化偏见也以新的激进普世主义在全球传播，各国和地区学术界往往随风而动（陆扬，2008）。

（二）大众文化（Mass Culture）

1. 定义

大众文化最初是相对于高雅文化而言，指在特定社会中被广大范围内的底层大众所能接受的观念、娱乐、文学、音乐、影视和生活方式的总和。这些文化形式通常被处于社会上流阶层的精英集团排斥，并被保守的文化人士视为缺乏审美价值的、腐朽堕落的、物质主义的"垃圾"文化。因此这个词最初带有一定的贬义色彩，常常也与通俗或流行文化（popular culture）

混用。但高雅文化和通俗文化本身也是历史建构的产物。换言之，两者之间的界限在不同历史阶段会发生变化，有时甚至是模糊的（程曼丽、乔云霞，2012）。

2. 内容

霍尔曾对三种不同的大众文化定义分别进行阐释：一是大众文化的商业定义，拿最常用的含义来说，事物被称为"大众的"，是因为成群的人听它们、买它们、读它们、消费它们，而且也似乎尽情享受它们，这是"市场"或商业定义；二是人类学意义上的描述，是指大众在做或者曾经做过的一切事情，包括大众的文化、生活习惯、民情风俗等一切能呈现它们的生活方式的特殊、标志性的东西；三是大众文化主要关注的是在特定的社会历史背景中以阶级和物质条件为基础的各种形式与活动，体现在大众传统和实践中，这里的大众文化具有葛兰西意义上市民社会的含义，是大多数民众可以参与其中的和主导意识形态抗争的场所（李文艳，2018）。

3. 原因

大众文化或流行文化范畴的出现与现代大众媒体（媒介）的兴起有着密切的关联。一方面，借助现代大众媒体和市场化的文化生产模式，大众文化可以渗透到现代人日常生活的方方面面（程曼丽、乔云霞，2012）；另一方面，媒介也对大众文化有所依赖，大众文化是维持媒介作用的重要因素，媒介也需要盈利，要盈利就得抓住消费者的注意力，就需要提供适合大多数消费公众口味的大众文化（德弗勒、丹尼斯，1989）。

4. 发展

对于大众文化的研究经历了早期批判传统、法兰克福学派批判理论、英国伯明翰学派等几个阶段。早期批判传统与法兰克福学派都对大众文化持一种强烈的批判态度，将其同质性、商业化等特征看作文化艺术的堕落（刘自雄、闫玉刚，2007）。"文化工业"在法兰克福学派的批判理论中，基本上是大众文化的代名词，他们认为大众文化整体上是一种大杂烩，是自上而下强加给大众的，所以是一种文化工业，但阿多诺也强调了"文化工业"不完全等同于"大众文化"，大众文化中大众对他们所消费的文化还是有所反应，可以根据自己的趣味所好，来取舍定夺（陆扬，2008）。英国伯明翰学派则一改过去的批判立场，从编码/解码、受众主动性等方面入手对大众文化在抵抗主流意识形态方面的价值与意义进行了发掘与阐述（刘自雄、闫玉刚，2007）。统治意识形态选定它的意义来编码，仿佛自然而然，就是理性自身，但是观众却可以以反抗霸权的方式来解码，由此可以得出统治阶级的大众文化意识形态控制（陆扬，2008）。20世纪80年代约翰·费斯克也提出并发展了一种积极乐观的大众文化理论，将大众文化看作是人民创造的，表明大众文化可以制造积极的快乐——反抗文化集权的抵制的快乐（刘自雄、闫玉刚，2007）。反观国内，如果说西方热衷把大众文化看作一种政治参与姿态，那么国内更多关心的是大众文化的道德内涵，把大众文化定位在避开社会批判的休闲娱乐，批判大众文化的意见认为它是文化的堕落、艺术的堕落、人的品位的堕落，支持大众文化的意见则认为，大众文化是处在生存压力下的大众的一种文化"解放"（陆扬，2008）。

（三）商品拜物教（Commodity Fetishism）

1. 定义

"商品拜物教"一词由马克思（Karl H. Marx）在《资本论》（Capital）第一卷（1867）中首创，马克思指出，"商品形式在人们面前把人们本身劳动的社会性质反映成劳动产品本身的物的性质，反映这些物的天然的社会属性，从而把生产者同总劳动的社会关系反映成存在于生产者之外的物与物之间的社会关系……商品形式和它借以得到表现的劳动产品的价值关系，是同劳动产品的物理性质以及由此产生的物的关系完全无关的。这只是人们自己的一定的社会关系，但它在人们面前采取了物与物的关系的虚幻形式。因此，要找一个比喻，我们就得逃到宗教世界的幻境里去……我把这叫拜物教。劳动产品一旦作为商品来生产，就带上拜物教性质，因此拜物教是同商品生产分不开的"。

这一"比喻"无非是要言明：无论是商品物还是"上帝"，实际上都是人的创造物，都体现着人与人的关系及其本质力量；商品世界的拜物教性质并不是商品物本身具有的自然属性，而只是特定社会关系、生产关系的产物（项荣建、王峰明，2016）。

2. 代表人物和主要观点

20世纪以来，卢卡奇、法兰克福学派、德波（Guy Debord）、鲍德里亚、齐泽克（Slavoj Žižek）等西方学者或学派立足于资本主义的新变化，从不同角度阐发了物化、景观拜物教、符号拜物教、恋物癖等与商品拜物教有着"家族相似"的新理论（项荣建、王峰明，2016）。

卢卡奇通过对马克思的商品拜物教的分析来阐明自己的物化概念。物化是指"人自己的活动，人自己的劳动，作为某种客观的东西，某种不依赖于人的东西，某种通过异于人的自律性来控制人的东西，同人相对立"（卢卡奇，1992）。阿多诺发展了卢卡奇的物化概念，他指出现代资本主义社会的文化工业把一切艺术作品变成商品，用交换价值取代使用价值，同时，也将人与人之间的关系商品化（物化）了（刘海龙，2008）。

鲍德里亚认为，当今社会是一个消费社会，"消费者与物的关系因而出现了变化：他不会再从特别用途上去看这个物，而是从它的全部意义上去看全套的物"（鲍德里亚，2000）。商品的功能性价值已经不再重要，重要的是它的符号意义。如果说前工业社会遵循的是对自然物的神秘崇拜，工业社会围绕着生产活动形成了资本霸权和商品崇拜，那么今天消费社会的迷狂则是陷入了对符号价值的崇拜（欧阳谦，2015）。商品拜物教转变为符号拜物教。

德波认为，在现代生产条件无所不在的社会，生活本身展现为景观（spectacles）的庞大堆聚。直接存在的一切全都转化为一个表象（德波，2006）。商品拜物教的基本原则——社会以"可见而不可见之物"的统治，在景观中得到绝对的贯彻，在景观中真实的世界为优于这一世界的影像的精选品所取代，然而，同时这些影像又成功地使自己被认为是卓越超群的现实之缩影

（德波，2006）。景观拜物教的内部发生机制是通过消灭事物的真实存在而使之影像化，而后再进一步将其蒸发为虚幻的图景（张一兵，2005）。

3. 影响

Fetishism 有两种不同的译法：从马克思主义角度翻译为拜物教，从精神分析角度翻译为恋物癖（吴琼，2014）。齐泽克从精神分析的角度对马克思的商品拜物教理论进行了新的解读，"在日常的层面上，人们很清楚，在物与物的关系的后面，隐藏着人与人的关系……他们在实践上，而不是在理论上，成了恋物癖者（fetishists）"（齐泽克，2014）。在齐泽克看来，人们"对意识形态面具与社会现实之间的疏离心知肚明，但他死死抓住面具不放"（齐泽克，2014），原因就在于意识形态其实就是社会现实本身，意识形态建构着社会现实，操纵着人们的行为（项荣建、王峰明，2016）。

（四）地球村（Global Village）

1. 定义

"地球村"这一词由加拿大传播学家麦克卢汉于1964年在他的《理解媒介：人的延伸》一书中首次提出。随着广播、电视、互联网和其他电子媒介的出现，随着各种现代交通方式的飞速发展，人与人之间的时空距离骤然缩短，整个世界紧缩成一个"村落"。

在麦克卢汉看来，"地球村"包括以下含义：瞬息之间，电子媒介就可以使信息传播到万里之外的地方；借助电子传媒，地球上的重大事件可以同步/即时传播，空间距离和时间差异不复存在，整个地球在时空范围内已缩小为一个很小的地方，人们具有了获得公共信息的相等机会；电子媒介的同步化性质，使人类社会结成了一个具有密切的相互关系、无法静居独处的、紧密联结的小社区；人类从远古至今经历了一个"部落化—非部落化—重新部落化"的过程（麦克卢汉，1964）。

2. 影响

"地球村"形象地表述了因传播媒介的高度发达而给人类交往和传播带来的巨大变化，可以说是20世纪影响最深远的概念之一；它把媒介的发展与人类文明的发展联系在一起考察，探讨传播媒介对文化、政治、经济的影响，具有深广的历史视野和整体把握观，但也因过于看重媒介技术而导致技术决定论（莱文森，2001）。

（五）全球化（Globalization）

1. 定义

全球化体现为全球信息化以及全球信息传播系统的形成，我们正身处一个全球化的社会之中，卫星通信、广播电视、计算机网络等新媒介的发达和普及，使得信息超越了时间和空间的限制，能够瞬间传播到全球的各个角落，全球信息系统的形成，正在极大地推动着政治、经济、文化、环境等方面的全球化（陈阳，2009）。

全球化也是麦克卢汉的理论中一个重要内容。麦克卢汉认为，全球化是从电子媒介导致的人类整体化推导出来的，电子媒介导致的"内爆"使差异消失、国界消失,整个地球被联结成为一个整体的"地球村"(刘海龙,2007)。按照麦克卢汉的划分标准,人类传播史的三个阶段对应了全球化发展史:第一阶段是公元1500年之前的部落化时代;第二阶段是部落瓦解时代,即15世纪印刷术出现到19世纪电子技术的发展这个时间段;第三阶段是电子时代,人类进入了重新部落化时代(石云峰,2017)。

在全球化过程中,全球传播(global communication)问题也成了传播学研究的一个新领域,世界信息生产和流通的失衡、国际报道中的新闻价值问题,国际议程设置等都是全球传播研究的重要课题(郭庆光,2011)。

2. 影响

全球化既带来了文化的交流、融合,也导致摩擦和冲突的全球化。信息主权(Information Sovereignty)以及文化帝国主义(Cultural Imperialism)都是全球化遇到的威胁(郭庆光,2011)。全球化既带来机遇也带来挑战,但抵制全球化是行不通的,应以开放、理性的态度应对全球化(王冬梅,2004)。

(六)文化帝国主义(Cultural Imperialism)

1. 定义

美国著名传播学者赫伯特·席勒于1969年出版了《大众传播与美利坚帝国》(*Mass Communication and American Empire*)一书,率先提出了"文化帝国主义"的概念。这个概念的内涵是：发达国家，特别是美国，充分发挥媒介——文化力量的作用，在全球范围内推行和普及自身文化，至少在客观上造成同化他国或他民族的文化、思想、价值观等。发达国家企图凭借文化优势将这种一国的文化优势变成世界性的文化优势就是文化帝国主义（席勒，1969）。

汤林森（John Tomlinson）认为文化帝国主义就是一个国家有那样一种权力，可以把他们的文化转置到别的国家（汤林森，1999）。在我们当今的时代，直接的殖民主义大都已经终止，而帝国主义以一种普遍性的文化领域或是特定的政治、意识形态和社会惯例存在（萨义德，1975）。

2. 影响

区别于传统的军事帝国主义，文化帝国主义是一个全面的、历史性的现象，涵盖了包括媒体、讯息等各个生活层面，它有三个特点：它以强大的经济、资本实力为后盾；它是一种文化价值的扩张，即通过含有文化价值的产品或者商品的销售而实现全球性文化支配；这种文化扩张主要是通过信息产品的传播而实现的（席勒，1969）。

文化帝国主义研究的议题集中在国际文化生产与流通的不平等结构是如何形成、扩大和加强了一种新形态的跨国支配（席勒，1969）。由于大众传媒在当前社会中具有最大的传播优势，文化帝国主义也被称为"媒介帝国主义"（Media Imperialism），在谈到媒介帝国主义之际，人们更关注两个问题：一是跨国传播媒介的高度集中和垄断，二是由这种垄断所形成的信息单向流通所产生的文化后果（郭庆光，2011）。

（七）葛兰西转向（Gramsci Shift）

1. 定义

葛兰西转向是指文化研究学者对葛兰西的理论的引入使文化研究的路径发生了转向。在 20 世纪的文化研究中，葛兰西的文化研究理论具有不可轻视的理论影响与启发，它在与斯图亚特·霍尔等理论家的思想的理论融通中促发了英国文化研究中的"葛兰西转向"。

20 世纪 80 年代以前，文化研究领域占主导地位的理论和方法分别是"结构主义"和"文化主义"，例如，结构主义马克思主义者阿尔都塞对文化研究产生过重要影响。但结构主义和文化主义过度强调了"结构"或"能动性"，仅仅叙述了大众文化整个故事的一部分，正是对结构主义理论的不满，导致文化研究转向葛兰西，葛兰西的许多理论都对文化研究产生了重要的影响，其中对文化研究影响最大的是他的文化领导权理论（刘海龙，2007）。葛兰西认为，资产阶级不但拥有政治上的领导权，而且也取得了文化或意识形态的领导权，这一理论强调资产阶级文化领导权的形成需要依赖被统治者的某种赞同（陈立旭，2014）。

在 20 世纪 80 年代，葛兰西的"文化领导权"理论被引入文化研究中，引发了人们对大众文化的重新思考。伴随着文化研究的"葛兰西转向"，大众文化研究领域产生了诸多新观点，比如，强调了大众的主动性以及文化辨识力、生产力和创造力；肯定了大众文化的积极功能；纠正了理论家抬高"先锋文本"

并极力贬低"大众文本"的做法；充分地肯定了大众文化的快感功能。

2. 影响

文化研究收获了思考大众文化的第三种方式或视野，即对结构和大众的能动性的"双重聚焦"。这就是在文化研究的"葛兰西转向"过程中得以形成的（陈立旭，2014）。葛兰西转向不仅加深了我们对文化概念自身的理解，而且为文化研究开辟了新的广阔空间（毛剑，2006）。

（八）霸权（Hegemony）

1. 定义

"霸权"一词，原指国家的霸权或政治运动的主导权，由意大利共产党创始人葛兰西最早把它作为社会分析的一个主概念加以使用（郭庆光，2011）。

霸权理论的产生有其深刻的历史背景：一方面是俄国十月革命的胜利提供的经验总结；另一方面是欧洲各国无产阶级革命相继失败的深刻教训。正是在这一历史条件下，再加上受马克思和列宁等人的思想的影响，葛兰西提出了霸权理论。

霸权指一个社会阶层可以通过操纵社会文化（信仰、解释、认知、价值观等），支配或统治整个多元文化社会。统治阶级的世界观会被强制作为唯一的社会规范，并被认为是有利于全社会的普遍有效的思想，但实际上只有统治阶级受益。统治阶级的意识形态经过精心包装，以使其看起来自然而然、无从置疑和争辩，从而得到被统治阶级的认同和顺从。具体而言，这套机制包括国家、法律、教育制度、传媒和家庭,它们以再生产现存制度为共同目标。区别于国家机器的武力统治,这种领导权不是依赖武力而是靠被统治阶级的积极认同来维持对整个社会的统治(陈力丹,2014)。

2. 影响

霸权理论是当代文化研究的重要领域和热点问题,它给大众文化研究带来崭新的启示意义,改变了法兰克福和英国文化研究学派长期以来对大众文化要么贬抑要么褒扬的研究方法,使得人们以折中平衡的视角去反思大众文化,重新界定大众。霸权理论的提出,开启了一种新的理论模式,导致了在社会和哲学研究上的转向——意识形态、文化、伦理方向的转向,霸权理论确立了大众传媒这种"争霸"场所的地位,为大众传播研究提供了全新的理论范式(陈永辉,2009)。

对霸权理论也有批判的声音,拉克劳(Ernesto Laclau,1935—)和墨菲(Chantal Mouffe,1943—)指出其残存的两个"本质主义"方面:一是坚持领导权的阶级主体性,而忽视了非阶级的社会力量之间所展开的斗争;二是过分强调领导权在社会斗争的中心性甚至单一性(肖琼,2009)。

(九)女性主义(Feminism)

1. 定义

女性主义是因促进性阶层平等而创立和发起的社会理论与政治运动。女性主义是向世界上的劳力分配挑战,原有的劳力分配让男人得以控制所有的公共领域——工作、运动、战争、政府，而女人成为家庭中不支薪的奴工，承担整个家庭生活的重担，妇女要求享有身为人类的完整权利（Watkins，1989）。

2. 主要流派和主要观点

自由主义的女性主义：产生于18世纪。自由女性主义在时间上是所有女性主义流派的起点。在玛丽·沃尔斯通克拉夫特（Mary Wollstonecraft）的《女权辩护》（*A Vindication of the rights of women*）、穆勒（John Stuart Mill）的《妇女的屈从地位》（*The Subjection of Women*）和19世纪妇女的投票权运动中，自由主义观点得到了经典性的表述。自由主义女性主义者坚持：第一，制定公平的游戏规则；第二，确定在追求社会财产和服务的赛跑里，任何参赛者都不会处于有系统的不利条件下，社会性别公正并不要求我们给胜负双方颁奖（罗斯玛丽·帕特南·童，2003）。

激进的女性主义：产生于20世纪60年代末至70年代初，发源地是美国的纽约与波士顿。代表人物为英国的托丽·莫依（Toril Moi），法国的埃莱娜·西苏（Elena Ceausescu）、露丝·依丽格瑞（Lute Irigaray）和美国的艾德里安娜·里奇（Adrienne Rich）等。激进的女性主义者指出，父权制度是以权力、控制、等级制和竞争为特征的，不能寄希望于改良父权制，而应该斩草除根，在妇女解放的道路上，不仅必须推翻父权制的法律和政治结构，还必须铲除它的社会和文化制度（特别是家庭教会和学术）（王赳，2008）。

马克思主义的女性主义：认为资本主义与私有财产制度是制造妇女受压迫的根源，必须取消这种制度，实现社会主义，妇女解放方可能实现，代表人物为卡尔·马克思、弗里德里希·

恩格斯（Friedrich Engels）（罗斯玛丽·帕特南·童，2003）。

后现代女性主义：大约兴起于20世纪60年代中后期，也称西方"第三波"女性主义运动。后现代女性主义有两个分支：一支是女权革命运动，另一支是政治与精神分析组织。女权革命运动不赞同简单的弗洛伊德精神分析，反对生理决定论，即女人臣服于男性标准的观点，从而强烈要求平等，有主张独立的倾向（王淼，2013）。

3. 女性主义与新闻传播

1978年美国传播学研究者盖伊·塔奇曼（Gaye Tuchman，1943— ）出版论文集，讨论了大众媒介如何塑造女性形象和在媒介中工作的女性两个方面的问题，标志着"性别与传播"的研究浮出水面（塔奇曼，1978）。20世纪80年代，西方女性主义理论传入中国。国内学者戴锦华分析了世纪之交的9位女作家的内心，将9位女作家的自我认知、自身命运和世纪之交的碰撞称为女性第一次踏上了历史的地平线（戴锦华，1989）。1995年世界妇女大会在中国召开，社会建构论兴起，把生理性别、社会性别和性倾向打乱，对人是一种解放（李银河，2001）。至此，女性主义在中国慢慢生根。新闻与传播关注的女性主义主要关注新闻传播中有关女性的内容研究、女性传者研究和女性受众研究三个议题（杨珍，2004）。

（十）符号（Symbol）

1. 定义

古代的学者如奥古斯丁、柏拉图、亚里士多德等均论述过符号，英国哲学家约翰·洛克对后代学者影响深远，他在1690年发表的《人类理解论》中指出：符号就是"达到和传递知识的途径""我们如果想互相传达思想，并且把它们记载下来为自己利用，则还必须为观念造一些符号"。经过人工加工而制成的信息，就叫作讯息或符号，与物理世界的信息不同，符号是人类意义世界的一部分，它的实质是其象征性或代表性，正因为如此，传播学研究通常把符号称为传播的基元或要素（段鹏，2005）。《简明不列颠百科全书》对符号的定义是："常用的一种传达信息的基元，用以表示或象征人、物、集团或概念等复杂事物。"也就是说，我们可以将符号理解为一种媒介，它携带着信息的最基本元素，人们通过它来把握更复杂的事物。以符号为研究对象的科学，我们称为符号学（佟颖，2016）。

2. 内容

瑞士语言学家弗迪南·德·索绪尔、美国哲学家查尔斯·桑德尔·皮尔斯几乎同时提出"符号学"，符号学也因此分为两派，分别以二人为代表。受社会心理学影响，索绪尔认为符号学是"一门研究社会生活中符号生命的科学；它将构成社会心理学的一部分，因而也是普通心理学的一部分"。索绪尔对符号学的研究从语言学入手，因此该学派又被称为语言符号学。皮尔斯将符号学看作逻辑学的别称。他认为人类的思想和行为，甚至包括人自身都是符号，宇宙由符号构成。皮尔斯说："所谓符号是相对于某人在某个方面能代替（代表、表现）他物的某种东西。"皮尔斯对符号的定义突破了索绪尔的二分法，涉及媒介关联物、对象关联物、解释关联物三个方面（佟颖，

2016）。

3. 特征

符号学基础是索绪尔对语言符号的"发现"，索绪尔认为，符号由两种元素构成——能指和所指，这两种因素是不可分离的。符号通过关联制造意义，能指的文字形式是由一系列字母组成的词，比如"房子"；而此时的所指则是在读者脑海里唤起的居住地点的概念。文字作为能指时，能指和所指之间的关系完全是任意的（段鹏，2005）。

索绪尔的语言符号观具有以下特征。

一是任意性。语言符号能指与所指联系的任意性是索绪尔语言符号学思想的基础，任意性同时也是一切符号具有的一个重要特征。任意性原则实质指的是语言现象的社会规约性、惯例性，强调任意性原则的意义在于发掘支配语言的底层系统和惯例体系，即"究竟是什么东西造成不同符号的不同意义的"。

二是社会性。索绪尔认为："语言既是言语机能的社会产品，又是社会集团为了使个人有可能行使这种机能所采用的一整套必不可少的规约。"（索绪尔，1980）语言符号本质上是社会性的，语言符号的社会性可以看作语言惯例性和任意性的体现。

三是心理性。在言语活动过程中，索绪尔突出了语言符号的心理性特点，认为能指——听觉形象和所指——概念都是心理的。"语言符号建立在两种非常不同的事物通过心智形成的联系的基础之上，但这两种东西都是心理的；在主体中，某一听觉形象和某一概念是联系着的，声觉形象（不是物质的声音）

是声音的心理印迹。"（索绪尔，1980）

四是不变性和可变性特征。索绪尔指出："能指对它所表示的观念来说，看来是自由选择的，相反，对使用它的语言社会来说，却不是自由的，而是强制的。"（索绪尔，1980）

五是能指的线性特征。这是语言符号一个容易让人忽视的特点。索绪尔明确指出："能指属听觉性质，只在时间上展开，而且具有借自时间的特征：它体现一个长度，这长度只能在一个向度上测定：它是一条线。"在这一点上，语言显示出与其他视觉能指不同的特性：视觉的能指可以在几个向度上同时并发，而听觉的能指却只有时间上的一条线；它的要素相继出现，构成一个链条。语言符号的线性特征不论在书面语的文字中，还是在口头语的话语中表现都是十分明显的（王铭玉，2013）。

4. 条件

如果说索绪尔的符号学关注的是符号的构成问题，那么皮尔斯的符号学则主要关注的是符号表意问题（冯月季，2016）。皮尔斯把符号学简明地描述为关于符号的形式学说。根据皮尔斯的观点，一个符号必须具备四个形式条件：

（1）符号的基础——呈现条件。符号总是把它的对象呈现为对象的某个方面，因此符号具有部分地呈现其对象的作用。比如"这个火炉是黑色的"这一符号（在此例中，符号是一个命题）在一个特定品质上呈现了火炉，即黑色。

（2）符号的对象——再现条件。符号必须与一个对象相关联，或者说它必须再现一个对象。几乎任何事物都可以成为一个符号对象。

（3）符号的解释项——解释条件。第三个形式条件：一个符号只有能被解释成符号才能成为符号。换句话说，每个符号都必须能够表达一个解释项。在其广泛的意义上，解释项可以被理解为符号的翻译："除非符号能把自身翻译为另一种发展得更为充分的符号，否则符号就不是符号。""一个符号的意义就是它不得不被翻译成为的那个符号。"（皮尔斯，2014）

（4）三元关系——三元结构条件。第四个形式条件强调的是符号、对象与解释项之间的三元相互关系，它用以解释符号的活动，亦即符号过程。皮尔斯把符号过程定义为"一种行动或者影响，是符号、对象和解释项三个主体间的合作，而无论什么方法都不能把这种三元关系的影响简化为二元活动（的影响）"。

符号过程不是符号—对象、符号—解释项和对象—解释项之间的关系的机械添加和复制，而是上述三者结合在一起，并且也不可能被化约为任何二元关系（黄华新、陈宗明，2016）。符号的这种"三位一体"性质充分体现了他的"普遍范畴"思想。"普遍范畴"的三个基本范畴就是"第一项""第二项"和"第三项"。符号的"媒介关联物"与"第一项"相对应，"对象关联物"与"第二项"相对应，"解释关联物"与"第三项"相对应。皮尔斯认为符号是通过符号来说明的。解释性符号可以或必须在其自身方面被说明，从而将第一解释项转化为第二媒介，这一媒介是对其自身方面的解释。"解释过程"原则上可以无限地进行下去，如图2-3所示（佟颖，2016）。

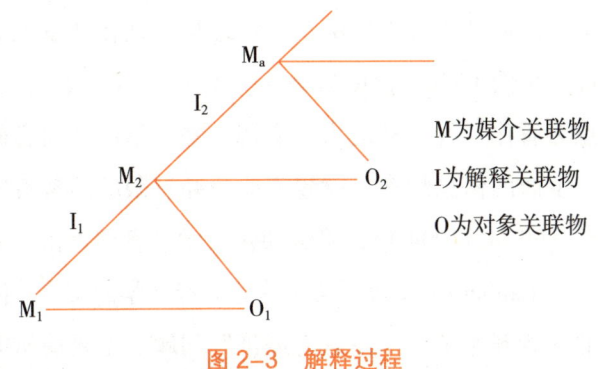

图 2-3 解释过程

(佟颖,2016)

(十一)注意力经济(Attention Economy)

1. 定义

"注意力经济"又被称为"眼球经济",是伴随着网络经济发展而繁荣起来的一种经济活动。它是指最大限度吸引用户或消费者的注意力,通过培养潜在的消费群体,以期获得最大的未来商业利益的经济模式(杨治良、郝兴昌,2016)。研究"注意力经济"的学科又被称为注意力经济学,它是经济学、传播学、心理学三门学科交叉的一门综合性学科(张雷,2002)。

2. 背景

注意力经济的思想来源可以追溯到诺贝尔经济学奖获得者赫伯特·西蒙(Herbert A. Simon)在20世纪70年代提出的一个概念:"信息的丰富导致注意力的贫乏。"他对当今经济发展趋势进行预测时也指出:随着信息的发展,有价值的不是信息,而是注意力。而"注意力经济"一词最早出现在加拿大心理学家桑盖特·沃伦（Thorngate Warren）于 1990 年发表的文章中。他将注意力看作一种精神能力的资源，并且指出在信息的生产消费中，生产的信息越多，就越需要争夺有限的消费者的关注（Warren，1990）。1994 年，美国加州大学学者理查德·莱汉姆（Richard A. Lanham）发表了关于注意力经济学的文章。随后越来越多的学者开始关注"注意力经济"问题。主要的研究者有迈克尔·高德哈伯（Michael H. Goldhaber）、托马斯·达文波特（Thomas. H. Davenport）和赛斯·高斯坦（Seth Goldstein）。其中，迈克尔·高德哈伯被公认为注意力经济学派的领袖人物。他在 1997 年发表的《注意力购买者》文章中指出：相对于过剩的信息，只有一种资源是稀缺的，那就是人们的注意力（张雷，2008）。

（十二）场域理论（Field Theory）

1. 背景

"场"（field）是一个物理学概念，最早由物理学家牛顿提出，指物体周围传递重力或电磁力的空间。场域理论被引入社会科学，始于格式塔心理学，该学派创造了"心理场"等概念，其中尤以库尔特·勒温的场论最为著名。勒温将场域理论成功引入社会科学界，但由于其研究对象主要是心理学问题，所以在普遍性上仍有不足。法国社会学家皮埃尔·布迪厄（Pierre Bourdieu，1930—2002）经过长期的人类学经验研究和对结构主义的反思，在惯习（habitus）、资本（capital）等概念的基础上提出了场域理论，在把场域理论彻底普遍化的过程中做出了巨大贡献（刘海龙，2008）。

2. 内容

"场域"概念作为布迪厄从事社会学研究的分析单位，充分体现了其关系论的思维方式。这一概念强调社会生活的冲突性，"社会位置……是需要在一个斗争的场中维护的和取得的地位"（布迪厄，2017）。一个人在社会中的位置不仅由生产资料归属和生产关系决定，还要结合个人的社会文化资本，以便综合多种维度来确定，它是多维建构的立体的人的社会空间所属位置（曹静，2019）。因此，布迪厄认为，场域是以各种关系为纽带联结起来的社会场合或社会领域的体现，其本质是各要素之间的关系。社会空间中有各种各样的场域，"每个场的特定逻辑决定了在这个场上通行的属性，这些属性在所考察的活动中是合理的和有效的，并在与这个场的关系中，作为特定资本且由此作为实践的解释因素发挥作用"（布迪厄，2017）。

刘海龙总结了场域的三个显著特征：首先，场域中诸多客观力量构成了一个像磁场一样的体系，具有某种特定的引力关系，这种引力被强加在所有进入该场域的客体和行动者身上，是一个被结构化了的空间；其次，场域也是一个冲突和竞争的空间，争夺的对象不仅包括资本的垄断权，还包括场域规则的制定权；最后，场域中的法则是历史的，它是不断生成和变化的结果，其动力就来源于行动者的争夺。

对"场域"这一概念，布迪厄更多考虑的是其关系性而非结构性。布迪厄用"资本"与"惯习"两个概念分析一个场域内的关系。所谓"资本",不仅包括马克思提到的经济资本,还包括社会资本和文化资本(刘海龙,2005)。在布迪厄看来,资本是在一个特定的社会领域里有效的资源,个体因参与某个社会领域的竞争在其中获得经验或者形成的特殊利益,构成这个场域中的资本。"惯习"则是理解场域中行动者的另一关键概念。布迪厄对惯习的阐释是,"它是持续的、可转换的性情倾向系统,它把过去的经验综合起来,每时每刻都作为知觉、欣赏、行为的母体发挥作用"(Bourdieu,1971)。惯习具有一定的稳定性,是在个人和集体实践中形成的感知、行动与思考的倾向。并不是每个人都有相同的惯习,由于各个人在场域中所处的位置不同,惯习就不同,处于相同位置的人们更有可能具有相似的惯习。

3. 评价

布迪厄的场域理论体现了整体与动力的统一、结构与功能的统一,是一个具有相当普世性的元理论和研究范式。另外,布迪厄的场域理论没有做过多的理论预设,需要从经验研究中描述场的形成历史与行为规则,可以避免从理论出发到现实中寻找证据的教条式研究,有利于从中国的特殊经验中发现中国媒介场的独特规则(余秀才,2010)。

(十三)情境(Situation)

1. 定义

美国社会学家欧文·戈夫曼在其1959年出版的《日常生活

中的自我呈现》一书中提出"情境"这一概念。他认为每个人的日常行为都是在扮演一定的角色,每种角色的成功扮演需要一定的舞台布景和配角,这些舞台布景和配角就称为"情境"(戈夫曼,1989)。对戈夫曼而言,"情境"本身即可构成进行独立分析的单元,社会被分为无数相对独立的情境,情境影响着人的行为,在不同情境中,人们会扮演不同的角色,戈夫曼将社会情境看作研究互动秩序的基本单元,各种偶然性(能动性与风险)及其初始效应都发生于社会情境之中,它也是一切身体性展示的自然剧场(Goffman,1983)。

2. 特征

王晴锋认为戈夫曼的情境至少具有这样四个特征:第一,它是物理空间;第二,存在两个或以上的个体;第三,共同在场,彼此之间能看得见或听得见;第四,偶然性、即时性。

3. 发展

约书亚·梅罗维茨(Joshua Meyrowitz)在其1985年出版的《消失的地域:电子媒介对社会行为的影响》一书中将戈夫曼情境论同麦克卢汉的媒介理论融合起来,提出了媒介情境论。他认为媒介是情境的关键要素,媒介决定情境,情境决定适宜的交往行为。电子媒介,尤其是电视的出现促使许多旧情境合并,造成了社会情境范式的转变:一方面,电子媒介的使用正在促使一系列旧有情境的界限被打破,使一些旧的不同情境合并;另一方面,电子媒介的使用又使有关情境的一些旧有方式联结、结合、消失,导致这些情境分离(梅罗维茨,2002)。

（十四）数字化生存（Being Digital）

1. 定义

1996 年，尼古拉斯·尼葛洛庞帝（Nicholas Negroponte，1943—　）将自己在《连线》（*Wired*）杂志上发表的专栏文章集合成《数字化生存》（*Being Digital*）出版。书中提出数字化生存是一种社会生存状态，即以数字化形式显现的存在状态。是一种生存的方式，即应用数字技术，在数字空间工作、生活和学习的全新生存方式，是在数字化环境中所发生的行为的总合及其体验和感受（尼葛洛庞帝，1996）。

2. 应用

数字化生存包括数字化生活、数字化工作、数字化地球。世界各国开展的数字化建设过程中，政府高度重视信息技术与数字化的发展问题：空间信息、社会、经济、军事等其他方面的信息（颜亮、陈明亮，2003）。

3. 特征

尼葛洛庞帝（1996）将数字化生存的特征概括为：

分散权力：随着互联网技术的发展，数字世界逐渐摆脱传统的中央集权的生活观念，实现去中心化，达到权力分散。

全球化：当经济越来越全球化，互联网络也不断壮大时，数字化办公室将超越国界，不受地域、时间、空间的限制。

追求和谐：一种前所未见的共同语诞生了，人们因此跨越国界，互相了解，对于同一个问题每个人都有机会从许多不同的角度来分析。

赋予权力：数字世界的主体是年轻的公民，在数字化、网络化时代，将赋予公民更多的权力。

4. 反思

以数字信息技术为手段构建起来的数字化生存导致个人日常生活颠覆、犯罪等行为，个人失去了对生存的道德经验、道德价值的直接紧密的接触。

数字化生存时代，技术理性的工具控制体系比以前暴露得更为赤裸，表现为数字化生存技术对人类的控制。

数字化生存对个人日常生活的入侵，对个人经验的存封及反思性制度的建构，对个人自我实施了无人统治，进而将传统的社会的公共领域与私人领域的界限"抹平"，割裂公私的分界（颜亮、陈明亮，2003）。

最初数字化生存的提出是为了解答"善于运用电脑的新一代，将置身于什么样的生活环境"这个问题，进而描绘了数字科技为我们的生活、工作、教育和娱乐带来的各种冲击（尼葛洛庞帝，1996）。如今我们身处智能时代，在对待数字化生存的态度上，应将人类与数字化生存的关系放在一个大的、全人类的文化系统中考察，对数字化生存的研究要像研究人类社会一样并与之结合起来（颜亮、陈明亮，2003）。

（十五）发展传播学（Concept of Development Communication）

1. 定义

发展传播学可以解释为："运用现代的和传统的传播技术，

以促进和加强社会经济、政治和文化变革的过程。"（Boafo，1985）作为传播学的主要分支领域之一，发展传播学兴起于20世纪50年代末，以美国学者勒纳（Daniel Lerner）在1958年出版的《传统社会的消失：中东的现代化》（*The Passing Of Traditionly Society: Modernizing the Middle East*）为标志。早期的发展传播学者在他们的理论中有一种普遍的倾向就是将发展看作连续不断的经济增长，"他们认为增长、公平、民主、稳定、自主这些目标之间具有整体性、连贯性和相容性，因此，只要经济成长就可以带动其他非经济因素的改变"（支庭荣，1996）。

2. 评价

20世纪80年代以来，以勒纳为代表的美国发展传播学一度很受部分中国学者的青睐，认为这是中国传播研究本土化的重要方向（胡翼青、柴菊，2013）。有研究者提出发展传播学"在中国传播学研究中开辟了一个新的领域，并成为传播学本土化的一个重要切入点"（徐晖明，2003）。然而，在西方批判学者的眼中，勒纳属于后殖民理论的代表人物之一，有着强烈的冷战思维（胡翼青、柴菊，2013）。在国内也早有学者对他口诛笔伐："发展传播学是在世界分为南北贫富两极的历史格局内以研究第三世界传播与发展问题为对象，以维护这种格局即资本国际统治为宗旨的理论。它实际上也是从殖民理论脱胎而来的。勒纳曾宣称，西方模式具有世界的通性，由此出发，他把现代化简化为直线的过程，认为第三世界的发展可以不顾传统。"（支庭荣，1996）

3. 困境

发展传播学之所以在某种程度上陷入了困境，从根本上说是因为它在理论和实践上还没有真正找到一条既能充分发挥传播媒介在引入现代化过程中的作用又能充分保障发展中国家的文化主权和平等利益的道路。虽然发展传播学陷入了一定程度的困境，但作为一门研究传播活动与欠发达国家和地区实现现代化的关系的理论，对中国这样一个发展中国家而言并没有失去其指导意义，我们认为中国的发展传播学要从根本上摆脱这些困境就必须走一条本土化的道路（杨海涛，2004）。

（十六）数字资本主义（Digital Capitalism）

1. 定义

20世纪90年代末，美国传播政治经济学学者丹·席勒（Dan Schiller）在其著作《数字资本主义：全球市场体系的网络化》（*Digtal Capitalism: Networking the Global Market System*）中最早提出数字资本主义这一概念，但席勒并未对这一概念进行定义。随后，他在新作《数字化衰退：信息技术与经济危机》中简要指出，数字资本主义是资本主义的一个最新的发展阶段，在这一阶段中产生了"一种更倾向于信息通信技术密集型产业的资本主义体系"（Schiller，2017）。

2. 内容

与工业资本主义相比，劳动时间、劳动强度、劳动主体都不同，在工业资本主义中，结束工作时间便意味着结束了劳动时间，但在数字资本主义时代，人们的劳动时间不再受工作时间的限制,随着无线网络和智能终端的普及,就意味着无时无刻不在为数字资本家生产剩余价值,劳动强度在不断提高,却得不到任何酬劳,除劳动时间的延长之外,劳动主体不再具有年龄限制,下到初步获得认知的孩子,上到耄耋之年的老人,都被容纳进数字秩序当中,持续为数字资本家生产剩余价值(王治东、叶圣华,2018)。

3. 影响

没人知道数字资本主义走向何方,可以确定的是,数字资本主义是加强了而不是驱逐了古老的市场瘟疫:不平等和宰制(Schiller,1999)。"在扩张性市场逻辑的影响下,因特网正在带动政治经济向所谓的数字资本主义转变。从长远来看,日趋严重的社会不平等现象带来的种种问题丝毫没有好转的迹象,我们很难认为社会富裕程度的差异是上个历史阶段的残留,这种差异显然是由数字资本主义本身造成的。"(Schiller,1999)

席勒把因特网置于一个宏观的经济背景之中,在技术、经济和制度的互动中讨论因特网生长环境的建构和深层意义,在中观的媒介生存环境中讨论网络媒介的命运和前景,展示了理想主义的因特网和数字化世界的另一面——资本全球扩张的一面,描述了与资本相联系的网络媒介的命运——受资本操纵的命运。席勒的《数字资本主义》一书非常值得中国研究因特网的学者一读,特别是在此刻——因特网经济泡沫破灭,而弥漫于全社会的数字化神话仍然受到推崇之际(孙五三,2000)。

(十七)电子乌托邦(Teletopia)

1. 定义

毛泽东时代的人把"乌托邦"一词主要理解为:空想(不切实际的幻想),因此译为"空想社会主义",与"空想"相对立的概念是"科学",19世纪空想社会主义的代表人物是圣西门、欧文、傅立叶,他们的学说是马克思主义的三大来源之一,他们的学说还不是科学,是不能实现的空想。电子乌托邦是指对网络媒介技术的发展寄予了无条件的乐观主义期盼,认为其必将会把人类带入一个高度自由、民主和平等,并最终形成一个以电子技术为基础的民主的理想国(彭鹏,2003)。在大众传播时代早期,一些思想家对媒介有过诸多理想化的看法。报刊的自由主义理论认为,媒介可以形成"思想的公开市场";美国社会学家库利曾说过"印刷意味着民主";麦克卢汉的理论有明显的电子乌托邦色彩,并对现代电子乌托邦思想产生了巨大的影响(张兰、郑智斌、赖浩峰,2005)。"只要有电脑,能上网,就能有发言权,进行参政议政,使网民在作为政治参与者时变得前所未有的积极与主动"(毛旻铮、李海涛,2007)。

2. 影响

但对于网络中的"底层"而言,由于表达不等于传播,传播不等于效果,话语不等于话语间性,因此他能说话并不真正意味着能说话(徐翔,2010)。如喻国明等人的研究指出,"虽然很多议题的首发论坛是市级及其以下论坛,但这些信息只有经过网络搬运工向主流论坛搬运后,被主流化才成为热点事件"(喻国明,2010)。"互联网是在重构社区,它所建构的社区是建立在价值取向和社会文化之上的解释性社区,是一个由自由意志为基础的传播关系联系起来的社区,它是不稳定的,充满着流动性,就像一个假面舞会。同时,它又具有某种颠覆性,它所要颠覆的是现实世界中既存的秩序和架构。"(蓝鸿文,2001)

(十八)跨文化传播(Intercultural Communication)

1. 定义

跨文化传播指来自不同文化背景的个体、群体或组织之间进行的交流活动。萨默瓦(Larry A. Samovar, 1935—)将跨文化传播的研究主题归结为三个方面:观点(包括价值观、世界观和社会组织);语言过程(包括语言及思维模式);非语言过程(包括非语言行为、时间观念和对于空间的使用)。(萨默瓦,2016)

2. 主要观点

高低语境(high/low-context):美国学者爱德华·霍尔(Edward Twitchell Hall Jr., 1914—2009)曾提出了高语境传播与低语境传播。高语境传播(HC)指的是,在传播时绝大部分信息或存于物质语境中,或内化在个人身上,极少存在于编码清晰的被传递的讯息中;低语境传播(LC)正好相反(爱德华·霍尔,2010)。[具体参见第三章第一节(八)高—低语境文化词条]

跨文化适应(intercultural adaptation / adjustment):由互动

者的文化精神引领的一种持续的博弈过程。由于不同文化间的持续的博弈不是"以赢为目的",而是"为了无止息地玩下去"。因此,跨文化适应就是两个文化体之间互动的持续过程,它是指对立的两端通过言语和非言语的相互交流而形成的一种平衡与共生的和谐状态（Carse,1986）。

3. 我国的跨文化传播与学科

西方跨文化传播学者注重客观实践的分析探讨,主要关注四类实践问题:外来移民在使用媒介时的身份认同问题;受众在消费外来文化时的心理接受过程;国际学生在课堂接受教育时的跨文化交流问题;构建跨文化人际关系时提高跨文化技巧问题（徐明华,2012）。我国的跨文化传播还有很多需要改进的地方:比如需要转变跨文化传播的研究视角、注重公众视角和对外"软销"、突破我国如今"媒介中心论"的媒介范式（徐明华,2012）和注意运用科学的研究方法等（关世杰,2006）。

跨文化传播学作为传播学的一个分支学科,旨在分析来自不同文化背景的人们是如何进行交流的以及如何提高跨文化交流技巧,跨越跨文化交流障碍的方法和途径。20世纪90年代跨文化传播学进入中国。大众传媒与跨文化传播学的交叉与融合研究,大致可以细分为以下四类（徐明华,2012）:

跨文化新闻传播研究。此类研究成果主要对比中西方在新闻报道过程中的差异性特点,着重分析双方在不同语境下的新闻理念、信息解读以及写作风格等方面的不同之处。

跨文化影视传播研究。我国影视节目的海外传播一直存在明显的"文化折扣"（cultural discount）现象。

跨文化网络传播研究。更侧重对网络舆论的影响与控制研究。

跨文化广告与公关传播研究。一是侧重跨文化广告的内容争议研究，如广告在创意、策划、编排与设计环节折射出的文化分歧；二是侧重品牌传播以及传播能力研究，如顺应"他者"认知标准进行本土化策略改造；三是侧重公共危机与跨文化传播研究，如遵循传播规律进行舆论引导以及危机应对。

（十九）计算传播学（Computational Communication）

1. 定义

计算社会科学（Computational Social Science）是一种采用互联网、大数据、机器学习等计算技术来研究社会科学问题的新思潮和新方法（祝建华、彭泰权、梁海等，2014）。随着网络技术的成熟和大数据的繁荣，处理、分析海量数据成为可能，传播学开始与计算机科学等其他学科融合。计算传播学是计算社会科学在新闻传播研究中的应用，它主要关注人类传播行为的可计算性基础，以传播网络分析、传播文本挖掘、数据科学等为主要分析工具，以非介入的方式大规模地搜集并分析人类传播行为数据，挖掘人类传播行为背后的模式和法则，分析模式背后的生成机制与基本原理，可以被广泛地应用于数据新闻和计算广告等场景（王成军，2016）。

计算传播学中的"计算"包含了两层重要的含义：第一层是从计算机科学或更广义的信息科学等视角来理解传播过程中的数据和可计算性；第二层是传播理论或更具体的传播现象所涉及的对某些个性化和差异化算法的应用（刘庆振、钟书平、牛新权，2019）。

2. 应用

计算传播学所用数据包括网站访问日志、网页内容、在线实验等。操作上主要分为四个步骤：数据搜集、数据处理、数据分析（包括统计分析、网络分析和机器学习等）、数据可视化。

3. 分类

计算传播学所使用的分析方法分为两类：一类是传统的统计方法，包括多元分析、结构方程模型、多层分析、时间序列分析等，这类方法用于解释性研究，通过验证假设而进行，因变量已知（"有监督学习"，supervised learning），在计算传播学中依然发挥着重要作用；另一类是机器学习的方法，包括聚类、降维、网络分析、空间分析，这类方法是描述或预测性的，因变量未知（"无监督学习"，unsupervised learning），依靠数据自身"说话"（祝建华、张丽华、黄显，2018）。

第三章

人际传播、群体传播与组织传播

一、人际传播理论

（一）人际传播（Interpersonal Communication）

1. 定义

从强调沟通的意义与产生联结的关系视角来看，萨拉·特伦霍姆（Sarah Trenholm）和亚瑟·延森（Arthur Jensen）的定义是"人际沟通发生在两个个体之间，他们彼此分享着（讯息）发送者和接受者的角色，透过创造意义的相互活动而达成联结"。（特伦霍姆、詹森，1995）从突出信息交换和用信息建构共享意义与目标的社会过程视角来看，伯尔森（Brant R. Burleson）认为，人际传播是一个建立有交际关系的人们之间交换信息，以求获得共享意义并完成各种社会目标的复杂且受情境限制的社会过程（洪浚浩，2014）。从强调语言互动的视角来看，约瑟夫·A. 德维托（Joseph A. DeVito）这样界定："人际传播是两人或者多人之间的语言和非言语互动。"（约瑟夫·A. 德维托，2011）

"国内学者编著的人际传播教材所采取的是外延式定义。"

（王怡红，2015）"人际传播是人类社会关系的基础，是最基础的社会传播活动，同时对个人形成自我认知具有重要意义。"（薛可、余明阳，2007）

另一种常见的定义是将人际传播视为两个或两个以上的人之间，运用言语和非言语符号，通过面对面的或有媒介的讯息传递与意义协商，进行人际关系互动、共享、合作的社交活动与过程。该名称也常因研究视角、研究对象和研究问题的不同而发生变化，如称"人际交流""人际交往"等（陈力丹，2015）。

2. 特点及分类

20世纪90年代，英国人际传播学者皮特·哈特利（Peter Hartley）从人数、渠道和讯息内容三个维度来界定何为人际传播。他指出人际传播应该有以下基本特点：传播从一个个人流向另一个个人；传播是面对面的；传播的形式和内容反映个人的个性特点和社会角色与关系（Hartley，1993）。而巴克斯特（Leslie A. Baxter）和布雷斯韦特（Dawn O.Braithwaite）在《人际传播：多元视角之下》中将人际传播进一步分为三类：以个人为中心的人际传播；以对话或互动为中心的人际传播；以关系为中心的人际传播（莱斯利、巴克斯特，2010）。

3. 重要性

人有了相互的交流才是社会的人，才能在积极地建立社会关系的过程中形成自己的社会本质，因此人际传播是人的本能，是人成为社会人的重要基础。通过人际传播，人实现建构自我认知，建立与外界的关系，认识与控制环境，并通过交流获得人生经验和满足各种情感需要（陈力丹，2015）。

4. 发展

美国人际传播学者查尔斯·伯杰（Charles R. Berger）指出，人际传播研究是在"二战"之后几年中得到发展的。从学科知识体系的建构上看，人际传播研究主要受到两个领域的影响：一个是战时和战后出现的社会心理学领域，主要研究传播在劝服中的作用与传播的社会影响；另一个是来自群体动力研究领域的影响。该研究主要关注群体中的社会互动问题。（Berger, 2008）20世纪60年代之前，人际传播学术兴起。美国社会学家乔治·赫伯特·米德、欧文·戈夫曼，社会心理学家迈克尔·阿盖尔（Michael Argyle），人类学家格雷戈里·贝特森（Gregory Bateson）、雷·博德怀斯特尔（Ray Birdwhistell），传播理论家保罗·瓦兹拉威克（Paul Watzlawick）和伊莱休·卡茨等人都对人际传播研究提出过灼见（王怡红，2015）。

在传播研究早期阶段，20世纪60年代以前，传播研究的大部分模式主要来自心理学研究，人际传播研究主要是"个人的"（Personal）而非"人际的"（Interpersonal）（Conville & Rogers, 1998）。杰拉德·米勒（Gerald Miller）和马克·斯坦博格（Mark Steinberg）认为"沟通只有达到心理层次才变成是人际的"。持心理学研究视角的"人际传播"的定义偏重传播的质会随着人际交往行为的亲密性的增加而发生变化。这一领域的研究基本上不关心关系的主题。直到20世纪60年代后期，系统论和控制论出现，这种情况才开始出现改变（王怡红，2015）。从早期的"人际的"内涵强调"亲密的沟通"到后来界定为在"两人之间发生的面对面互动"，这种人际传播被称为二元的"二人沟通

（Dyadic Communication）（Trenholm & Jensen，1995）。

（二）三维理论（Three Dimensional Interpersonal Relations Theory）

1. 定义

社会心理学家舒茨（W. Schutz）在 1958 年提出的人际需要的三维理论分为两方面：首先，他提出了三种基本的人际需要；其次，他根据三种基本的人际需要，以及个体在表现这三种基本人际需要时的主动性和被动性，将人的社会行为划分为六种人际关系的行为模式。如表 3-1 所示。

表 3-1　人际关系行业需要

需　要	主动性	被动性
包容需要	主动与他人交往	期待与他人交往
支配需要	支配他人	期待他人支配
情感需要	主动表示友好	期待他人情感表达

（刘华，2011）

在人际需要的三维理论中，舒茨认为每一个个体在人际互动过程中都有三种基本的人际需要，即包容需要、支配需要和情感需要。包容需要指个体想要与人接触、交往，隶属于某个群体，与他人建立并维持一种满意的相互关系的需要。支配需要指个体控制别人或被别人控制的需要，是个体在权力关系上与他人建立或维持满意人际关系的需要。情感需要指个体爱别人或是被别人爱的需要，是个体在人际交往中建立并维持与他人亲密的情感联系的需要。舒茨认为这三种基本的需求是人类成长的关键,他们必须同时被满足,任何一个需要不能得到满足都会造成个体心理上的创伤,而这种未能满足的需要可能就会在虚拟的网络世界中寻找(Schutz,1958)。

2. 影响

这三种基本的人际需要决定了个体在人际交往中所采用的行为,以及如何描述、解释和预测他人的行为。三种基本需要的形成与个体的早期成长经验密切相关。舒茨的三维理论在解释群体形成与群体分解中提出群体整合原则,即群体形成的过程开始是包容,而后是控制,最后是情感。这种循环不断发生。群体分解的原则是反其序,先是感情不和,继而失控,最后难于包容,导致群体分解(刘华,2011)。

(三)克纳普关系模型(Knapp's Relationship Model)

1. 定义

传播是一个过程,而不是一时的状态。但是在现实实验中跨越时空的过程难以测量,所以研究者们常仅凭一个时间截面上的状况来推测未来。以马克·克纳普(Mark L. Knapp)为代表的学者突破了研究方法的局限,提出长时间维度下人际传播模型——克纳普关系模型。

克纳普关系模型分成两个部分:关系升级阶段逐步经历起始(Initiating)、实验(Experimenting)、加强(Intensifying)、整合(Integrating)以及键合(Bonding)五个阶段;而关系恶化过程则对应地经历区分(Differentiating)、限制(Circumscribing)、停滞

(Stagnating)、避免(Avoiding)和终结(Terminating)五个阶段(Knapp，Vangelisti& Caughlin，2014)。具体模型如图3-1所示。

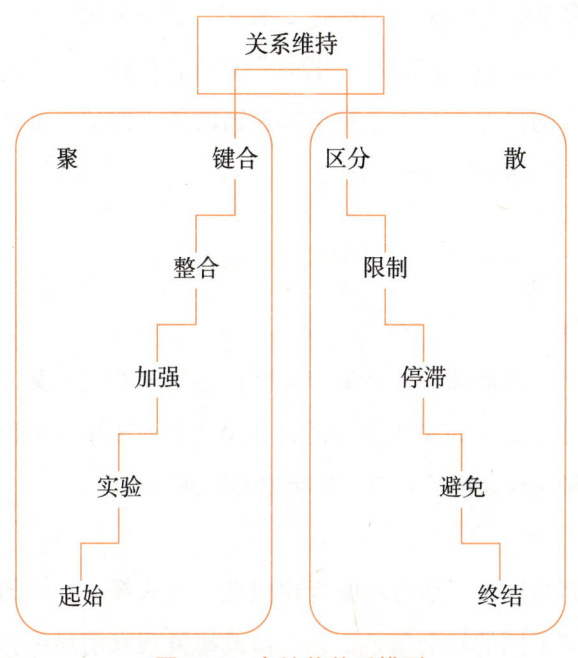

图 3-1 克纳普关系模型

(牟怡，2017)

2.影响

克纳普是在经历了一场痛苦的离婚大战之后总结出的这个人际关系升级和恶化的模型。以一对恋人从恋情萌芽到感情破裂的整个过程为例：首先进入"起始"状态，以为彼此不甚熟悉，需要经历磨合期，在"实验"中试探摸索对方的脾气秉性；随着双方了解的加深，他们的关系也得到进一步的加强，逐渐进入不分你我的"键合"阶段，就像一个化学分子里的两个原子被化学键牢牢绑定一样不可分离;当他们的感情开始恶化的时候,首先会开始脱离互相绑定的状态,彼此"区分";进而伴侣间很多事情开始受到"限制",比如一方不陪另一方出现在社交场合;双方感情慢慢进入"停滞"状态;等到一方开始"避免"与另一方的接触,如果没有奋起挽回的努力的话,那么最终情感"终结"的情景便不可避免(牟怡,2017)。

(四)拟剧理论(Dramaturgy)

1. 背景

拟剧理论来源于社会学。美国社会学家欧文·戈夫曼在其1959年出版的《日常生活中的自我呈现》一书中,提出了拟剧理论,深入地分析了人们在社交中的表演行为。

2. 内容

人们的社会生活与戏剧有相似性,人人都在不同的社会舞台上扮演不同的社会角色,在每位或每群观众前显示自己略有不同的"变体形式"。一旦人们进入某种社会环境,他们就希望对这一社会环境有一定的了解,以便更好地"表演"自己的言行举止,如果能够按照剧本(预想的方式)表演就按剧本表演,当剧本不明确或不完整(情况更加复杂或发生变化)时就要随机应变,临时创作。人们在特定环境中的言行举止可以分为两大类型,即"在前台的行为"和"在后台的行为"。在"前台的行为"代表担任某一社会角色的人按其所扮演角色的社会规范做出应有的行为;"在后台的行为"则会放松自己,进行排练,制定进一步表演的策略,并自嘲他们在前台的行为(戈夫曼,

1989）。

拟剧理论的实质是"印象管理"（Impression Management），或称"印象整饰"，即在人际互动过程中，行动者总是有意无意地运用某种技巧塑造自己给人的印象，选择适当的言辞、表情或动作来制造印象，使他人形成对自己的特定看法，并据此做出符合行动者愿望的反应。戈夫曼据此提出了印象管理的四种策略：第一，理想化表演，表演者要掩饰那些与社会公认的价值、规范、标准不一致的行动，而努力表现出一致；第二，误解表演，即使别人产生错觉的表演；第三，神秘化表演，即与别人保持一定距离，从而使他人对其产生一种崇敬心理；第四，补救表演，在网络的人际传播中，这样的表演与整饰也突出地存在着，甚至因为网络的虚拟性特点，人们可以更主动地进行自我形象的设计与控制，表演成分更多（彭兰，2017）。

3. 影响

戈夫曼运用戏剧语言对人们之间的相互交往进行的社会学分析，充分肯定了社会体系这一剧作者及其剧本期望对表演者的决定性作用，也即承认社会结构对个人行动的制约性。拟剧理论既是戈夫曼辉煌学术生涯的起点也是他最重要的思想结晶，前台、后台、印象管理等概念无一不是基于表演框架之内对角色和场景的判断，可贵的是，这些理论观点在如今的网络社会依然具有实用价值和借鉴意义（王长潇、刘瑞一，2013）。

4. 反思

戈夫曼仅局限于短暂的面对面的人际交往范式研究，忽视了通过媒介所进行的大规模的符号互动现象研究，不能全面揭示社会现实(梅洛维茨,2002)。

(五)不确定性削减理论(Uncertainty Reduction Theory,URT)

1. 定义

不确定性削减理论由美国学者查尔斯·伯格(Charles Berger)提出,后来威廉·葛迪昆斯特(William Gudykunst)对该理论进行了扩展,提出了"焦虑情绪——不确定性管理理论(anxiety uncertainty management,AUM)"。

伯格等人把不确定性定义为可能出现的各种选择的数量和可能性的函数。不确定性削减理论始于这样一种前提,即人们被激发以减少关于自身社会环境中的不确定性。这一理论认为,个体试图预测和解释他们的环境,当人们缺少关于自身和他人的信息时,不确定性就产生了,不确定性的特征就是对交往没有把握(巴克斯特、布雷思韦特,2010)。

这一理论描绘了三种情境范围——它们加深了人们减少不确定性的渴望:其中一个情境范围是背离,当某个个体破坏了我们的期望时,我们会感到很好奇;另一个情境范围是对未来互动的预测,当我们期望与某人再次互动时,我们特别容易得到激发以减少不确定性;第三个情境范围是对资源的控制,当某个个体决定我们将要得到的回报和将要付出的代价时,我们就会非常迫切地感到要去减少不确定性(巴克斯特、布雷思韦特,2010)。

2. 方式

由于社会互动中总是存在着某种程度的模糊性,所以处在不确定性状态下的个体必须寻找生产信息的各种方式。伯格及其同事发现，人们使用三种策略去对付不确定性：首先，可以通过被动、主动和互动三种策略去获取信息；其次，个体通过对社会互动之前或之中制订计划来应对不确定性；最后，在不确定性状态下发出信息时，个体不直接面对可能发生的负面结果（巴克斯特、布雷思韦特，2010）。

不确定性削减理论关注的是"我们如何了解他人"这一基本过程，在碰到陌生人时，会产生一种削减不确定性的强烈愿望——通过获取有关此人的更多信息的手段来增加对他的了解（李特约翰，2009）。我们不能确定的内容包括：对方的交际能力、目标和规划，他此时此刻的感受，以及其他相关信息。高度的不确定性使传播的双方产生了距离，而削减不确定性恰恰能够把人们聚合到一起，随着传播双方逐渐发现他们具有越来越多的相似之处，彼此之间的吸引力在不断增加，而彼此之间获取更多信息的需求则随之下降（李特约翰，2009）。

威廉·葛迪昆斯特把不确定性和焦虑情绪放在跨文化的背景下进行关照。他发现，人们都是在关系的初级阶段进行削减不确定性的工作，但是不同的文化语境采取的方式各不相同：高语境文化（high-context culture）主要依赖于总体的情况来对事件进行阐释，在削减不确定性时，主要依赖于非言语的提示性信息和有关个人背景的信息；而低语境文化（low-context culture）所依赖的主要是信息当中明确的言语内容，直截了当地提出有关体验、态度和信念的问题（李特约翰，2009）。

来自不同文化背景的传播者削减不确定性的过程也受到了

其他因素的影响，比如文化群体认同的强烈程度、跨文化的经验、对传播效果的信心、语言掌握程度等（李特约翰，2009）。跨文化情境下的不确定性和焦虑情绪是出现无效焦虑和缺乏适应性的潜在原因，但每个人产生不确定性和焦虑情绪的门槛上下限是不同的：如果不确定性的水平超过了门槛上限，焦虑情绪水平过高，就可能会完全放弃传播；如果低于门槛的下限，没有感到足够的不确定性，传播的动机也会消失；群体间传播的理想状况是不确定性和焦虑情绪处于门槛的上限和下限之间，这就会导致传播的动机和削减不确定策略的产生（李特约翰，2009）。

3. 影响

不确定性削减理论在两个方面扮演了先驱者的角色：首先，它是发源于人际传播领域的首批理论之一；其次，它为下一代理论家证明、改进、延伸、质疑，甚至拒绝其理论前提铺设了道路（巴克斯特、布雷思韦特，2010）。该理论具有精致的次演绎结构和可证伪性，但是也有对该理论的质疑：比如对该理论的前提假设即不确定性促进了人的传播行为的质疑；还有批评指出，人们往往宁愿保持不确定性，而不是减少不确定性（巴克斯特、布雷思韦特，2010）。

（六）传播适应/顺应理论（Communication Accommodation Theory）

1. 定义

传播适应/顺应理论由美国学者霍华德·贾尔斯（Howard

Giles）提出。在该理论中，"顺应"是一个过程，涉及我们如何能在交往中减少和增加人与人之间的交流差异，它通过提高人与人的相似性来减少关于他人的不确定性，从而与他人趋于一致或者近似他人，由此能够使他或她被认为是更有能力、更值得信赖的人（巴克斯特、布雷思韦特，2010）。

传播者有模仿对方行为的倾向，这种倾向被称为聚合（趋于一致）（convergence），反之，如果说话人开始夸大彼此之间的差异，则出现了离散（偏离）（divergence）（李特约翰，2009）。传播适应的这两种表现形式差不多可以在任何传播行为中找到，但大多数情况下，说话人并未意识到自己在进行顺应，人们一般更容易意识到离散的存在（李特约翰，2009）。

2. 作用

顺应在交流过程中起到了十分重要的作用：首先，顺应既可以导致社会认同和社会契约的形成，也可以导致隔阂甚至于反目；其次，在具有很多相似之处的群体中，更容易产生聚合效应，这是由于该群体成员彼此之间容易进行沟通和协调，而有效的聚合能够提高传播双方的吸引力、预见性以及明白易懂和相互参与的程度（李特约翰，2009）；再次，顺应行为往往是社会权力的一种功能——而目标他人被认为是拥有了这种权力；最后，人们会在主观上顺应他人的交流内容，但是这些内容是他们自己认为的，而不是他人在客观的、可测度的意义上实际存在的东西，这就造成了交流失败的可能（巴克斯特、布雷思韦特，2010）。

此外，也存在不顺应的情况，来自有社会地位的他人的不顺应，通常不会得到接受者的喜欢，与之相伴随的是对不顺应者的不利评价（巴克斯特、布雷思韦特，2010）。不顺应行为也会以不同的形式出现：一种情况是话语维持（speech maintenance）状态——不管听话者有可能是谁，说话者都保持一以贯之的与人交流的姿态；在另外的情况下，人们之所以处于低顺应（underaccommodative）状态，是因为他们不关注、不倾听他人的需求；还有最不顺应的情况，说话者使用更有声望或更少声望的语调偏离，甚至彻底改变语言（巴克斯特、布雷思韦特，2010）。

3. 影响

虽然顺应常常会被积极地接受，但它未必始终如此，特定民族团体中的某些成员认为，他们的语言对他们的文化而言是独一无二的，不可能被外来人学会，因此他们对于外来人使用他们的语言，可能就不友好。偏离也并非总是被消极地接受，不同的种族群体成员在追求一种肯定性的社会认同时，往往通过彼此偏离来强调他们的身份（巴克斯特、布雷思韦特，2010）。综合来看，顺应和不顺应可能是相互的、互惠的、均衡的或者说不均衡的，如果它们是均衡且顺应的，人际关系就应该得到特别的加强，反之，人际关系就可能成为敌对的和冲突的（巴克斯特、布雷思韦特，2010）。

4. 评价

该理论被认为是传播学领域最具影响力的行为理论之一（李特约翰，2009）。该理论具有分界能力，区分了微观语言和宏观社会边界，具有人际张力和群际张力以及短期和长期影响

（巴克斯特、布雷思韦特，2010）。

局限首先体现在，哪种或者哪些特殊的交流特征会被顺应或被偏离，什么时间和为什么这些顺应或偏离会发生，关于这些问题，理解还不够；其次，在整个人际关系的历史中，顺应或不顺应行为的动力机制是如何得到采用的需要进一步研究；再次，在顺应行为何时会直接产生某种影响，以及何时它又发挥间接的作用的问题上，理解有限；最后，当顺应和不顺应策略被有意识地而不是无意识地激发时，出现的问题还需要进一步研究（巴克斯特、布雷思韦特，2010）。

（七）面子理论（Face Theory）

1. 背景

一般认为面子概念来源于中国，华裔社会学家胡先缙于20世纪40年代发表名为《中国人的面子观》的研究性论文常常成为学者追溯面子研究史的发展起点，后来较为凸显的研究包括社会学家戈夫曼的面子理论（Face Theory）、语言学家布朗和莱文森（Brown, P. & Levinson, S.）的礼貌理论（Politeness Theory）以及华裔传播学者丁允珠（Ting-Toomey）的面子协商理论（Face-negotiation Theory）（陈佑荣，2015）。

2. 戈夫曼的面子理论

戈夫曼将互动隐喻成"戏剧"，以此来展示人们为什么以及如何建构他们的公共形象，如果这些形象失去了或者受到了威胁，人们采用什么策略来保持或恢复他们自己或他人的形象（巴克斯特、布雷思韦特，2010）。他将面子定义为在特定的社会交往中，一个人为自己有效争取的肯定的社会评价（戈夫曼，1967）。在"表达性礼节（expressive ritual）"中，交往者通常会维护彼此呈现的面子，当面子被接受并得到确认时，人们就会感觉良好，一旦面子受到质疑，就会感到难受（巴克斯特、布雷思韦特，2010）。

存在两种没面子的情况：第一，当某种信息或者某种行为破坏了他或她正在树立的形象时，这个人可能就处于没面子的状态；第二，某种特定的互动语境中，他或她不能树立别人所期望的形象，那么就可能没面子（巴克斯特、布雷思韦特，2010）。

戈夫曼的面子理论满足了作为一个优秀理论的标准。首先，它的领域宽泛，可以解释各种环境中经常发生的现象；其次，戈夫曼永久而广泛地影响了后来的学者对于社会互动的兴趣（巴克斯特、布雷思韦特，2010）。但是，由于范围广泛，造成该理论在简约性标准方面不足（巴克斯特、布雷思韦特，2010）。

3. 礼貌理论 / 面子保全理论（face-saving Theory）

礼貌理论发端于戈夫曼的面子理论，布朗和莱文森把面子定义为每个成员想要为他自己确立的公共自我形象（布朗、莱文森，1987）。其侧重于人们日常生活中的语言互动，关注互动中的人们如何运用语言来保全自身的面子，因此礼貌理论也被称为"面子保全理论"，而礼貌则是人们为保全面子所采用的策略（陈佑荣，2015）。

礼貌理论中的面子概念有几个需要注意的特点：面子是公共性的、社会性的，面子是个人争取来的，是我们所需要的东西（巴克斯特、布雷思韦特，2010）。

此外，面子还有积极和消极之分，积极的面子要求涉及使我们的社会形象得到互动中其他人的接受和赞同；消极的面子要求必须涉及相关于我们形象的权利和尊敬（巴克斯特、布雷思韦特，2010）。

为了实现面子诉求，人们往往会采用相应的策略行为——布朗与莱文森所命名的礼貌行为。这一礼貌行为模式包括直言（Bald on Record）、积极礼貌（Positive Politeness）、消极礼貌（Negative Politeness）、婉言（Off record）和回避（Non-performance）五种礼貌策略，各个策略之间呈礼貌递增的内在演绎逻辑（陈佑荣，2015）。选择何种策略需要考量互动主体间的能力、距离和级别三个要素：能力（power）指的是一个人能够把他的计划和自我评价强加给另一个人的程度；距离（distance）既包括亲密度，又包括社会相似性；级别（rank）涉及从文化角度出发，来理解不同的面子威胁行为（巴克斯特、布雷思韦特，2010）。能力、距离和级别三者的结合影响了某个情境中面子威胁程度的分量，当分量较大时，选择一个更为礼貌的策略，当分量较小时，选择一个不那么礼貌的策略（巴克斯特、布雷思韦特，2010）。

礼貌理论最大优势之一是其大胆的、雄心勃勃的视角，这一理论将语言难以置信的广泛特征综合成为一个无所不包的透视镜，然后，将我们的注意力引向谈话的这些细微特征（巴克斯特、布雷思韦特，2010）。但是也存在一些争论：首先是关于能力、距离和级别如何形成的问题上的区别促成了文化的差异；其次是礼貌策略如何被概念化的问题；最后是这个理论得以立足的数据往往都是单独的语言活动，而有关语言活动的综合或者顺序问题涉及得很少（巴克斯特、布雷思韦特，2010）。

4. 面子协商理论

美籍华裔学者丁允珠及其同事发展出了一套"面子协商理论"，用来预测不同文化背景下人们如何完成与面子有关的工作（李特约翰，2009）。

所谓"面子"是指期望从他人那里获得的一种有利的社会自我价值感（丁允珠，1998）。换言之，面子是在他人在场的情况下一个人的自我形象，它包括有关尊敬、荣誉、地位、联系、忠心和其他类似的价值感受，意味着在特定的社会情境下你期望的自我形象，或者是别人赋予你的身份，在很大程度上这个身份是由文化规定的（李特约翰，2009）。所谓"面子工作"（facework）是指人们用来管理自己的面子以及用来保护或者威胁别人的面子的传播行为（丁允珠，1998）。

面子工作包含的因素有：面子工作的轨迹（locus）——有关面子的工作是指向自己还是指向他人；面子的价位（valence）——一个人的行动是积极的（在保护、维持或者尊重面子）还是消极的（在攻击甚至毁坏面子）；时间性（temporality）——传播行为是为了防止今后面子遭到破坏，还是为了恢复已经遭到破坏的面子（李特约翰，2009）。

面子是人们普遍关注的问题，如何定义面子、如何完成面子工作因人而异、因文化而异。无论是哪种文化都有办法来完成预防性和修复性的面子工作：预防性的面子工作（preventive facework）是指那些用来保护个人或者群体面子不受威胁的传播行为；修复性的面子工作（restorative facework）是指在丢面子的事情已经发生以后，用来重新建构面子的传播行为（李特约翰，2009）。

影响面子的文化因素主要有两个。第一个因素是个人主义—集体主义（Individualism-collectivism）。个人主义指的是一种文化的广泛价值倾向，它强调个人身份高于群体身份、个人权利高于群体权利、个人自我尊严高于社会自我尊严（丁允珠，1998）。这里面子工作的指向是其个体成员。在集体主义的文化中，群体身份高于个人身份、群体利益高于个体利益、共同的面子高于个人的面子（丁允珠，1998）。这里面子工作以群体为指向，把群体的价值置于个人的价值之上。第二个因素是权力距离（power distance）。权力距离是一个变量，不同文化中有不同影响：有些文化中，个人和群体之间并不存在多大的距离；但在具有强烈地位观念的等级社会中，某些成员或者群体发挥着较大的作用，控制着其他成员或者群体，这些文化中的成员把权力的不平等分配当作正常的现象来接受（李特约翰，2009）。

5. 影响

面子协商理论强调了文化在很大程度上决定了面子工作和冲突是如何进行的，但是文化并非唯一的因素，必须考虑个人的差异（李特约翰，2009）。该理论虽然是文化指向的，但是主要利用了心理学的假设和研究方法，这样就把高高在上的文化维度降到了个人的层面上，打破了社会心理学和社会文化这两种传统的壁垒（李特约翰，2009）。

（八）高—低语境文化（High Context and Low Context Cultures）

1. 定义

高—低语境文化是跨文化传播中的重要概念，这一概念最早是由美国学者爱德华·霍尔（Edward Hall，1914—2009）在1976年的著作《超越文化》（*Beyond Culture*）中提出的。霍尔根据语境在跨文化传播中的突出倾向，将文化分为高语境文化和低语境文化两大类。在这两类文化中，语境和语言在交际中的地位是不同的，表现出不同的作用。传播的意义除了来自传播符号的赋予，还更多地来自语境，语境即传播活动的具体时空环境以及宏观的社会文化环境（陈力丹，2013）。

在高语境文化中，传播的意义相当程度上需要根据语境而不是可见（听）的语义符号来判断，因而传播是含蓄而模糊的，注重"意会"；在低语境文化中，传播的意义主要依赖于语义符号，语境对传播的意义并不明显，因而传播是直接而明确的，注重"言传"（霍尔，1976）。

爱德华·霍尔根据高低语境的差异来说明世界文化的多样性。像中国文化、日本文化等都属于高语境文化，像美国文化以及多数欧洲文化都属于低语境文化。个人主义文化往往属于低语境文化，而集体主义文化往往属于高语境文化。同一种文化下的农村和城市，又分别属于高语境和低语境社会（陈力丹，2013）。

2. 影响

从跨文化传播的角度看，文化就是最大的语境。作为跨文化传播中的重要概念，高—低语境文化是在跨文化交流过程中必须关注到的基本面，忽视了高—低语境文化的差异，就难以真正理解跨文化传播的冲突与障碍，跨文化传播的研究也就存在偏差（陈力丹，2013）。

但是，高—低语境文化的划分较为粗略，简单地把不同的文化归为高语境或低语境也容易忽视文化本身的多样性与复杂性。在具体的高语境或低语境文化的阵营内，文化之间也存在较大的差异性。中国丰富多彩的历史进程是不应该用一个单线演进序列来描述的，也无法用一个简单的公式来概括的。显然，国外传播学者有关中国属于高语境文化的命题，在很大程度上是建立在对儒学诠释的基础上，正是以此作为分析视角，就很难准确地表述出中国文化完整的历史图景（林晓光，2009）。

（九）媒介等同理论（Media Equation Theory）

1. 定义

媒介等同理论由巴伦·李维斯（Byron Reeves）和克利夫·纳斯（Clifford Nass）二人在1996年出版的著作《媒介等同：人们如何像对待真人实景一样对待电脑、电视和新媒体》（*The Media Equation: How People Treat Computers, Television, and New Media Like Real People and Places*）一书中提出。媒介等同理论来自一个被称为"传播技术的社会效应"的研究项目，巴伦·李维斯和克利夫·纳斯发现，个人与计算机、电视和新媒体之间的相互作用实质上是社会的、自然的，就如同现实生活中的一样，媒介等同——把媒体等同于现实生活——经常出现，且不仅限于某一类人，媒介等同理论的的含义即把媒体内容当真，人们像对待真人实景一样对待媒体，即媒体＝真实的生活（Media=Real life）。梅琼林和张晓在此基础上提炼出巴伦媒介等同理论的第二层含义，即把媒体当人，媒体的形式也同样重要——媒体的大小、形状、忠实性、声音与动作的同步性等，这些特性都能够影响人们对媒体内容的反应，和人足够接近的任何媒体都会得到和人一样的待遇。

2. 内容

每个人对媒体的反应都是社会或自然的；媒体之间的相似大于差异；媒体等同是无意识的；看上去真实比现实真实更重要；直觉比客观现实的影响力大；人们对眼前事物做出反应（吕洪兵，2012）。

3. 影响

媒介等同理论提供了很多具有开拓性的媒介应用领域，引入了人与媒介关系的新思维，批判了单纯的媒介工具论，验证了人性化媒体的合理性，并将媒介认知纳入对社会日常生活的文化研究的框架中，将媒介客体主体化，带来了媒介思维上的新突破（梅琼林、张晓，2006）。

4. 反思

媒介等同理论无论在研究方法还是结论上，走的都是传统经验学派的路数，虽然在结论的客观上有批判"工具论""控制论"的特点，但本身并不是从文化批判的角度来研究人与媒介关系的。因而，"媒体等同"的观点无意也不可能突破资本主义的传播体制，为传播媒介的民主化、人性化，找到一条合适的途径（梅琼林、张晓，2006）。

（十）群体性孤独（Alone Together）

1. 定义

美国麻省理工学院社会学教授雪莉·特克尔（Sherry Turkle，1948— ）在对人与信息技术的关系进行了长达15年的系统研究后，于2014年出版《群体性孤独》(*Alone Together: Why We Expect More from Technology and Less from Each Other*)一书，提出了"群体性孤独"这一交往行为理论的概念。她在书中论述了这样的矛盾：人们为了摆脱孤独渴望"在一起"，但同时又与网络连接渴望"在别处"，人们聚集在一起却陷入"群体性孤独"的境地，即我们似乎在一起，但实际却生活在自己的"气泡"中（特克尔，2014）。

2. 发展

林滨与江虹认为，群体性孤独的特质是我们"在一起"的"独处"。"在一起"指的是人们共处于同一个时空场域；"独处"指的是人们之间并没有建立起真正的有机联系，没有真正被看见。

"远程即时在场"的网络技术通过消解时间和空间从而解构了"此刻当下的在场"，使得实体性的身体交往被边缘化（林滨、江虹，2019）。虚拟社交让用户在不同的社交平台可以不断切换，联系越来越多，但孤独的焦虑却没有因此减少。人们开始丧失独处的能力，一旦出现独处的情况，就会变得焦虑、恐慌，然后拿出手机，打开社交媒体，尝试用联系他人的方式消除孤独的恐慌（陈力丹，2017）。

特克尔指出，在互联网时代，如果我们既要享受信息技术带来的便利，又要摆脱信息技术导致的孤独，就必须找到一个两全其美的好办法：一方面，我们要学会独处，体会独处带给人们的好处；另一方面，朋友、亲人要更多地坐在一起，面对面谈话、讨论。（特克尔，2014）

（十一）认知失调理论（Theory of Cognitive Dissonance）

1. 定义

由利昂·费斯汀格（Leon Festinger，1919—1989）在1957年出版的《认知失调理论》中提出，可以在一定程度上解释人们很多行为背后的心理因素。这一理论的基本出发点是，人们努力在观点、态度、知识、价值观之间建立内在的调和、一致及和谐，即存在一种朝向认知间协调的驱力。

费斯汀格认为，认知失调的基本单位是认知元素，即一个人对自身、对自己的行为以及对环境所了解的事情。元素之间的关系有三种：无关、失调和协调。失调的产生，由于心理上的不舒服，会驱动人们努力减少失调，达到协调。有了失调后，除了努力减少它之外，人们会主动避免可能增加失调的情境和信息。

由此，费斯汀格提出，失调理论的核心是：在认知元素之间可能存在着失调或"不适合"关系；失调的存在产生了减少失调和避免增加失调的压力；在这些压力下，操作上的表现包括行为改变、认知改变，以及慎重地接触新信息和新认知（费斯汀格，1957）。

认知失调在做决定和角色扮演方面产生了一定的后果。在做决定时，预测越难做出的决定，越可能在决定后产生不和谐（决定后的不和谐）。并且，越是重要的决定，决定后的不和谐便越强烈。在角色扮演时，如果某人被置于某个他必须公开反对自己私下所持信仰或态度的情境中，那么对这一事实的认识会使此人产生不和谐的感受，这种情境通常是承诺予以奖赏或威胁给以惩罚的结果，但有时也可能仅仅因为群体压力要求个人顺从不赞同的规范。在赛佛林看来，认知失调理论的最大用处在于选择性接触（selective exposure）和选择性注意（selective attention），早期研究支持选择性记忆（selective retention）的概念，即人们倾向于记得那些与他们意见不符的材料。

为了验证自己的理论，费斯汀格和其助手于1959年设计了"不充分合理化实验"，又叫作"被迫依从"实验。实验对象被要求做一些枯燥无聊的绕线工作，在其离开工作室时，实验者请他告诉在外面等候参加实验的"被试"（其实是实验助手）绕线工作很有趣。为此，说谎的被试得到一笔酬金。然后实验者再请他填写一张问卷，以了解他对绕线工作的真实态度。结果发现，得报酬多的被试对绕线工作仍持有低的态度评价；得报酬少的被试提高了对绕线工作的评价，变得喜欢这份工作了。费斯汀格在《变态和社会心理学》期刊上发表论文《被迫依从的认知结果》，指出被试为了缓解内心的失调感，改变了自己的认知，这是其认知失调理论的一个重要预测——反态度行为，又叫"与态度不一致的行为"。认知失调理论引发了众多实验研究，这些研究证实了行为可以改变态度，例如，阿瑟·科恩的实验证实了"说了就会相信"，贾德森·米尔斯证实了"做了就会认可"。

2. 影响

认知失调理论直接挑战了行为主义的强化理论。"强化派"心理学家罗森伯格（M. Rosenburg）等人批评该实验在方法上有问题，并在1965年重新设计了一个实验，得出了与费斯汀格相反的结果：态度的改变与报酬的多少成正比。心理学家达赖尔·贝姆（D. J. Bem）提出的"自我知觉理论"对认知失调理论发起了挑战，他认为，人会像观察别人一样观察自己的行为，通过对自己行为的感知来建立自己的态度。

项光勤（2010）提出这一理论有不少缺陷：费斯汀格的认知失调理论并没有阐明产生认知失调的前提条件；有关引起失调的因素在费斯汀格的理论中确实比较模糊；认知失调理论没有注意个体差异。

（十二）镜中我理论（The Looking-Glass Self）

1. 定义

"镜中我"理论由美国社会学家库利在1902年出版的《人类本性与社会秩序》（*Human Nature & Social Order*）一书中提出。该理论名称本身是一种隐喻，镜子是指除我之外的其他人，每一个人都是别人的镜子，反过来亦然（陈力丹、陈俊妮，2010）。

库利认为，在许多情况下，与他人的联系依赖较为确定的想象形式，即想象他的自我——他专有的所有意识——是如何出现在他人意识中的。这种自我感觉决定于对想象的他人的意识的态度。这种社会自我则可以被称为反射自我或镜中自我："人们彼此都是一面镜子，映照着对方。"这种自我认识有三个主要成分：对别人眼里我们的形象的想象；对别人对这一形象的判断的想象；某种自我感觉，如骄傲或耻辱等。用镜子比喻几乎没有显示出第二种成分，即很重要的想象中的别人的判断（库利，1902）。

其中，前两项只有在与别人的接触中、透过别人的态度才能够获得。库利认为，"镜中我"也是"社会我"，传播特点是初级群体中的人际传播，是形成"镜中我"的主要机制。一般来说，这种以"镜中我"为核心的自我认知状况取决于与他人传播的程度，传播活动越活跃，越是多方面的，个人的"镜中我"也就越清晰，对自我的把握也就越客观、越准确（郭庆光，2011）。

2. 发展

米德提出象征互动论，解释了自我如何构成的问题。个体通过与他人的互动而认识他自己，他人告诉这些个体他们是谁（陈力丹，2015）。

"镜中我"理论跨越自我传播和人际传播两个领域，从自我认知和相互认知的角度，解释了人际传播的基本动机。但是，陈力丹认为，该理论忽略了人际传播的不同品质，主要关注的是"我—他"之间的传播，在这类传播中，"他"多少是陌生的，因而这类人际传播的功利性就会强些(陈力丹,2015)。随着现代性的发展,人的"自我"构建不断变得主动、深入,也有学者提出"镜中自我"的概念会使自我概念的发展陷入过于被动,实际上,人们在社会交往中会追求有效行动,自主建立"他人认识"和"自我认识"(徐莉程,2017)。

(十三)约哈瑞窗口(Johari Window)

1. 定义

1955年,美国心理学者约瑟夫·卢夫特(Joseph Luft)和哈瑞·英汉姆(Harry Ingham)提出了分析人际关系和传播的"约哈瑞窗口",他们用四个方格说明人际传播中信息流动的地带和状况:开放区(open/free area)、盲区(blind spot)、无知区(unknown area)、封闭区(hidden area)。如图3-2所示"约哈瑞窗口",也被译为"乔哈里视窗""乔哈里咨询窗"。

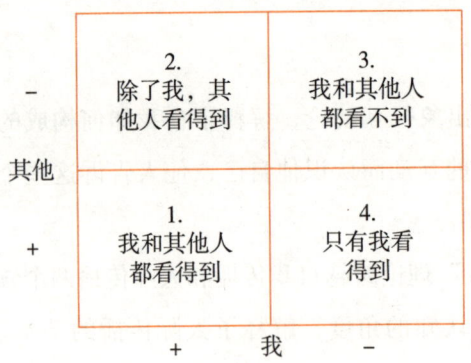

图3-2 约哈瑞窗口

第一个方格称为"开放区",在这里,传播各方的"我"均认为可以公开的信息都集中在这个方格内。第二个方格称为"盲区",传播各方的"我"不知道的他人评价"我"的信息置于这个方格内。这些信息"我"不知道,但是别人都知道,看得很清楚。第三个方格称为"无知区",传播各方都不知晓的信息置于这个方格中。这是指每个人身上尚未开发出来的信息或潜能,遇到新情况或新问题时,这类信息会生成和表现出来,为传播各方的"我"和他人察觉。第四个方格称为"封闭区",传播各方的"我"均认为不能公开的纯私人信息,除了隐私,还包括不愿意暴露的"我"的弱点,有些甚至对至爱亲朋也不能说(陈力丹,2005)。

2. 影响

作为研究广泛交流形式的工具,约哈瑞窗口可以更为充分地拓宽它所描述的范畴,所描述信息的种类可以扩大到主体的各种认知。从动态的角度,它被用于描述人际传播中双方信息流动的状态以及交流中的动态信息关系;从静态的角度,它阐释了个体传递信息、交流情感的特点,即存在于个体特性之中的、对自己所掌握信息较为稳定的认知和传播习惯。在此基础上,王旎从动态的角度探讨了约哈瑞窗口移动的机制与规律,在以人际关系为背景的这项互动运动中,双方窗口公开区域的基本运动规律遵从平等交换原则,即"公平交换律",也就是人们常说的"投桃报李"或"以牙还牙";按移动方向划分,窗口移动的方式分为水平、垂直以及斜向三种,水平移动包括从公开区向盲区的移动"反馈启发"(feedback solicitation),从隐藏区向未知区的移动"自我发现"(self discovery),垂直移动包括从公开区向隐藏区的移动"自我表露"(self disclosure/exposure),盲区向未知区域的移动"他人的观察"(others' observation),斜向移动则是公开区经由盲区或隐藏区到达未知区域的"发现共享"(shared discovery)。

(十四)主我与客我(I and Me)

1. 定义

"主我与客我"由乔治·H. 米德在1934年出版的《心灵、自我与社会》中提出。米德在研究人的内省活动时发现,"主我"是有机体对他人态度的反应,"客我"是有机体自己采取的有组织的一组他人态度;他人的态度构成了有组织的"客我",然后有机体作为一个"主我"对之做出反应;客我代表自我的被动性、社会性一面,而"主我"则代表自我主动性、生物性的一面(米德,1934)。

陈力丹认为,"主我"与"客我"不断接触,融合为新的"主我",这个"主我"又在不断地与新的"客我"进行接触,它们共同构成了一个出现在社会经验之中的人格(陈力丹,2015)。即自我是"主我"和"客我"的统一。人内传播是一个"主我"和"客我"之间双向互动的社会过程,互动的介质同样是信息,用米德的话来说即"有意义的象征符",如图3-3所示。

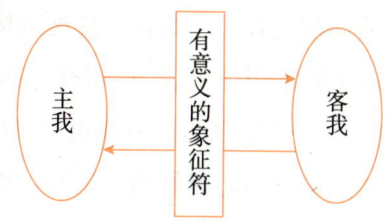

图3-3 "主我"与"客我"的双向互动

（郭庆光，2011）

2. 影响

米德的"主我与客我"理论是从传播心理和"社会交流"层面，来描述和论述精神的我（自我）与肉体的我（身体）、主我与客我的各自特征和互动情状的，因此，米德阐述的传播是基本的人类过程，自我传播是人类意识的主要特征的观点，以及他对人的内部沟通的细致分析和创造性解释，大大推动了人际传播与个人社会化、语言符号与意义关系的研究（邵培仁，2001）。

（十五）基模理论（Schema）

1. 定义

基模（也译为"图式"）是瑞士心理学家皮亚杰（Jean Piaget）在研究儿童成长和认知发展过程之际提出的一个概念，后被广泛应用到教育学、信息处理学和传播学研究当中。皮亚杰认为，图式是动作的结构或组织，这些动作是在相同或类似的环境中由于不断重复而引起迁移和概括（皮亚杰、英海尔德，1966），即在同一活动中的各种重复和运用中保持共性的那个东西。每一个认知活动都包含一定的认知发展结构，而结构就是由具有整体性的若干转换规律组成的一个具有自身调整性质的图式系统（皮亚杰，1968）。所以，基模也可以被理解为认定认知行为的基本模式，或者叫心智结构、认知结构或者认知导引结构（郭庆光，2011）。当人们接触到一个新信息或新事物、遇到一个新事件或进入一个新场所时，过去相关的经验和知识会引导人们迅速对新状况做出认知、推理和判断，并及时做出态度或行为反应。日本学者稻叶哲郎称之为人们在处理新信息或认知判断新事物之际所使用"知识的集束"（田崎笃郎，1992）。

2. 特点

郭庆光在《传播学教程》中总结了基模的四个特点：基模是人与生俱来的行为模式之一，但是随着人的成长可以发展和改造；基模是一种知识分类体系，呈层化结构，类似于一个树形图，一般来说，基模并不是以每个具体事例为对象，而具有某种程度的一般化和抽象化的性质，并有从较抽象向较具体分层的结构特点；基模是知识的集束或有机的联合；基模的功能是在我们遇到新的信息时，通过动员和组织原有的知识和经验、补足新的要素来进行处理，对新信息的性质做出判定，预测其结果，以确定我们对新信息的反应，因此，一般也认为基模具有预测和决策控制功能。

3. 分类

基模有各种各样的类别，根据基模涉及的内容和对象可以分为五种基模，即个人基模、自我基模、角色基模、事件基模和与内容无关的基模（周倩娜，张菊兰，2015）。

4. 评价

皮亚杰的基模理论贡献主要有两点：一是皮亚杰证实了认识结构的客观存在；二是皮亚杰指出和说明了基模在认识的形成和发展中的重要作用。(石向实，1996)皮亚杰的基模的主要缺陷是：被认为有生物学的倾向，重图式、轻反映，对人的社会性和实践活动重视不够；实验心理学家们认为，皮亚杰的图式理论太模糊、太不明确，难以证明"图式"是否真的存在(惠莹，2010年)。

二、群体传播与组织传播

（一）群体传播（Group Communication）

1. 定义

关于群体的研究非常广泛。美国心理学家和行为科学家库尔特·勒温在 1944 年首先用"群体动力学"这个术语来指团体中人与人相互接触、影响所形成的社会程序（关力，1989）。法国心理学家古斯塔夫·勒庞（Gustave Le Bon）指出，从平常的含义来说，"群体"是指聚集在一起的个人，从心理学的角度看，"群体"则被赋予了不同的含义，在某些既定的条件下，并且只有在这些条件下，一群人会表现出一些新的特点，它非常不同于组成这一群人的个人所具有的特点，他们的情感和思想全都采取同一个方向（勒庞，1895）。正如日本社会学家岩原勉所认为的，群体指的是"具有特定的共同目标和共同归属感、存在着互动关系的复数个人的集合体"（见田宗介，1988）。

2. 分类

不同学者对于群体的分类是不同的。库利根据群体在个人社会化过程中所起作用的直接和间接程度，将群体分为初级群体和次级群体。德国社会学家马克斯·韦伯（Max Weber）将群体中是否存在管理主体或机构作为分类标准，把拥有管理组织系统的群体称为"团体"（Verband），其他则属于一般群体。另一位德国社会学家 L. 威瑟也依据组织性的强弱，将群体分成两类，一类是组织群体（organisation），另一类是非组织群体（郭庆光，2011）。

"群体"与"组织"在概念上是有差异的。"组织"是指结构相对严密的群体，有分工和内部规范，存在时间相对较长，有成员的确认程序和管理层，有特定的目标，组织成员有共同的志趣、观点或信仰；而"群体"，通常是指分散的人的暂时集合，联系松散，自发形成，他们的传播行为具有不确定性，具有明确社会组织关系的人与人之间的传播，就上升为组织传播（陈力丹，2016）。

群体传播是群体与成员、成员与成员间的传播互动机制（郭庆光，2011）。岩原勉认为："群体传播就是将共同目标和协作意愿加以连接和实现的过程。"（见田宗介，1988）塔尔德、弗洛伊德和特洛特（Wilfred Trotter）是 19 世纪末 20 世纪初欧洲群体心理、群体传播领域的著名研究者。塔尔德的模仿理论认为，"模仿是最基本的社会关系，社会就是由互相模仿的个人组成的群体，一切社会过程无非是个人之间的互动"（塔尔德，2008）。刘瑾璐总结弗洛伊德的社会群体传播思想得出，群体传播是个体之间互相模仿的结果，模仿是成员之间实行群体传播的渠道，群体成员会把其他群体成员给出的暗示，继续模仿地传递下去，同时，传播者和受传者也会互相暗示，互相模仿，形成信息的再加工。

群体传播的对象一般是为了共同的目的和兴趣而聚集在一起的，如演讲会、信息发布会、记者招待会、参观、展览会、大型演出等，传播的主体可以是个人，也可以是组织，传播的对象是较大而又集中的公众群体，获得的信息反馈具有有限性、笼统性（孙亮、翟年祥，2007）。群体传播是倾向于去中心与分散化的传播，多突出强调内容的丰富性和冲突感，重在信息的传递与分享（杨磊，2018）。群体传播的信息传播在小群体成员之间进行，是一种双向性的直接传播，群体中的"舆论领袖"对人们的认知和行为改变具有引导作用，往往是开展健康传播的切入点。在互联网时代，群体传播正在成为大众传播之外的营造社会意见环境的重要力量，助推着个人情绪成为社会舆论，当然，这种舆论有时难免失之偏颇和非理性（隋岩、李燕，2012）。

（二）群体意识（Group Consciousness）

1. 定义

群体意识，就是参加群体的成员所共有的意识（郭庆光，2011）。它包括以下几个方面的内容：关于群体目标和群体规范的合意；群体感情，这里不仅指由各成员的密切接触和协作而产生的成员间的个人感情，更指群体成员主观境界的融合（精神上的一体化）所产生的"我们"的感情；群体归属意识，即群体成员因从群体活动得到某种程度的需求满足而对群体所产生的认同感（郭庆光，2011）。这几个要素越完备，群体意识就越强，越欠缺则群体意识越薄弱（郭庆光，2011）。

2. 影响

群体意识是群体传播作用下的结果，一旦形成就会对群体成员的个人态度和行为产生制约作用。法国社会学家 E. 迪尔凯姆（Emile Durkheim）认为，群体意识虽然可以通过社会化过程为个人所吸收，但总体上仍然属于一种集合意识，是相对于个人意识的一种外在的、约束性的思维、感情和行为方式（郭庆光，2011）。

群体意识的形成与群体内部的黏合性（cohesiveness）有直接关系。对于群体或组织来说，群体意识具有一定的积极意义，它像胶水一样，把群体或组织的成员聚合在一起，使成员们把关注点放在维系群体的团结上，相互依赖，遵从群体规范，从中得到安全、友谊、威信和自我价值的肯定（陈力丹，2016）。

（三）乌合之众（The Crowd）

1. 定义

法国社会心理学家古斯塔夫·勒庞从心理学视角对若干重大历史事件，尤其是法国大革命进行分析后，于1859年出版了《乌合之众：大众心理研究》（*The Crowd: A Study of the Popular Mind*）一书。在书中，勒庞提出了"乌合之众"的概念。根据勒庞的观点，乌合之众指的是一个无组织性、无纪律性、盲目跟从但有共同目标的一个特殊群体（勒庞，2017）。

勒庞认为："自觉的个性的消失，以及感情和思想转向一个不同的方向，是就要变成组织化群体的人所表现出的首要特征。"个人融入群体后，群体的冲动多变、易受暗示、情绪夸张等心理特点取代了个人意志，个人在集体意志的压迫下成为盲目、冲动、狂热、轻信的"乌合之众"的一员。

勒庞指出，当个人是孤立的个体时，有着鲜明的个性化特征，而当这个人融入了群体后，他的所有个性都会被这个群体淹没，思想立刻就会被群体的思想取代，当一个群体存在时，他就有着情绪化、无异议、低智商等特征。"群体在智力上总是低于孤立的个人，不过，从情感的角度以及这种情感引起的行为来看，群体会根据情况的不同表现得更好或更糟，这全看环境如何。"（勒庞，2017）

2. 反思

在罗伯特·默顿（2017）看来，勒庞在书中谈到了许多通常不与"人群"联系在一起的现象，触及了社会服从和过度服从、群众的反叛、群众运动等问题，使得这本书具有持久意义。而西格蒙德·弗洛伊德（Sigmund Freud，1856—1939）则认为勒庞指出了群体生活的重要方面，却没有看到群体成员之间建立感情联系的心理过程的原因（默顿，2017）。

（四）组织传播（Organizational Communication）

1. 定义

所谓组织传播是指某个组织凭借组织和系统的力量所进行的有领导、有秩序、有目的的信息传播活动（魏永征，1997）。

组织传播的总体功能是通过信息传递将组织的各部分联结成一个有机整体,以保障组织目标的实现和组织的生存与发展,具体来说,组织传播还具有内部协调、指挥管理、决策应变、形成共识的功能(陈力丹,2016)。

组织传播主要分为组织内传播和组织外传播。组织内传播是组织传播的重要方面,其媒体形式有书面媒体、会议、电话、计算机通信系统及互联网等;组织外传播的过程,是组织与其外部环境进行信息互动的过程,包括信息输入与信息输出两方面,信息输入是组织为进行目标管理和环境应变决策而从外部广泛收集和处理信息的活动,信息输出则是组织向组织外部输出信息的行为,公关、广告宣传和企业标识系统宣传是组织进行信息输出的三种主要形式(郭庆光,2011)。

美国组织传播学者凯瑟琳·米勒(Katherine Miller)用"隐喻"概括了四种组织传播研究的视角,包括:以"机器"类比组织,认为组织的结构应类似机器,强调组织应具有专业化、标准化和可预测性的特征;以"家庭"类比组织,重视感情在组织中的润滑作用;以"系统""有机体"类比组织,认为组织由若干子系统构成,这些子系统相互依存;以"文化"类比组织,侧重从文化的特点解释组织的传播行为(米勒,2000)。

2. 发展

新媒体环境下的组织传播中传播的信息流从自上而下的灌输传播向自下而上的反馈互动传播转变,传播过程中的程序化、格式化和行政化色彩得到削弱,个人化和自组织传播的色彩大大加强。跨越组织边界而形成的多元、动态关系则在个人生活中扮演越来越重要的角色,如此一来,传统的组织传播研究将从封闭的、静态的结构模式向开放的、动态的过程机制转移(谢静,2011)。

(五)马斯洛需求层次理论(Maslow's Hierarchy of Needs)

1. 定义和分类

马斯洛需求层次分析由美国心理学家亚伯拉罕·马斯洛(Abraham Harold Maslow,1908—1970)1943年在《人类激励理论》(*A Theory of Human Motivation*)中提出。马斯洛将人类需求像阶梯一样从低到高按层次分为五种。

生理需求(Physiological needs):呼吸、水、食物和睡眠等需求,这些是人最基本的需求。

安全需求(Safety needs):整个有机体是一个追求安全的机制,包括人身安全和健康保障等。

情感和归属的需求(Love and belonging needs):人人都希望得到相互的关心和照顾,对友谊、爱情以及隶属关系的需求。

尊重需求(Esteem needs):人人都希望自己有稳定的社会地位,要求个人的能力和成就得到社会尊重。可分为内部尊重和外部尊重。

自我实现需求(Self-actualization):实现个人理想、抱负,发挥个人的能力到最大限度,达到自我实现的境界。是最高层次的需求,包括针对真善美至高人生境界获得的需求。

1954年,马斯洛在《激励与个性》(*Motivation and Personality*)

中提到另两种需求：求知需求和审美需求。他认为二者应居于尊重需求与自我实现需求之间，因此未列出需求层次。马斯洛在晚期时，提出自我实现（Over Actualization）需求，指当一个人的心理状态充分满足了自我实现的需求时出现短暂的"高峰经验"（McLeod，2007）。

2. 评价

罗伯特·陶米拉（Robert J. Taormina）等学者认为马斯洛揭示了人类的基本需求，因为需求和满足几乎影响到个人和社会生活的所有领域，特别是在满足归属感、尊重和自我实现的需求方面（Taormina，2013）。

（六）社会交换理论（Social Exchange Theory）

1. 定义

社会交换理论是20世纪60年代兴起于美国，进而在全球范围内广泛传播的一种社会学理论。美国社会学家霍曼斯（George Casper Homans）是社会交换理论的创始人，他的理论是在功利主义经济学、功能主义人类学和行为主义心理学等几种思潮综合影响下的产物。霍曼斯社会交换理论的焦点在于，通过考察人们在社会互动中付出的代价与得到的利润之间的关系来解释人的行为（刘蒙之，2015）。它指出人类行为都是交换行为；交换是为了交换的双方获得报酬和奖励；报酬和奖励已经超出金钱等物质形式；公平分配是社会交换的基本原则（梁执群，2012）。

2. 发展

美国社会学家彼得·布劳（Peter Michael Blau）和理查德·

爱默森（Richard M. Emerson）进一步发展了社会交换理论。他们把社会交换理论从对微观社会结构和过程的考察扩展到对宏观社会结构和过程的分析（刘蒙之，2015）。

布劳的交换理论从社会结构的角度出发考察人与人之间的社会交换过程，其理论目标既想克服功能主义忽略研究人的理论缺陷，又想弥补霍曼斯理论只局限于微观层面的不足。布劳还区分了经济交换与社会交换、内在奖赏和外在奖赏，引入了权力权威规范和不平等的概念，使交换理论能在更大的范围内解释社会现象。主要概念如下：

共同价值观。共同价值观为交换的公平性提供标准，促进了社会整合。

社会冲突。那些控制着宝贵资源又掌握权力的剥削者、压迫者挑起了社会的不和与冲突。这一概念解释了社会紧张和变迁的根源。

权力和权威。它们是在不平等的交换中产生的，资源缺乏的一方由于无交换资源必然服从交换的另一方，权力的出现又巩固了不平等的交换关系。权力的合法化即是权威，权威是保持组织稳定的必要条件（吕萍，1996）。

爱默森运用严密的数理模型和网络分析解述社会结构及其变化、社会交换的基本动因和制度化过程，在方法论上进一步充实了交换理论的理论体系。他主张研究社会交换理论的研究单位是个人与个人之间的关系，而非交换者本身。交换论强调社会生活中交换关系的普遍性，认为社会生活的各个层面都体现这种关系（龚晓洁、张剑，2011）。

3. 基本命题

为解释人类的基本行为，霍曼斯借用和改造了经济学和行为主义心理学的有关概念，比如行动、期望、刺激、情感、报酬、成本、投资、利润、价值、惩罚等，建构起关于人类行为的一般命题系统。他试图通过一般命题系统演绎出经验规则，从而解释人类行为。霍曼斯提出了关于人类行为的六个基本命题（梁执群，2012）：

成功命题。对所有人类行动而言，某人行为越频繁地得到回报，某人越可以遵循这些行为。霍曼斯不认为这是一个严格意义上的假定，而只是视之为一个约略的假定。

刺激命题。如果在过去某种特定刺激伴随着对某人行动的回报，那么目前的刺激越类似于过去的刺激，某人越可能采取这种行动，或者与之互相类似的行为。这一命题的逻辑在于情境再现可以导致行动再现。

价值命题。霍曼斯在探讨这一命题之前，先对"价值"做了界定，他认为"回报的程度可以在这里称之为价值"，由此他阐述了价值命题：行动的结果对某人越是有价值，他就越可能采取该行动。

剥夺—满足命题。某人在近期越频繁地得到某种回报，该回报的追加对他来说越没有价值，霍曼斯在这里所进行的需求满足次序分析类似于马斯洛的"需要层序论"。霍曼斯在分析人类进行理性行为的成本与收益时，遗憾地认为，每一次的理性未必达成最终的理性，霍曼斯称之为人类的悲剧。

攻击—赞同命题。这一命题分成两部分：当某人的行动没有得到他预期的回报，或得到始料不及的惩罚时，他会被激怒并更有可能采取攻击行为，这种行为的结果对他而言更有价值；当某人的行为获得他期望的回报，特别是回报大于其预期，或没有得到其预期的惩罚时，他就会为此而高兴并更有可能采取赞同行为，该行为结果对他而言更有价值。

理性命题。这是霍曼斯提出的一个总结性命题。他指出，在选择行动时，个人会选择他在当时所认识到的结果价值乘以得到结果的概率之积较大的行动，用公式表达即：$A = pv$（行动发生的可能性 = 价值 × 概率），这充分说明人具有理性思维。当某人在各种行为中进行选择时，他会根据其当时的认识而选择获得酬报的可能性最大的行为，行动是由成功和价值共同决定的（谢立中，1998）。

（七）群体压力（Group Pressure）

1.定义

群体压力是群体中多数意见对个体造成的心理压力，迫使个体（或使得个体盲目）放弃自己的真实想法而与多数人保持一致。传播学中"沉默的螺旋"的理论假设，实际上就是群体压力之下的一种现象。在一个群体或组织中，人们在表达自己想法和观点的时候，如果看到或听到自己赞同的观点且受到广泛欢迎，就会积极参与进来，这类观点越发大胆地发表和扩散；而发觉某一观点很少有人理会或遭受群起攻之，即使自己赞同它，也会保持沉默，因而形成舆论的螺旋发展过程（陈力丹，2016）。群体压力维护了群体的团结，有助于群体任务的完成，对多数成员内心安全感的形成具有积极作用，但对群体中少数固执己见的人而言，却是一种巨大的威胁，在一定程度上会抹杀成员的个性和创造性（肖旭，2013）。

2. 过程

最初对群体压力与趋同心理进行研究的是社会心理学家谢里夫（M.Sherif）于1935年进行的"自运动实验"。这个研究的生理基础是人的神经系统对昏暗灯光会过度补偿，从而对静止的灯光产生移动错觉的心理现象。对此，被试者并不知晓，研究人员让被试者分别在个人和群体两种情境下对移动的距离做出判断。结果发现，虽然最初个人环境下的判断彼此差异很大，但随着在群体情境中实验的进行，个人对自己的判断不断地调整和修正，最后越来越接近群体判断结果的平均值，并且这个判断标准会固定下来，并在以后的判断中发挥作用。这个实验结果显示了在模糊情境下群体依赖、群体压力的存在和群体规范的形成。同时显示，群体的影响或者说压力能够超越群体的存在，出现在没有群体的环境中。谢里夫的研究让我们看到了群体压力和群体规范对人们的认知行为所具有的巨大影响力（罗倩文，2015）。

谢里夫的研究是探讨在高度不确定的环境中群体的作用，而所罗门·阿希于1956年所做的"线段实验"调查了在相当明朗的环境中相似的影响力，他想要调查群体的压力，以及人们的倾向——是顺从压力，还是摆脱压力（赛佛林、坦卡德，2006）。在这一实验里，把7~9人编成一组，让他们坐在教室里看两张卡片。如图3-4所示。

图 3-4 "线段实验"卡片

实验要求指出右边编号为 A、B、C 的 3 条线段中的哪一条与左边的标准线 X 一样长。在正常情况下,被试都能判断出 X=B,错误的概率小于 1%。但阿希对实验预先做了布置,在 9 人的实验组中对 8 人都要求他们故意做出一致的错误判断,例如 X=C。第 9 个人并不知道事先有了布置。由于让第 9 个人最后判断,他面临坚信自己的判断还是跟随大家做出错误判断的两难问题。结果发现,在 3 所大学的 100 多名被试者中,这第 9 个人有 37% 屈从于群体的压力,随大家一起做出了错误的判断,而且可以观察到第 9 个人在这个屈服于群体压力的过程中伴随着激烈的内心冲突。因此,这个实验还引发了学界关于实验中的伦理道德的大争论。阿希的实验向我们表明:有些人情愿追随群体的意见,即使这种意见与他们从自身感觉得来的信息相互抵触。群体压力导致了明显的趋同行为,哪怕是以前人们从未彼此见过的偶然群体。这个实验证明了在群体压力之下会产生顺从行为。

3.打破群体压力的条件

打破群体压力需要两个条件:第一,持少数意见的人不怕孤立或排斥,立场清晰而坚定,有勇气说出自己的想法;第二,决策制定的程序本身允许少数人说出自己的想法。少数人坚持意见本身，可能会让组织中的其他成员关注和思考这个被孤立的观点，而且由于少数人不会给人造成压力，反而会产生这样的传播心理：这些意见"不会强迫我们站在非此即彼的立场，而是解放我们的思想，以使我们能够考虑更多的观点"。所以，少数人坚持的意义不仅在于打破群体压力，它对组织其他成员的影响可能是微妙而持久的（陈力丹、陈俊妮，2009）。

（八）群体思维（Groupthink）

1. 定义

群体思维是由美国心理学家厄文·贾尼斯（Irving Janis）首先提出来的一个假设，指当群体中间达成一致诉求的需要足够强大时，谨慎的思考和合理的决策就会丧失，甚至一些群体或组织成员为了维护群体或组织的和谐一致，会压迫不同意见，或者，如果意见不一的争论可能影响到和谐一致，成员们宁愿牺牲自己的观点和明智的决策，而顺从大多数人的意见。其结果是群体缺乏批判思维，成员们更愿意讨论简单明白、多数人赞成的解决方案，以便迅速达成一致。显而易见，这时群体或组织成员之间满意度很高，可是有效性却很低。组织内的群体思维往往更普遍，打破群体思维有时是做出正确决策的一个重要前提。因为"尽管一般来说达成一致是一个群体所追求的特征之一，但是如果走到极端，那么它也变得毫无功用甚至具有毁灭性"（陈力丹，2016）。群体思维是一种心理学上的削弱倾向，它的特征包括对信息粗浅的审查、对选择狭隘的考虑、无懈可击的感觉和道德上的优越感（托马斯·吉洛维奇，2016）。

2. 症状

贾尼斯确定了八个"群体思维"可以识别的症状：无懈可击的错觉；一个集体合理化的倾向展现疑问决定的任何信息；一个群体固有的道德信念；一个使他们的意见容易打折的外类群；对持不同政见者的直接压力以确保一致同意；自我审查和运用群体成员对本集团有疑问的共识；存在部分成员之间达成一致意见的错觉，因为每个个体都对他们的疑虑保持沉默；最后存在自我封闭的警戒心态，群体成员采取行动"保护"群体的信息（希尔、沃森、乔伊斯，2016）。

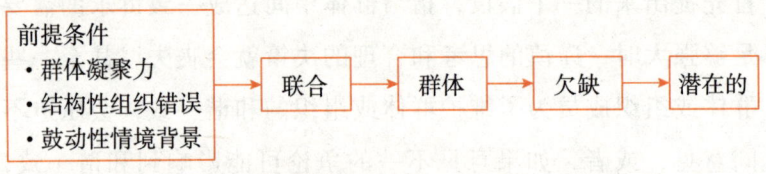

图 3-5　贾尼斯群体思维模式（顾琴轩，2015）

3. 产生原因

贾尼斯认为导致群体思维有三种因素：一是决策群体的凝聚力。凝聚力越高，就会形成越大的服从压力，让个体的观点趋于与群体一致。二是群体所在的环境具备特定的结构。其中群体受外界影响越小，就越容易形成一致，而如果决策的机制和程序不合理，就更容易使人趋于达成一致的不合理的结论。三是由群体内外所产生的压力。压力越大个体就越容易屈从于群体的结论（韦斯特、特纳，2007）。总而言之，群体思维经常出现：当群体具有凝聚力；与有智慧的局外人隔离；具有不可战胜、自以为是的错误观念；自认为在道德上优于对手；有很大压力使成员绝对服从；有领导者时常提出满意方案；有"看门人"阻断其他群体成员传递的信息（阿莫特，2011）。

4. 方法

为了有效避免群体决策中的群体思维，贾尼斯在他的《群体决策》一书中提出了10种具体的操作方法：使群体成员了解群体思维现象，知道它的原因和后果；群体的领导者应该在决策中保持公正立场，不偏袒任何立场；群体领导者应引导群体成员进行批判性评价，鼓励怀疑和反对意见；可以指定一位或多位群体成员充当反对者角色，专门提出反对意见；将群体分成子群体，分别讨论问题，然后再聚会交流；如果问题涉及与对手群体的关系，则应该花时间充分研究一切警告性信息，并确认对方会采取的各种可能行动；形成预决定后，应该召开会议，让群体成员有"第二次机会"发表自己的不同见解；在群体决策形成之前，邀请群体外部的专家对群体决策提出意见；每个群体成员都向可信赖的有关人士就群体决策交换意见，并将意见反馈给群体；由几个不同的独立小群体，分别同时就有关问题进行决策，最终决策在此基础上形成（张德、吴志明，2016）。

（九）趋同（Convergence）

1. 定义

趋同，指趋同心理，也叫作遵从性，指的是在群体传播中，个人希望与群体中多数意见保持一致，避免因孤立而遭受群体制裁的心理，在很多情况下，个人被迫接受多数意见，正是出于这种担忧(郭庆光，2011)。

2. 产生原因

趋同心理也有内部因素和外部环境两个原因。趋同心理的内因是信息压力，信息压力指的是一般人在通常情况下会认为多数人提供的信息，其正确性概率要大于少数人，基于这种信念，个人对多数意见会持较信任的态度；而外部环境因素来源于群体压力，所谓群体压力，即群体中的多数意见对成员中的个人意见或少数意见所产生的压力。无论是群体内传播还是来自群体外的传播，都受到群体规范的制约，群体成员为了保持与群体的关系而遵守群体规范所感受到的无形压力，会使成员倾向于对群体中大多数人的意见采取服从的态度(吴国娟、刘瑜，2011)。

3. 趋同心理与舆论

趋同心理可能导致从众行为，典型的从众行为例如沉默的螺旋现象。根据诺依曼的观点，舆论的形成不是社会公众"理性讨论"的结果，而是"意见环境"压力作用下人们惧怕孤立心理，强制人们对"优势意见"采取趋同行动的非合理过程的产物(郭庆光，2011)。

4. 相关实验

（1）阿希的线段实验

阿希设计了一个实验环境，表面上是调查受试者对一些线条的长度判断。研究者给受试者看两张卡片：一张卡片上有一条线；另一张卡片上有三条不同长度的线，分别标明1、2、3。对受试者的要求是，找出三条线中哪一条线的长度与另一张卡片中的那一条线相同，并说出线的代号。

实验结果为在没有群体压力的情况下，单独判断，人们可以做得很好。而当群体压力介入环境时，即将受试者组成一组判断线条的长度。事实上，只有一位是真正受试者，其他则是配合实验者。研究者让配合实验者在做出一两次正确尝试后，便开始给出一致的错误答案。经过多次实验，发现多数受试者会屈服于群体压力，至少给出一次错误答案。实验表明：有人情愿追随群体的意见，与群体意见保持一致，即使这种意见与他们自身感觉得来的信息相互抵触（赛佛林、坦卡德，2006）。

（2）谢里夫（Sharif）的从众实验

谢里夫的设计研究围绕着所谓的自移光效果（autokinetic light effect）的现象进行。一个人被安排坐在完全黑暗的房间里，呈现一点很微小且静止的灯光，这时，这个人常常会看见灯光在移动。但实际上灯光并没有移动，只是神经系统对昏暗灯光过度补偿的结果。因此，也没有人真正知道所看见的"灯光移动"移动得有多远。谢里夫将受试者安排在一个黑暗的房间里，在手指便于触及的地方放一个电报按键。5米之外，放了一盏会呈现一点灯光的器具。受试者根据指示，一看到灯光移动就按键。随后这点灯光会开始移动，几秒钟过后，光便会消失。然后让受试者尝试说出它移动的距离，尽可能估计准。当某个受试者单独在房间做这项实验时，通常会停留在自己的一套标准上，各自有非常不同的个人范围。而当几个人（这几个人曾单独在房间做过实验，并分别建立了自己的标准）被安排在同一房间内，一起接受实验，并且彼此可以听见估计的距离时，通常会发现，在实验几经重复之后，各种估计数值会变得越来越相互接近，逐渐趋同。最终，这个群体建立了自己的标准，这个标准通常接近几个人所估计的各种标准的平均值。接下来谢里夫让那些曾在群体环境中实验过的人再次分别单独在房间内做进一步的实验，结果表明在这种单独的环境中，个人通常还会遵守在群体中形成的规范（弗林、坦卡德，2006）。

（十）集合行为（Collective Behavior）

1. 定义

集合行为又称"集体行为"或"大众行为"，该词是由美国社会学家帕克（Robert Ezra Park）提出的。他认为，集体行为是个体在一种共同的、集体的冲动影响下的行为，换句话说，集体行为是社会互动的结果（帕克，2016）。另一位社会学家波普诺（David Popenoe）则认为，集合行为是指在相对自发、不可预料、无组织的以及不稳定的情况下对某一共同影响或刺激产生反应的行为，如时髦、时尚、恐慌、流言、骚乱等（波普诺，1999）。

2. 特点

与有组织的群体行为相比，集合行为表现出自发性、狂热性、无组织性和短暂性，一般来说规模比较大，会对现存的规范和制度造成极大的破坏（官承波，2007）。

3. 主要类型

一般来说，集合行为可以分为三大类：集群行为（crowd behavior）、大众行为（mass behavior）和社会运动（social movement）。所谓集群行为是指由共同的关注点而临时聚集到一起的人群因彼此间相互影响而产生共同情绪和行为，如民族节日狂欢；大众行为是指对某一刺激事件或议题反应相同的行为者的集体行动，代表着许多个人反应的综合，主要有时尚、恐慌、狂热、大众歇斯底里、灾后行为、谣言等；社会运动是指有组织的一群人，有意识且有计划地改变或重建社会秩序的集体行为，用意则在促进或抗拒社会变迁（李斌，2009）。

4. 产生条件

第一，结构性压力，例如自然灾害、经济萧条、政治动荡等社会结构性因素所造成的社会焦虑与不安；第二，触发性事件，集合行为一般都是由某些突发事件或突然的信息刺激引起的；第三，正常的社会传播系统功能减弱，非常态的传播机制活跃化（郭庆光，2011）。治理集合行为，避免因集合行为而引发破坏性的社会后果，在于消除这些发生条件（郭庆光，2011）。

5. 信息传播与集合行为

集合行为中的信息传播与正常的社会传播有很大不同，其会受到群体暗示、群体感染、群体模仿等传播机制的制约，通常具有非理性的特点。此外，流言是集合行为的主要信息形态，集合行为中的流言属于紧急事态下的流言。在集合行为中，信息的流动处于一种异常状态，很难辨认信源、信宿，几乎每个人都是消息的发布者，同时也是消息接受者（郭庆光，2011）。

（十一）组织形象传播（Organizational Image Communication）

1. 组织形象

组织形象是跨学科研究中一个有争议的概念，它借鉴了组织传播、企业传播、组织、营销和公共关系等方面的研究成果，是一个连接组织传播、企业传播、企业品牌、公共关系和组织研究的概念。它被看作存在于外部利益相关者和组织成员自身之间的组织印象，是"解释的外部形象"和"期望的形象"。从外部观点来看，组织形象通常被定义为"别人认为我们是谁"；从内部观点来看组织形象被定义为"我们认为别人认为我们是谁"，即组织成员对外界如何看待组织的看法（弗兰森，2017）。

2. 组织形象传播

组织形象传播是指社会组织机构，借助一定的传播沟通手段，向社会公众宣传和介绍自己，展示自身美好形象，从而赢得更广泛的理解、信任与支持的传播行为。由于组织形象传播是以塑造和传扬良好的组织形象为目的，所以它在本质上来说，仍旧属于一种公关关系的传播活动（李一，2001）。

对于组织来说，一个积极的形象被认为是组织实现组织合法性和独特的品牌地位，使得组织更具有吸引力。此外，组织形象提供了一面镜子，在这面镜子中，组织成员看到自己在他人眼中的反映，并在外部形象与组织形象之间存在感知差距的情况下，推动集体的、组织的行动（弗兰森，2017）。因此组织通过各类形象传播活动，可以更好地向社会公众展示组织机构的形象，使之留下深刻而美好的形象，以此来赢得广泛的理解、信任和支持（李一，2001）。

3. 类型

根据组织形象活动的对象归属不同，可以将组织形象初步划分为对内传播和对外传播两种类型。

对内传播：以组织机构的全体成员，即组织机构的内部公众为传播活动对象的组织形象传播，目的在于增进和强化组织机构的所有成员，对于组织机构的活动目标以及功能定位的认同，使组织成员在理念、认识与行为表现上达成高度的一致，从而增进组织机构内部的团结与合作，优化组织机构内部的关系状态，形成组织机构管理运作的良好态势（李一，2001）。

对内传播媒介途径：书面媒体、会议、电话、组织内公共媒体（如社内报、闭路电视等）、计算机通信系统及互联网等（郭庆光，2011）。

对外传播：对外传播也就是以组织机构的所有外部社会公众，作为形象传播活动对象的组织形象传播，目的是协调组织机构与外部社会公众以及外在环境因素的关系，为组织发展营造良好的外部环境，根本目的是要为组织机构塑造出良好的品牌形象（李一，2001）。通过形象传播活动，组织机构可以不断扩大自身影响，不断提升自己的知名度和美誉度，更广泛地赢得各方面的理解、支持与合作，将自己的事业发展推向新的历程，自然也就为社会提供了更多更好的产品和服务（李一，2001）。

对外传播媒介途径：对外传播包括公关、广告、企业识别系统（Corporate Identity System）等形式（郭庆光，2011）。

（十二）组织文化传播（Organizational Culture Communication）

1. 定义

组织传播是指某个组织凭借组织和系统的力量所进行的有

领导、有秩序、有目的的信息传播活动。组织传播具有一系列明显特征:传播对象是特定的;受传者接受信息是强制的;传播走向是双向的;传播活动是组织本位(魏永征,1997)。

任何组织都是与信息传播同步生成的,而组织的目标、理念、精神、信仰、价值、观念等组织属性的一套符号和观念体系构成了组织文化(陈力丹,2014)。组织文化是一个组织内成员共有的,包括行动、惯例、交谈、仪式等符号以及人们赋予这些符号的意义。组织文化传播一定意义上是仪式性的表演,常见的组织文化传播包括:制度仪式、激情故事、权力强化、适应性培训等。

2. 作用

组织文化传播旨在增强成员的组织归属感,营造良好的组织环境;具有较强文化意识的组织,能使组织成员将内化的组织文化自觉地,甚至是无意识地贯彻在日常言语、行为之中;组织规范诉诸强制和服从,而组织文化传播以潜移默化的形式发挥作用,增强成员对于组织的向心力(陈力丹,2014)。

美国学者格林堡(Howacd Green baum)等人曾列出研究组织传播的八大类主题及内容为:组织中的人际传播;组织中的团体内部传播;组织中的团体之间的传播;传播因素与组织目标;组织传播中的技巧提高与训练;组织传播媒介;组织传播的系统分析;组织传播的研究方法(胡河宁、胡昭阳,2008)。

(十三)仪式(Ritual)

1. 定义

仪式原指典礼的秩序形式,作为学术话语的"仪式"则具有更丰富的内涵。传播学视野下的"仪式"研究代表包括詹姆斯·凯瑞的"传播的仪式观"、戴扬和卡茨的"媒介事件"。

人们对传播的认识通常定位于信息在空间的传递过程。但人们传播的动机或者目的并不是控制，而是共享和参与。人们接触媒介，不仅仅是为了获得信息，还是为了确认和重塑某种价值观。传播又表现为一种仪式，带有共享的特点。媒介或媒介的表达方式成为一种神圣典礼。人们接触媒体已经成为一种生活的"仪式"（凯瑞，2005）。

2. 发展

詹姆斯·凯瑞关于传播的传递观（a transmission view of communication）和传播的仪式观（a ritual view of communication）的思想衍生了我们看待和研究传播的两种向度。传播从"传递观"到"仪式观"是一种递进关系，体现出人们对于信息传播的认识从直接感性经验上升到较为宏观的理性认知，传播的仪式观这一概念的提出，开启了传播学研究的新视角和新方向，是对经验主义研究方法的有益补充（陈力丹，2008）。

与传统的传递观相比，仪式观从类比或者隐喻的角度重新看待传播，为我们理解人类传播现象开启了新的视角，使我们能够更全面地理解传播，而凯瑞作为美国本土化的批判学者，他的学术研究思想从很大程度上来讲都是源于英尼斯（叶春丽，2017）。

传播学视野下的"仪式"还有另一种体现即"媒介事件"。1992年，美国学者戴扬和卡茨在《媒介事件》一书中提出了"媒介事件"（media events）的概念。它是指那些令国人或世人屏息驻足的电视直播的历史事件。这种由于传媒的聚焦而带来的从数百万到数亿人的电视围观,即媒介事件。戴扬和卡茨对此现象保持了适当的警惕,认为媒介事件会转移人们对现实社会问题的关注,对受众起到麻醉作用。同时也指出,这种无形的控制不是绝对的,观众有可能对其进行另类解读或反向解读(陈力丹,2014)。

媒介事件的概念及其理论探讨,除了戴扬与卡茨的媒介事件,"假事件"是另一个理论来源,甚至是更重要的理论来源。布尔斯廷在1961年提出了假事件(pseudo-event)的概念,这个"假事件"并非"虚假""捏造",而是"由传播者以吸引媒体注意和进行公共宣传(publicity)为目的而制造的事件"(董天策等,2017)。

(十四)危机传播(Crisis Communication)

1. 定义

危机传播是异化情境下的一种特殊传播形态,是指针对社会的危机现象如何采取大众传播及其他手段,对社会加以有效控制的信息传播活动,其目的在于按照社会传播和新闻传播的规律,对危机处理过程进行干预和影响,促使危机向好的方向转化(胡百精,2014)。

2. 两重性

危机传播具有两重属性:一方面它遵循所有传播形态的共通本质;另一方面它又由于危机变量的介入而呈现出一些独有的特点,包括危机传播是混乱符号和不确定意义的共享过程,危机传播是信息传播主体与客体非秩序化复杂互动的过程,危机传播是一个失衡的信息系统，是各种信息碎片的杂合体（胡百精，2014）。

（十五）危机公关的 3T 和 5S（The 3T and 5S Principles of Crisis PR）

1. 3T 原则

危机公关的"3T"原则是由英国危机公关专家迈克尔·里杰斯特（Michael Regester）提出的，具体指的是：Tell your own tale（以我为主提供情况），Tell it fast（尽快提供情况），Tell it all（提供全部情况）。该原则中，第一个"T"强调危机处理时组织应牢牢掌握信息发布的主动权，主导舆论，避免信息真空的情况；第二个"T"强调危机处理时组织应尽快地不断发布信息；第三个"T"强调信息发布应全面、真实，而且必须实言相告（居延安，2013）。

2. 5S 原则

危机公关的"5S"原则是由我国危机管理专家、著名公关顾问游昌乔在其著作《危机公关：中国危机公关典型案例回放及点评》里提出的。

承担责任原则（shoulder the matter）：强调的是在危机发生后，企业应该时刻将公众和消费者利益放在第一位，并采取合适的行动来切实维护公众和消费者的利益。

真诚沟通原则（sincerity）：强调企业应主动与新闻媒体联系，尽快与公众沟通，说明事实真相，促进双方互相理解，消除公众的疑虑与不安。做到诚意、诚恳、诚实，尊重公众的感受，切记不要过度反应把事情闹大和不要过度承诺。

速度第一原则（speed）：在危机出现的最初 12～24 小时内，消息会像病毒一样以裂变方式快速传播。企业应当机立断，与媒体和公众进行沟通，迅速控制事态。

系统运行原则（system）：强调企业内部首先要稳住阵脚，万众一心，并组建班子专项负责统一口径，最大限度集中使用资源解决危机，并与政府部门、行业协会、同行企业以及新闻媒体联手对付危机。在控制事态后，还要及时找出危机症结，谋求治本。

权威证实原则（standard）：强调要充分发挥和随时调动新闻媒体的权威传播功能，争取政府机关、企业行会等权威机构的支持，并且应努力赢得消费者代表的支持。

（十六）霍桑实验（Hawthorne Experiment）

1. 背景

霍桑实验是组织传播领域的一次重要研究，是关于人群关系运动的实验研究。1924—1932 年，美国哈佛大学教授梅奥（George Elton Mayo，1880—1949）主持了在美国芝加哥的西方电器公司霍桑工厂进行的一系列实验。实验发现工人不是只受金钱刺激的"经济人"，个人的态度在决定其行为方面起重要作用（顾孝华，2007）。

2. 内容

霍桑实验包括照明实验（1924—1927）、福利实验（1927—1929）、访谈实验、群体实验、态度实验五部分，1933 年，梅奥总结出版了《工业文明的人类问题》。霍桑实验得出的主要结论有：

职工是"社会人"。过去资本主义国家把职工看成"经济人"，梅奥等人提出了与"经济人"观点不同的"社会人"的观点，强调金钱并非刺激职工积极性的唯一动力，新的刺激重点必须放在社会、心理方面，以使人们之间更好地合作并提高生产率。

企业中存在着"非正式组织"。由于人是社会高级动物，在共同工作过程中，人们必然发生相互之间的联系，共同的社会感情形成了非正式群体。在这种无形组织里，有它的特殊感情、规范和倾向，并且左右着群体里每一位成员的行为。非正式组织与正式组织是相互依存的，对生产率的提高有很大影响。

新型的领导能力在于提高职工的满足度。满足工人的社会欲望，提高工人的士气，是提高生产效率的关键。"霍桑效应"就是当人们在意识到自己正在被关注或者观察的时候，会刻意去改变一些行为或者是言语表达的效应。

3. 影响

霍桑实验对管理理论有相当的贡献，它第一次把研究的重点从工作和物的因素上转移到人的因素上，不仅在理论上对古典管理理论做了开辟和补充，还为现代行为科学理论奠定了基础，而且对管理实践产生深远影响，为管理学打开了一扇通往社会科学领域的门；它的局限性在于：对经济人假设的过分否定，对非正式组织的过分倚重，对感情逻辑的过分强调（顾孝华，2007）。

（十七）风险传播（Risk Communication）

1. 背景

风险传播诞生于 20 世纪 70 年代，与西方社会科技争议频发和公众对新兴技术的担忧密切相关，"履行孕育潜在风险的专业科技工作者和承担风险的公众之间的社会契约"（Hschhof，1995）。

2. 定义

风险传播可以界定为"个人、组织和机构之间与风险评价、风险描述和风险管理相关的信息交流活动"（Mccomas，2006）。"风险传播至少包括三个要素：风险信息；风险传播主体之间的互动；主体间信息、意义的传递与分享。"（程宇婕，2010）风险传播研究致力于观察风险信息在专家、风险管理部门、利益团体和民众之间的流动（Leiss，1996），尤其强调"专家如何将真相告知民众"（Plough & Krimsky，1987），其最终目的在于引导政府、企业与民众之间建立新的伙伴关系，并促成良性对话（于建嵘，2010）。当然，在这个风险建构、争夺与沟通的过程之中，社会的文化背景、公众的价值偏好，也会起到重要的作用（Leiss，1996）。"在风险的界定中，科学对理性的垄断被打破了，总是存在各种现代性主体和受影响群体的竞争和冲突的要求、利益和观点，它们共同被推动，以原因和结果、策动者和受害者的方式去界定风险。关于风险，不存在什么专家。"（贝克，2003）

3. 发展

乌尔里希·贝克（Ulrich Beck）认为风险社会指"人类用预期技术发展相同的速度创造出无法测算的不确定性，我们都进入了一个不可预测、不可控制、不可言传的局面"，此时风险已经代替物质匮乏，成为社会主题和政治议题的中心，现代社会已经从财富的分配转向了对风险的分配，风险更多集中在弱势人群身上，弱势并不仅仅指人们占有更少的财富或权力，也包括知识，后者经常更加重要（Beck，1992）。媒介在风险社会中扮演了极为重要的角色，贝克就特别强调"媒体"在"对抗风险"上的重要性（Beck，1992），而新媒体的出现则彻底改变了"风险议题"的发展，它赋予了民众建构风险的权力，也使得"风险信息"快速扩散与放大，促使其成为公共舆论的焦点（曾繁旭、戴佳，2014）。

4. 影响

"风险传播"是传播学领域的重要研究主题（郑和顺，2011），其在决策制定、风险管理等领域越来越多地受到重视（Plough，1987），风险传播之所以与主流的科学传播分野，重要的原因之一在于这个学科具有很强的实践导向，其开始要解决的就是教育公众正确认识并妥善应对风险（贾鹤鹏、苗伟山，2017）。

（十八）健康传播（Health Communication）

1. 定义

"健康传播是一种将医学研究成果转化为大众的健康知识，

并通过态度和行为改变,以降低疾病的患病率和死亡率、有效提高一个社区或国家生活质量和健康水准为目的的行为。"(Rogers,1994)健康传播除了要唤醒公众的健康意识之外,还应改变公众对健康所持有的态度以及采取的健康行为。

2. 发展

以互联网为代表的新媒体的发展,引起了传播方式的巨大变革(任景华,2010),新媒体平台上的健康传播结合了大众传播、人际传播的优势,传播机制的创新使其成为健康传播的有力工具(陈虹、梁俊民,2013)。"健康并不仅指不生病,或不衰弱,而是一种完整的身体、精神和社会交往的健康状态。"(盖斯特-马丁、雷、沙夫,2006)新媒体的迅猛发展指明了方向:推动单向宣传、自上而下的健康教育发展为双向交互、平等对话的健康传播。换言之,原来的教育者和受教育者应当成为缔结"主体—主体"关系的对话者,展开双向开放、平等均衡的公共讨论,新媒体为受教育者身份的革命性变化创造了可能性,当受教育者也成为对话的主人,健康观念、知识和技能也就找到了它们真正的主人(胡百精,2012)。在社交媒体平台上,权力的需求直接体现在"我要说话"或者"用户贡献"上,健康传播机构要做对话的引领者而非控制者,要给人们留有加工信息、表达意见、抒发情感、创造性转化知识的余地,因为"我们不是学着一起生存,就是一起死亡"(加勒特,2008)。

3. 健康传播研究

健康传播的研究一般是沿着两个维度展开:一是传播的效应维度,分为健康信息的触达与认知、健康观念的形成与演化及健康行为的启动与培育三个层次；二是传播的社会维度，分为微观个体性因素对健康传播与信息加工的影响、中观群体性因素对健康传播与信息加工的影响及宏观社会性因素对健康传播与信息加工的影响三个方面。而发轫于美国的"健康信息全国趋势调查"恰恰是这一研究范式的重要标版（喻国明、潘佳宝，Kreps，2017）。

4. 当前我国健康传播研究存在的问题

第一，研究滞后于实践发展，有预见性和操作意义的研究成果少；第二，医学、公共健康学者占绝大多数，新闻传播背景比例偏低，学科合作少；第三，议题关注范畴窄，大多集中在艾滋病防控、大众媒体传播效果、媒体报道框架分析上。（喻国明、路建楠，2011）

（十九）公共传播（Public Communication）

1. 背景

公共传播被正式提出是在20世纪80年代，斯代佩斯（James G. Stappers）在《作为公共传播的大众传播》（Mass Communication as Public communication）一文中提出，"作为公共传播的大众传播"就是为了"探寻公众如何接近并使用媒体，公共信息和知识应该如何传播和扩散的问题"（Stappers，1983）。

2. 定义

"公共传播"在美国没有确切的定义，也不是一个"显概念"（冯建华，2017）。学者胡百精认为，"公共传播是多元主体基于公共性展开的沟通过程、活动与现象，旨在促进社会认同与公共之善"（胡百精、杨奕，2016）。

学者史安斌从信息传递模式变革的角度提出，新闻发布制度从传统的"宣传模式"向"公共传播"模式过渡，即新闻发言人与记者之间突破了以往自上而下的单向传输模式，实现了真正意义上的双向互动（史安斌，2007）。基于新媒体时代的传播特点，有学者提出，公共传播从狭义上是指政府机构、社会组织、公共媒体、非营利组织或公民，通过媒体进行的以社会公共利益为目的的公共信息发布（石长顺、石永军，2007）。该定义重在强调公共传播走向主体多元化，而且要以公共利益为目的。在此基础上，学者董璐进一步提出，公共传播是指政府、企业及其他各类组织，通过各种方式与公众进行信息传输和意见交流的过程（董璐，2008）。

3. 发展

互联网等新媒体的崛起仅为公共传播的孕育发展带来曙光，或者构成一种更为积极的因素，而并非必定总是"福音"。事实上，已有证据显示，随着互联网的普及，审查手段也在不断升级、网络监管正在不断加强，这对公共性准则会起到不利的影响。因而，如果对现实没有清醒的认知，对未来可能存在的挑战没有足够应对，公共传播这一概念所指涉的传播实践在新媒体时代同样面临着诸多不确定性，概而言之，它至少面临三方面挑战：一是公众的媒介素养和政治参与能力，将决定公共传播的稳定性；二是能否抵制商业资本的侵蚀，将影响公共传播的成色；三是技术与政治或资本的合谋，将可能导致公共传播的异化。（冯建华，2017）

第四章

传播学研究方法

一、量化研究方法基本概念

（一）量化研究方法（Quantitative Research Methods）

1. 定义

19 世纪后半叶至 20 世纪 80 年代，西方社会科学领域经历了一场研究"范式"和"方法论"的争执，这场争论围绕着量化和质化两种研究方法，涉及唯心主义和唯物主义，本体论和认识论，自然科学和人文科学，理性主义和自然主义，实证主义和解释主义，标准和程序，方法的效度和信度（张敏、任中峰，2011）。

定量方法采取了实证主义范式，用量化手段（数字和统计）来理解传播现象，将"人"（无论是研究者还是被研究对象）从研究环境里剥离出去，追求客观的、可重复的、标准化的研究过程，其研究目的在于找出相关关系和因果关系，因而研究结果追求"准确"测量和"精确"预测，不同的研究者使用相同的研究设计和研究方法应该得出相同的结论（陈阳，2007）。

传播学中运用的定量研究方法吸纳了包括社会学、心理学、政治学等分支学科在内的行为科学的研究方法（王锡苓，2002），包含调查法、实验法、内容分析法等具体的研究方法。

2. 评价

量化研究方法的优点是普遍性、客观性和可验性。标准化和精确度较高，逻辑推理比较严谨。能大大推进理论的抽象化和概括性，促进对现象之间普遍的因果关系的精确分析。局限性在于对大量样本的少数特征做精确的计量，因而很难获得深入、广泛的信息，容易忽略深层的动机和具体的社会过程（艾尔·巴比，2005）。

（二）证伪（Falsification）

1. 定义

在科学哲学和方法论的意义上，关于证明与证伪以及证伪的判定等存在着长期的争论。并非所有人都认同卡尔·波普尔（Karl Popper）的证伪思想，也并非所有用于科学研究的方法都意在证伪。但是定量方法却严格地用于证伪，这在很大程度上是由于定量方法目前使用的统计检验思想和原理本就是严格建立在演绎认识论基础上的证伪方法。在定量研究中，研究者对数据进行统计分析，无论是复杂或简单的分析，其目的和最终结果都是对假设进行检验并根据事先确定的标准，做出是否拒绝假设的决定，这个过程即为证伪（庞珣，2014）。

在衡量科学与非科学的分界标准时，波普尔提出了经验证伪的原则（赵庆元，2014）。波普尔指出："衡量一种理论的科学地位的标准是它的可证伪性或可反驳性或可检验性，一种不能用任何想象得到的事件反历史的证伪驳掉的理论是不科学的，不可反驳性不是（如人们时常设想的）一个理论的长处，而是它的短处。"（波普尔，1987）

从逻辑上看，证伪的逻辑是演绎推理的一种形式，用符号表示是：$[(t \rightarrow P) \cdot \tilde{P}] \rightarrow \tilde{t}$。这里 t 是前提，表示特定的全称陈述，如"凡天鹅皆白"，P 是结论，表示特定的单称陈述，如"这只天鹅必白"。$\tilde{P}$ 与 $\tilde{t}$ 分别是 P 与 t 的否定。整个逻辑公式的意思就是：如果 t，那么就 P，由于非 P，所以非 t。对于上述两个特定的陈述来说，其意思就是：如果"凡天鹅皆白"这个全称陈述为真，则"这只天鹅必白"这个单称陈述也必然为真，如果"这只天鹅必白"这个单称陈述为假，则"凡天鹅皆白"这个全称陈述也必然为假，在这当中，结论的假必然要传递到前提上。波普尔称这种推理为"证伪的演绎推理方法"。从这里也可看到，经验证实和经验证伪两种原则的对立，在逻辑上就对应着归纳逻辑和演绎逻辑的对立。证实是归纳逻辑的应用，严格的全称陈述不能被证实，反映了归纳逻辑的前提与结论之间的非必然关系。证伪之所以不同，就在它的逻辑方法是演绎法（林超然，1988）。

2. 评价

波普尔所说的"可证伪性"，是逻辑上的可被证伪，即对于从理论推导出来的陈述，在逻辑上总可以有某种事例可能与它发生冲突。一个理论如果与任何可能发生的或可想象的事例都不会相抵触，那它就不具有可证伪性。可证伪只要求一种逻辑上的可能性，而并不要求证伪已成了现实。所以由可证伪性标准所确定的科学理论，既包括历史上的已被经验证伪的理论，如地心说、燃素说等，也包括至今尚未被证伪，但在逻辑上将来有可能被证伪的理论，如相对论、量子力学等（林超然，1988）。

（三）测量（Measure）

1. 定义

给一个概念下操作化定义的过程，实质上就是测量这一概念的过程。史蒂芬斯（S. S. Stevens）指出："测量就是根据法则，对研究对象或事件分配若干数字。"

关于测量过程，一般通过以下三个过程：确定一个概念的精确定义；把该概念转换成操作定义；根据事先设定变量间的关系，证明或否定其关系（苏蘅，1993）。

2. 作用

苏蘅在论述测量的功用时总结指出，测量有三种作用：

第一，把抽象复杂的观念转化成可测量的形式，并进而借助丰富的数字技巧，做更精确而经济的研究；

第二，透过逻辑推理原理，构建理论的相关法则，一方面以最简捷的途径，连接理论概念，另一方面也可澄清概念本身的内涵，有助于研究者了解实证全貌；

第三，测量法可反复验证，任何社会科学家都可依据该研究的程序反复检验，使研究本身经得住科学方法的检验（王锡苓，2002）。

(四)指标(Indicators)

1. 定义

指标是量化研究的必要工具,它可以认知和识别抽象概念在经验世界中的表现,是社会测量中使用的"量器"。指标按照字面理解就是指示和标志,因此,所谓指标就是对一个抽象概念在经验层面的具体说明,是用一组可以观察到的经验现象来"指示和标志"一个抽象概念。指标和概念的操作化具有非常密切的关系,实际上一个详细具体的操作化定义就是由一组指标构成的。因此,概念的操作化就是指标建立的过程(仇立平,2015)。

指标是指反映实际存在的一定社会总体现象的数量概念和具体数值,包括指标的名称和指标的数值两部分,例如我国 1983 年原油产量 10 607 万吨。"原油产量"是指标的名称,10 607 万吨是指标的数值。但在实际工作中,有时仅把指标的名称作为指标。

指标按其作用不同,可分为数量指标及质量指标两类;按其计量单位不同,可分为实物指标、价值指标和劳动量指标三类;按其表现形式不同,可分为总量指标、相对指标和平均指标三类(夏蒙辉,1986);按其属性可分为两大类,即客观指标和主观指标(仇立平,2015)。

设计一个科学的统计指标,应该注意以下两点:首先,要有一个科学的概念,也就是说要正确规定指标的实质含义;其次,要准确确定它的具体包括范围。指标的实质含义是主要的,具体包括范围要从属于实质含义并应与之相适应。确定统计指标的科学实质含义，必须以马克思主义政治经济学作为理论依据（夏蒙辉，1986）。

2. 评价

在经验层次上，变量表明了研究现象在类别、程度、数量、等级上的变动状况，而那些能够被直接观察到的、体现变量内容变动的一组事物被称为指标（indicator）。也就是说，我们直接对指标进行观察，体现出变量的变动状况，然后以此来推断抽象概念的性质或变动（陈阳，2007）。

（五）变量的类型（Variable Type）

1. 定义

所谓变量（variable）就是具有一个以上不同取值（不同的子范畴、不同的属性、不同的亚概念）的概念（风笑天，2001），变量用来表示被测量对象的特征。

2. 分类

变量按照不同的划分标准可以分为不同类型（陈阳，2015）。变量分为自变量（Independent variable）、因变量（dependent variable）以及中介变量（intervening variable）。

自变量是引起其他变量变化的变量（风笑天，2001）。在实验研究中，研究者可以根据需要而系统地控制自变量，因此也称为实验刺激变量或实验处置变量（treatment）（陈阳，2015）。因变量是由于其他变量的变化而导致自身发生变化的变量（风笑天，2001）。它是研究者试图解释的对象。跟自变量不同，研究者只能对因变量做出大致的预测，却无法控制它（陈阳，

2015）。

当一个变量影响另一个变量，或者说一个变量的变化引起或导致另一个变量的变化时，就形成了某种因果关系（风笑天，2001）。一项基本的因果关系只需要一个自变量和一个因变量，中介变量则是出现在更为复杂一些的因果关系链中的第三个变量，它在自变量与因变量的联系中处于二者之间的位置，表明自变量影响因变量的一种方式或途径（风笑天，2001）。它是自变量造成的结果，也是造成因变量出现或改变的原因。在某些情况下，中介变量是不能够被直接观察到的，只能根据自变量和因变量来推断（陈阳，2015）。

在实际的社会研究中，同一个变量可能会在某种关系中作为自变量出现，而在另一种关系中则作为因变量出现，而究竟一个变量是作为自变量，还是作为因变量，或是作为中介变量，要根据研究的理论框架和理论分析来决定（风笑天，2001）。

除了自变量以外，还有一些变量也能影响因变量，但是最初的研究设计并没有包括它们，这些被称为外来变量（extraneous variable），或无关变量（陈阳，2015）。

按性质分

按照变量取值，可以分为离散型变量和连续型变量，离散型变量只能取有限的取值，连续型变量可以取任何数值（陈阳，2015）。

按测量级别分

按照变量取值的性质，可以划分为定类变量（nominal

variable)、定序变量（ordinal variable）、定距变量（interval variable）和定比变量（ration variable），它们对应着四种测量级别，即定类测量、定序测量、定距测量和定比测量。离散型变量都是定类或定序变量，而连续型变量都是定距或定比变量（陈阳，2015）。

陈阳按照测量级别对变量分类做了总结，如下：

定类变量：当变量的取值只表示类别的区分，不表示任何数量上的大小时，这样的变量就是定类变量，相应的定类变量仅仅对研究对象进行分类，不体现任何数量上的顺序。在分析定类变量时，只能计算所分类别出现的频率，不能计算不同类别的平均值。从测量级别上看，定类变量最低，但分类是基础，其他测量级别都包含着分类功能。

定序变量：如果变量的取值不仅表示分类，还能够按照某种逻辑顺序对这些分类进行排序，这样的变量就是定序变量，相应的定序测量可以将研究对象进行程度上的区分。定序变量体现了研究对象在高低、大小、重要性、强弱等方面的差异。

定距变量：如果变量的取值不仅表示了分类和顺序，还能够表示不同类别之间的绝对距离和数量差别，这样的变量就是定距变量。在定距测量里，不同类别之间的差别可以进行绝对值大小的比较，即定距变量的取值之间可以相互进行加减运算。

定比变量：如果变量的取值不仅表示了绝对数值的大小，还包括一个有实际意义的零点，那么就称为定比变量，相应的定比测量能够进行加减乘除运算。

互斥性、等价性和穷尽性是测量变量时应遵循的基本规则。

不同的测量级别体现了测量的精确度，确定一个变量属于哪个测量级别，要看研究者是如何定义这个变量的，还要看研究者决定采用哪些指标来测量这个变量（陈阳，2015）。在实际操作中，我们可以采用更精确的测量级别搜集关于研究对象的信息，然后在分析的过程中忽略某些信息，却不可能搜集不精确的信息，然后进行更精确的分析（陈阳，2015）。

（六）量表（Scales）

1. 定义

量表是有关研究变量的强度、方向、程度、层次或趋势的复合测量手段，它包含着一组题项，这些题项按照某种顺序被排列，对每种题项的回答对应着固定数值，其总值表示了研究对象的特征和性质（陈阳，2015）。量表可以是单维度的（比如职业量表、教育程度量表），也可以是多维度的（如社会经济地位量表包含着教育程度、收入、职业和生活地区等多项指标）（陈阳，2015）。

量表往往是定序测量，只有少数量表可以被看成定距或定比测量（陈阳，2015）。主要量表有李克特量表（Likert scale）、舍史东量表（Thurstone scale）、古特曼量表（Guttman scale）、语义差别量表（semantic differential scale）。

2. 相关概念

袁方和王汉生（1997）对量表及其相关概念进行了辨析：

首先是量表与维度（dimension）。维度的概念属于理论范畴，它表示现象的某一层次或某一方面，或者说，它在抽象层次上表示从某一角度看待现象时的某种连续统一体。与维度不同，量表和指标都是用来捕获和再现理论维度的经验工具，即对理论维度的一种代表，是用在经验层次上对现象的连续统一体的测量。

其次，量表与指标（indicator）也是有区别的。量表的概念经常用来表示包括判断或主观评价的测量，而指标则不包括。另外，量表通常是由多项测量内容综合而成的，其中每一项内容都可看作经验变量的一个指标，而一个量表就可由两个或更多个指标构成。

最后，要区分量表和指数（indexes）。指数也可由一组指标综合而成，这组指标分别对一个复杂概念的不同部分进行测量，然后对这组指标的数值进行累加或其他运算就可综合为一个指数。量表与指数的主要区别在于，量表在原则上都需要个人对一系列精心设计的统一陈述或项目做出赞成或反对、同意或不同意的反应，也就是说，量表必须由一套问卷问题所构成。指数则可以依据其他的资料。一般来说，指数是由几个数量指标的运算综合而成的，而量表则由对一组问题的回答计分综合而成，它常用于测量人们的态度。

3. 主要量表

陈阳（2015）对主要的量表进行了介绍：

舍史东（Louis Thurstone）在20世纪20年代发展了一种定距量表用来测量对特定概念的态度，被称为舍史东量表。编制舍史东量表时，研究者应做到：首先，收集或编写大量跟所测量变量有关的评价式陈述（比如至少100种）。其次，选择

50~300位评分者，每位评分者都要表明自己对每一种陈述有多同意，通常使用9、11或13级量表，1表示"最不同意"，中间值表示"中立"，9、11或13表示"最同意"。然后，研究者计算每种陈述的平均值和标准差，挑出那些评分者给出分数差异较小、评分者的态度最一致（标准差小）的陈述，同时考虑对被调查者而言平均值变化幅度最大的那些陈述，如根据平均值高低将这些陈述分成5组，从每组中挑出标准差最小的4种陈述。最终以被挑出的陈述形成一个新量表，即舍史东量表。在舍史东量表里，每种陈述只对应着"不同意"和"同意"两种回答，"不同意"一般记作0分，"同意"的分数由研究者根据刚才各个陈述得分的平均值来确定，因此"同意"不同的陈述，被调查者的得分可能不一样。将每个陈述项目上的得分相加，其总和就是被调查者对特定问题的态度得分。

李克特量表由美国社会心理学家李克特（Rensis Likert）于1932年在原有的指数形式的基础上改进而成的。李克特量表由一组对某事物的态度或看法的陈述组成，是问卷调查中最常使用的定序或定距量表。在编制李克特量表时，研究者应该做到：首先，围绕要测量的研究问题编写和收集大量的陈述，这些陈述应当比较分散，以覆盖一个足够宽泛的范围，即这些陈述具有多重维度，同时每个陈述都要围绕研究问题而展开，即各种陈述跟研究问题之间都存在着相关关系；其次，对每一个陈述，以4~8级记分的方式来对被调查者的回答进行分类；最后，将每一个被调查者在所有陈述上所得的分数相加，其总和就是他在该研究问题上的得分。李克特量表经常用于测量个体的观念、态度或意见，由于它将被调查者在所有陈述上的分数相加而推断他们的态度，所以也被称为总加量表（summated-rating scale）。李克特量表的优点在于省时省力、编制方法简单，而且可以对量表进行信度分析，去除影响信度的陈述，所以其测量结果更加可信。几个李克特量表可以被组合成一个指数，指数能够用数字更精确地体现被调查对象的观念和态度。李克特量表要求每个陈述之间具有同质性，即跟所测量的变量相关。

古特曼量表由古特曼（Louis Guttman）于20世纪40年代发展而来，也叫作累积量表（cumulative scale）。跟前两种量表不同，古特曼量表是单维度量表，各种陈述之间存在着由强变弱或由弱变强的逻辑顺序，如果被调查者同意某种陈述，那么他也会同意该陈述之前或之后的所有陈述。所以，古特曼量表可以测量被调查者态度的累积强度。古特曼量表可看成一种定序或定距量表，编制和测试十分复杂。一般的传播研究中很少使用，在社会学研究中比较常用。它的缺点在于，对这一组陈述具有单维度的假设是有局限的，可能由于幸运，在某次调查过程中，这组陈述体现出了单维度，但是换一个调查环境和调查对象，可能就无法体现出单维度。选择某种陈述进入量表，完全依赖研究者的个人判断，没有什么共同遵循的准则，所以有时可能会遗漏某些重要的陈述。而且，一旦出现了特例，研究者无法解释其出现的原因，也不能预测和排除出现特例的情况。

语义差别量表是心理学家奥斯古德（Osgood, C. E.）等人于20世纪50年代首先提出的，其目的在于测量人们对特定概念、对象或群体的看法和感受。在传播研究中，可以运用语义差别量表来测量受众对某电视节目、某份报纸、某广告品牌的看法。编织语义差别量表时，研究者首先确定关于研究对象的属性的一系列反义形容词，然后用7至11级量表将这些反义形容词分别置于两端，也就是将语义的差别分成7至11级，由被调查者选择相应的答案。为了避免出现被调查者随意问答的情况，编制量表时，不要把含义正面的形容词都放在量表的一侧，应该对某些形容词进行负向处理。

（七）信度与效度（Reliability & Validity）

信度与效度是优良的测量工具所必备的条件，如果对测量工具的信度和效果一无所知，则无法判断其获得的资料的可信性与有效程度，所以在社会调查中要认真检查所使用的测量工具，考验其信度与效度，这样才能期望获得可靠与正确的资料（袁方、王汉生，1997）。

1. 信度

信度即可靠性，它指的是采取同样的方法对同一对象重复进行测量时，其所得结果相一致的程度（风笑天，2001）。

袁方、王汉生总结了信度的影响因素：在结构化、标准化程度较高的测量中，信度主要受随机误差的影响，其来源主要有被调查者、调查者、测量内容以及测量环境和时间；在非结构式和非标准化的测量中，除偶然因素外，信度还受研究者主观因素的影响。

提高测量信度可以通过以下方法：使用多种指标来测量概

念；使用更高级别的测量指标；进行试测；将抽象概念转化为清晰具体容易测量的概念（陈阳，2015）。

2. 效度

风笑天认为，测量的效度也称作测量的有效度或准确度，它是指测量工具或测量手段能够准确测出所要测量的变量的程度，或者说能够准确、真实地度量事物属性的程度。也可以说，效度指的是测量标准或所用的指标能够如实反映某一概念真正含义的程度，当一项测量所测的正是它所希望测量的事物时，我们就说这一测量具有效度，或者说它是一项有效的测量，反之，则称为无效的测量或测量不具有效度（风笑天，2001）。测量指标和抽象概念越吻合，那么测量效度就越高，但是概念是抽象的，测量指标是具体的和可观察的事物，所以，我们不可能获得绝对的测量效度，只能说某些指标比另一些指标更能够有效地测量研究对象（陈阳，2015）。

袁方、王汉生总结了影响效度的因素：影响信度的因素同样也会影响效度，除了随机误差外，效度还受到系统偏差和其他变量的影响，主要包括测量工具和样本的代表性。提高效度的方法包括：首先，在设计问卷、量表和调查提纲时要审慎考虑调查的项目和内容；其次，要提高研究的外在效度，就有必要采用概率抽样的方法，而且当研究总体的异质性很高时，还应加大调查的样本量（袁方、王汉生，1997）。

3. 信度和效度的关系

测量的信度和效度之间存在着某种既相互联系，又相互制约的关系（风笑天，2001）。如果信度低，那么研究的效度不可能高，因为当重复测量时，每次得到的数据都不一样，那么每次测量的数据都不能有效地说明所研究的对象；如果信度高，那么研究的效度可能高也可能低；如果效度低，那么信度有可能高也有可能低；如果效度高，信度一定高，因为信度追求同样的结果，重复研究过程仅仅取消了机会误差，而效度追求正确的结果，所以高效度的研究不仅取消了机会误差，还会减少部分测量误差，所以，效度比信度更难取得（陈阳，2015）。

有时候，信度和效度二者会冲突。研究者在追求测量的信度时，往往会在一定程度上损害或降低测量的效度，反之，当研究者努力提高测量中的效度时，其测量的信度则同样会受到影响（风笑天，2001）。当面临一些限制的时候，研究者必须确定是选择高信度低效度的研究设计还是高效度低信度的研究设计，以明确自己的研究目的和意义，自己适合从事哪种研究等（陈阳，2015）。我们对它们进行评价和选择的标准是：越是在准确性和一致性上程度更高的方法和指标，就越是好的测量方法，就越是高质量的测量指标（风笑天，2001）。

最后需要特别注意的是，测量的效度和信度都是一种相对量，而不是一种绝对量（风笑天，2001）。

（八）置信度与置信区间（Confidence Level & Confidence Interval）

1. 定义

置信度与置信区间是在参数估计时所使用的概念。参数估计分为点估计与区间估计两类：点估计就是从一个适当的样本统计值来估计总体的未知参数值；区间估计就是通过样本统计值来推测总体未知参数的可能范围，这一可能范围的大小，取决于我们在估计时所要求的可信度，也就是置信水平或置信度，对于同一样本，如果要求这种估计的可信度越高，则总体参数的可能范围越大，反之越小，这一可能的范围称为置信区间（袁方、王汉生，1997）。也就是说，在一定置信度下估计的区间就是置信区间（陈阳，2015）。

2. 描述

置信度体现的是研究者对某个推论的可信度和把握度，用置信度可以估计抽样误差（陈阳，2015）。常用的置信度有 90%，95% 和 99%，"某个抽样结果的置信度为 95%" 的意思就是 "有 95% 的把握认为"，或者 "某个结果出现的可能性为 95%"。对置信度的要求越高，样本规模越大，99% 置信度比 95% 置信度就要求更多的研究样本，但抽样误差的大小不是与样本量成反比，而是与样本量的平方根成反比，当样本量增大到一定程度以后（如 3000），再继续增加样本量，其精确性提高的程度就越来越小，所花费的研究精力和时间就有点得不偿失（陈阳，2015）。

区间估计常见的描述形式是 "在 95% 的置信度下，总体分布在某个区间内"。"95% 置信度" 可以理解为：当我们从总体中随机抽样 100 次，大约有 95 个样本的统计值的某个区间包括总体的参数值，或者说，总体的某个参数值会落在 95 个样本的统计值的某个区间内，那么就可以认为，这个区间估计的可靠性为 95%（陈阳，2015）。

在样本容量一定的情况下，置信区间和置信度是相互制约的，置信度越大（估计的可靠性越大），则相应的置信区间也越宽（估计得越不精确）（卢淑华，2001）。

（九）抽样（Sampling）

1. 定义

抽样就是从一个总体中抽取部分个体（或元素）组成样本的过程。当研究对象的总体数目巨大时，研究者为了节省研究经费和时间，就需要进行抽样，用关于样本的研究结果来推断总体（陈阳，2007）。在社会调查中，抽样主要解决的是调查对象的选取问题，即如何从总体中选出一部分对象作为总体的代表的问题（风笑天，2005）。

根据抽取对象的具体方式，从大的方面来看，抽样可以归为概率抽样和非概率抽样两大类，在概率抽样和非概率抽样这两大类中，还可细分出若干不同的形式。不同的抽样方法有不同的操作要求，但从大的程序来看，通常要经历以下几个步骤：界定总体；制定抽样框；决定抽样方案；实际抽取样本；评估样本质量（风笑天，2005）。

2. 评价

抽样调查最突出的优点是数据的代表性，可以通过样本的情况，推断整个群体的特征，和普查相比，节省时间和资金（刘海龙，2008）。但是，在抽样过程中也会碰到一些误差，包括抽样误差和度量误差。抽样误差（sampling error）就是样本的统计值与总体的参数值之间的误差，它是由于抽样本身的随机性所引起的误差，影响抽样误差的因素有三个：参数、样本规模和标准误差；度量误差也称非抽样误差，它是指在调查、记录、填答、汇总等工作中所出现的误差（风笑天，2005）。

（十）样本（Sample）

样本就是从总体（population）中按一定方式抽取出的一部分元素（element）的集合，它是总体的一部分（风笑天，2005）。总体是理论上研究要素的特定集合体，研究总体（study population）指的是从中选抽出样本的全体要素。抽样单位（sampling unit）则是在一些抽样阶段所要考虑到的要素或者某组要素（巴比，2005）。

在社会调查中，资料的收集工作或者说调查的实施正是在样本中完成的（风笑天，2005）。比如研究我国报纸对艾滋病的报道，每份报纸就是一个个体，根据一定规则从中抽取出40份报纸，就成为研究的样本（陈阳，2007）。

（十一）概率抽样（Probability Sampling）

概率抽样就是使总体中每一个体都有一个已知不为零的被选机会进入样本（袁芳，1997），它是以概率理论为依据进行的，它要求样本的抽取具有随机性。所谓随机性，就是总体中的每一个成员都具有同等的被抽中的可能性，或者说，总体中的每一个成员被抽中的概率相等（被抽中的机会相等）（风笑天，2005）。通过随机化的机械操作程序取得样本，故而能避免抽样过程中的人为因素的影响,保证样本的代表性。概率抽样主要分为以下几类。

1. 简单随机抽样(纯随机抽样)(Simple Random Sampling)

简单随机抽样是最基本的随机抽样方法。在简单随机抽样中,考虑总体中有 N 个元素,要从中抽取一个由 n 个元素组成的样本,假定样本是不放回的,那么共有 C_N^n 种不同的抽取方法。如果每个可能的样本被抽到的概率都相等($1/C_N^n$),这种抽样称为简单随机抽样(SRS)(柯惠新,2009)。如果我们在抽出一个元素后就把它放回去,继续抽取下一个元素,那么同一元素可能在样本中重复出现,而且每个元素被抽中的概率是相等的,这被称为非常简单随机抽样(very simple random sampling)(陈阳,2007)。

简单随机抽样的常用办法是抽签,即把总体的每一个单位都编号,将这些号码写在一张张小纸条上,然后放入一个容器如纸盒、口袋中,搅拌均匀后,从中任意抽取,直到抽够预定的样本数目,这样,由抽中的号码所代表的单位组成的就是一个随机样本。对于总体单位很多情形,我们则采用随机数表来抽样。利用随机数表进行抽样的具体步骤是:先取得一份调查总体所有元素的名单(抽样框);将总体中所有元素按顺序编号;根据总体规模是几位数来确定从随机数表中选几位数码;以总体的规模为标准,对随机数表中的数码逐一进行衡量并决定取舍;根据样本规模的要求选择出足够的数码个数;依据从随机数表中选出的数码,到抽样框中去找出它所对应的元素。按上述步骤选择出来的元素的集合,就是所需要的样本(风笑天,

2005）。如表 4-1 所示。

表 4-1 部分随机数表（陈阳，2007）

......				
53 74 23 99 67	61 32 28 69 84	94 62 67 86 24	98 33 41 19 95	47 53 53 38 09
63 38 06 86 54	99 00 65 26 94	02 82 90 23 07	79 62 67 80 60	75 91 12 81 19
35 30 58 21 46	06 72 17 10 94	25 21 31 75 96	49 28 24 00 49	55 65 79 78 07
63 43 36 82 69	65 51 18 37 88	61 38 44 12 45	32 92 85 88 65	54 34 81 85 35
98 25 37 55 26	01 91 82 81 46	74 71 12 94 97	24 02 71 37 07	03 92 18 66 75
02 63 21 17 69	71 50 80 89 56	38 15 70 11 48	43 40 45 86 98	00 83 26 91 03
64 55 22 21 82	48 22 28 06 00	61 54 13 43 91	82 78 12 23 29	06 66 24 12 27
85 07 26 13 89	01 10 07 82 04	59 63 69 36 03	69 11 15 83 80	13 29 54 19 28
58 54 16 24 15	51 54 44 82 00	62 61 65 04 69	38 18 65 18 97	85 72 13 49 21
34 85 27 84 87	61 48 64 56 26	90 18 48 13 26	37 70 15 42 57	65 65 80 39 07
......				

简单随机抽样是概率抽样的理想类型，没有偏见，简单易行，且在从随机样本的抽取到对总体进行推断时，有一套健全的规则。但是当总体所含个体数目太多时，采用这种抽样方式不仅费时甚多工作繁杂且费用太高，此外这种抽样方法，在构成总体的个体差异不大时，用之比较有效，而在总体异质性较高时，误差较大（袁方、王汉生，1997）。

2. **系统抽样**（Systematic Sampling）

系统抽样又称为等距抽样、间隔抽样或机械抽样。它是把总体里的每个元素按顺序编号，再根据样本规模确定抽样间隔，然后随机确定以某个元素为起点，每隔若干个元素抽取一个，直至抽取元素符合样本规模的要求（陈阳，2007）。袁方、王汉生将系统抽样的具体步骤总结如下：将总体的所有个体前后排列起来；计算抽样距离，抽样距离是由总体大小和样本大小决定的，假设总体所含个体数为 N，样本所含个体数为 n，则抽样距离应为 K=N/n；在头 K 个个体中，用完全随机的方式抽取一个个体，设其所在位置的序号是 k；自 k 开始，每隔 K 个个体抽取一个个体，即陆续抽取的个体所在位置序号为 k, k+K, k+2K…k+（n-1）K。

系统抽样是简单随机抽样的一个变种，最适用于同质性较高的群体。当总体和样本规模巨大的时候，它的抽样速度更快，而且实施更加简便。但是，在系统抽样里，由于抽样间隔的存在，如果一个元素被选中，那么它的邻居就失去了被选中的机会，所以每个元素被选中的机会是不均等的（陈阳，2007）。

系统抽样的一个十分重要的前提条件是总体中元素的排列，相对于研究的变量来说，应是随机的，即不存在某种与研究变量相关的规则分布，否则系统抽样的结果将会产生极大的偏差（风笑天，2005）。因此，风笑天提出，在使用系统抽样方法时，一定要注意抽样框的编制方法，特别要注意下列两种情况：一是在总体名单中，元素的排列具有某种次序上的先后、等级上的高低的情况；二是在总体名单中，元素的排列上有与抽样间隔相对应的周期性分布的情况。无论是哪种情况，都不符合总体的情况，都是一个有着严重偏差的样本（风笑天，2005）。

3. 分层抽样（Stratified Sampling）

分层抽样又称类型抽样，它是先将总体中的所有元素按某种特征或标志（如性别、年龄、职业或地域等）划分成若干类型或层次，然后再在各个类型或层次中采用简单随机抽样或系统抽样的办法抽取一个子样本,最后,将这些子样本合起来构成总体的样本(风笑天,2005)。

袁方、王汉生总结了分层抽样的优点:当一个总体其内部分层明显时,分层抽样能够克服简单随机抽样的缺点,它是按群体的特征分布从不同层获得尽可能均衡的样本数,使样本与总体更相似,从而改善了样本的代表性;分层抽样可以提高总体参数估计值的精确度;有些研究不仅要了解总体的情形,而且还要了解某些类别的情形,分层抽样可以同时满足这两个要求,因为我们可以将每一类(层)看作一个总体,对总体的不同部分还可以采用不同的抽样方法;此外还便于行政管理,因一层可以看作一个总体,因此每层可由专人进行管理。

风笑天提出,在实际运用分层抽样的方法时,研究者需要考虑下列两个方面的问题:

一是分层的标准问题。同一个总体可以按照不同的标准进行分层,或者说,根据不同的标准可以将一个总体分成不同的类别或层次,通常采用的原则有:以调查所要分析和研究的主要变量或相关的变量作为分层的标准;以保证各层内部同质性强和各层之间异质性强、突出总体内在结构的变量作为分层变量;以那些已有明显层次区分的变量作为分层变量。

二是分层的比例问题。分层抽样中有按比例和不按比例分层两种方法,按比例分层抽样是指按各种类型或层次中的单位数目同总体单位数目间的比例来抽取子样本的方法,即在单位多的类型或层次中所抽的子样本就大一些,在单位少的类型或层次中所抽的子样本就小一些。

4. 整群抽样（Cluster Sampling）

整群抽样又称为聚类抽样或群集抽样。它是从总体中随机抽取一些小的群体，然后由所抽出的若干个小群体内的所有元素构成调查的样本的方法（风笑天，2005）。

整群抽样的分群原则应与分层抽样不同，当某个总体是由若干个有着自然界限和区分的子群（或类别、层次）所组成，同时，不同子群相互之间差别很大，而每个子群内部的差异不大时，则适合于分层抽样的方法；反之，当不同子群相互之间差别不大，而每个子群内部的异质性程度比较大时，则特别适合于采用整群抽样的方法（风笑天，2005）。

袁方、王汉生总结了整群抽样的优点：它可以通过转换抽样单位扩大抽样的应用范围；它可节省人、财、物力。袁方、王汉生也提到整群抽样的最大缺点是样本分布不均匀，样本的代表性较差，因此与其他抽样方法相比，在样本数相同时，其抽样误差较大。

5. 多级抽样（Multi-stage Sampling）

多级抽样又称为多阶段抽样，在上述整群抽样中，当总体的规模特别大，或者总体分布的范围特别广时，研究者一般采取多段抽样的方法来抽取样本。多段抽样的具体做法是：先从总体中随机抽取若干大群（组），然后再从这几个大群（组）内抽取几个小群（组），这样一层层抽下来，直至抽到最基本的抽样元素为止（风笑天，2005）。

多阶段抽样通过采用由高级抽样单位过渡到低级抽样单位的方法，解决了低级抽样单位不易获得的抽样框的问题，并且可以使样本的分布较为集中，从而大大降低调查所费人、财、物力。此外，多阶段抽样由于在各阶段抽样时可根据具体情况灵活选用不同的抽样方法，故能够综合各种抽样方法的优点，提高样本质量。因此，它特别适用于调查范围大、单位多、情况复杂的调查对象。多阶段抽样由于每阶段抽样都会产生误差，因此经多阶段抽样得到的样本的误差也相应增加，这是它的不足（袁方、王汉生，1997）。

除了以上五种概率抽样方法，风笑天还总结了 PPS 抽样、户内抽样两种抽样方法：

PPS 抽样的原理可以通俗地理解成以阶段性的（或暂时的）不等概率换取最终的、总体的等概率。其做法是：在第一阶段，每个群按照其规模（其所含元素的数量）被给予大小不等的抽取概率（群越大，其被抽中的概率也越大）。但到了抽样的第二阶段，从每个抽中的群中抽取同样多的元素（实际上也是不等概率的）。正是通过这样两个阶段上的不等概率抽样，总体中的每一个元素最终都具有同样的被抽中的概率。

户内抽样指在进行入户调查时，从所抽中的家庭中抽取一个成年人，以构成访谈对象的样本，其所抽取的个人样本能够用来推断总体的情况。

（十二）因果关系（Causal Relationships）

1. 定义

科学哲学家亨佩尔（Carl Gustav Hempel）指出，一个科学解释是由解释项和被解释项组成的。被解释项是研究者要说明的现象，解释项是一组关于这一现象发生的先决条件的陈述，这组先决条件可称为这一现象的原因，但它们之所以被当作原因是由一定的规律决定的（袁方、王汉生，1997）。

两变量之间的因果关系，指的是当其中一个变量变化时（取不同的值时）会引起或导致另一个变量也发生变化（取值也不同）；但反过来，当后一变量变化时，却不会引起前一变量的变化。在这种情况下，我们称变化发生在前边，并且能引起另一变量发生变化的那个变量为自变量（常用 X 表示）；而称变化发生在后边并且这种变化是前边变量的变化所引起的那个变量为因变量（常用 Y 表示）。

2. 条件

风笑天总结了形成因果关系的三个条件：

变量 X 与变量 Y 之间存在着不对称的关系。即当变量 X 发生变化时，变量 Y 也必定随之发生变化；但当变量 Y 发生变化时，变量 X 并不随之发生变化。这种不对称的相关关系，可以说是因果关系成立的基础。

变量 X 与变量 Y 在发生的顺序上有先后之别。即先有原因变量（自变量）的变化，后有结果变量（因变量）的变化。如果两个变量的变化同时发生，分不出先后，则不能成为因果关系。

变量 X 与变量 Y 的关系不是同源于第三个变量的影响。即变量 X 与变量 Y 之间的关系不是某种虚假的或表面的关系。

二、量化研究方法

（一）调查法（Survey Research）

1. 定义

调查法指的是一种采用自填式问卷或结构式访问的方法，系统地、直接地从一个取自某种社会群体的样本那里收集资料，并通过对资料的统计分析来认识社会现象及其规律的社会研究方式（风笑天，2013）。调查法因为能够提供精确的可比较的量化数据、准确描述变量之间的关系，以及对大规模人群进行研究，而成为经常使用的研究方法之一，其中最主要的应用有：社会生活状况调查、社会问题调查、市场调查、民意调查、学术性调查。

调查法可分为访问式调查和自填式调查。访问式调查是由研究者派遣访员口头提问，并记录受访者的回答，而自填式调查则是由受访者亲自阅读并填答问卷（巴比，2005）。访问式调查完成比率高，适用于调查较复杂的问题，自填式调查则在处理敏感性问题时比较有效。

2. 特点

陈阳在《大众传播学研究方法导论》中对调查法特点做出了总结：

第一，调查法是一种实证研究方法，研究者通过与调查对象的直接或间接接触而收集第一手资料。

第二，在应用调查法时，研究设计者跟调查实施者可以是不同的研究者，研究者需保持客观立场，尽力避免掺杂个人偏见。在对现象做出描述和解释时，研究者应该反思自己对调查结果的影响。

第三，调查法有特定的研究工具（问卷）和严格的研究程序，研究者对研究过程和研究对象的可控性强。

第四，比起其他研究方法，调查法最大的特点在于它的研究对象往往是一定数量规模的某个特定群体，因此，调查法不关心个案，也不关心研究对象中的特殊情况和例外。

（二）问卷设计（Questionnaire Design）

1. 定义

问卷（questionnaire）是调查研究中用来收集资料的主要工具，它在形式上是一份精心设计的问题表格，其用途是用来测量人们的行为、态度和社会特征（风笑天，2013）。问卷设计主要包括问卷的结构、问卷设计的原则、问卷设计的步骤、问题及答案的设计几个方面。

问卷的结构通常包括封面信、指导语、问题、答案等。封面信的作用在于向被调查者介绍和说明调查目的、调查单位或调查者身份、调查内容、调查对象的选取方法和对结果的保密措施等。指导语则是用来指导被调查者填答问卷的各种解释和说明。

2. 原则和内容

问卷设计的原则主要是要明确问卷设计的出发点、明确阻碍问卷调查的各种因素以及明确与问卷设计相关的各种因素。陈阳在《大众传播学研究方法导论》中提出问卷设计的基本原则为：每一个问题都应该与研究主题有关；保证测量的效度和信度；鼓励调查对象的合作。

问题及答案是问卷设计的主要内容。从形式上，问题可以分为开放式问题（open-ended questions）和封闭式问题（closed-ended questions）两大类。开放式问题要求受访者针对问题做出自己的回答，而封闭式问题则要求受访者在研究者所提供的答案中选择一个答案（巴比，2005）。问卷中的答案要与所提问题协调一致，同时还要注意做到使答案具有穷尽性和互斥性。

（三）实验法（Experiment）

1. 定义

实验法指在控制其他所有影响因素的情形下，研究者探究其操控变量的效应，实验的目的是建立因果关系（约翰，2008）。作为一种特定的研究方式，实验有着三对基本要素：自变量与因变量；前测与后测；实验组与控制组。

自变量是引起其他变量变化的变量，也称原因变量，而因变量则被称为结果变量（风笑天，2013）。在实验研究中，自变量也被称为刺激变量（treatment）或实验刺激（experimental stimulus），而因变量则是实验对象对刺激变量的反应（response）（陈阳，2007）。

在引入实验刺激前后，实验研究一般要对因变量在尽可能相同的环境下进行重复测量，发生在实验刺激之前的称为前测（pretest），之后的称为后测（posttest）。因变量前后测之间的差异，被视为自变量的影响力（巴比，2005）。

实验组（experimental group）是实验过程中接受实验刺激的那一组对象；控制组（control group），也称为对照组，它是各方面与实验组都相同，但在实验过程中并不给予其实验刺激的一组对象（风笑天，2013）。在实验研究过程中，研究者通过观察实验组和控制组，并比较对这两组对象的观察结果，来分析和说明实验刺激的作用和影响。

2. 条件

陈阳认为，应用实验法时需要同时满足三个条件：建立自变量和因变量之间因果关系的假设；自变量和因变量能够与其他变量隔离开，以确保研究者观察到的是自变量和因变量之间的关系；自变量能够被控制。

3. 评价

实验法的主要优点在于，允许实验者进行控制并提供内在的严密逻辑，但是很多实验的"人为成分太多"，或设计的场景过于简化，因此，对其发现必须予以调整，才能适应"真实"的世界（Werner & James，2006）。

（四）四种实验设计（Four Experimental Designs）

1. 定义

实验设计（experimental design）是实验过程的一部分，指研究者对变量、分组、前测、后测的规划。实验法的特点在于研究者的严格控制，实验设计是保证严格控制的途径之一。

2. 内容

坎贝尔和斯坦利于1963年提出了一套符号系统，用于表示实验设计，其中，大写字母R表示对样本进行随机抽样或分组，M表示对样本进行配对分组，X表示对自变量进行处置或操纵，O表示对因变量的观察和测量，通常在O后面加下标以表示测量的次数，加上标以表示实验主体分属于不同的组，一个横行的符号表示按时间顺序对一组实验主体进行的实验，一个纵行的符号表示在同一时间对不同组进行处置和各变量的测量结果（Campbell & Stanley，1963）。

陈阳在《大众传播学研究方法导论》中总结了四种实验设计方法，分别是前实验设计（preexperimental design）、准实验设计（quasi-experimental design）、完全实验设计（full experimental design）和因子实验设计（factorial design）。

前实验设计是研究者控制最少的一类实验设计，研究者没有使用随机分组或配对分组手段，整个实验过程中只有一个实验组，没有控制组，许多威胁内在效度的变量没有受到控制，因此，前实验设计也可以称为不完全的实验设计或假实验设计（pseudoexperimental design），它使得研究者无法排除其他不受控制的自变量对因变量的影响,对因果关系的解释比较弱,其结果往往受到质疑,实践操作中,应该限制这类实验设计的出现。常见的前实验设计有单组后测设计(one-group posttest-only design),即只有一个组接受刺激,研究者测量刺激之后的因变量情况,如图4-1所示。

单组后测设计
$$X \quad O_2$$

图4-1 单组后测设计

为了更好地验证因果关系,研究者都采用准实验设计和完全实验设计,"准"意味着"在某种程度上",当实验主体被分成多个小组的时候,研究者对每个组都进行前测和后测,当实验主体只有一个小组的时候,研究者就对这个小组反复进行多次前测和后测。比起前实验设计,准实验设计的研究者的控制更多了,实验结果的准确性也更高。但是,准实验设计都没有采用随机分组手段。常用的准实验设计有准对等群体前测—后测设计(pretest-posttest quasi-equivalent groups design),即采用非随机方式将实验主体分为实验组和控制组,然后分别对两个组进行前测和后测,比较测量结果,如图4-2所示。

准对等群体前测—后测设计
$$R \quad O_1 \quad X \quad O_2$$
$$O_1' \quad \quad O_2'$$

图4-2 准对等群体前测—后测设计

完全实验设计里,研究者严格控制了自变量和外来变量,实验主体被随机分组,形成两个对等的群体,研究者偏见对实验结果的影响被取消,因而其结果比前实验设计和准实验设计都具有更高的准确性。对等群体前测—后测设计是最基本、最标准的完全实验设计,它包括完全实验设计的所有基本要素:随机分组、前测和后测、实验组和控制组,研究者将实验主体随机分成实验组和控制组,同时进行前测,然后对实验组施加实验刺激,再同时进行后测,如图 4-3 所示。

对等群体前测—后测设计

O_1　　X　　O_2

O_1'　　　　O_2'

图 4-3　对等群体前测—后测设计

当需要研究两个以上自变量和因变量之间的因果关系时,就要用到因子设计。每个自变量就是一个因子,根据所使用的实验设计,因子设计还可以分成前实验因子设计、准实验因子设计和完全实验因子设计。按照自变量的数量,因子设计的复杂性逐渐增加,其中最简单的双因子设计如图 4-4 所示。

对等群体后测因子设计

R　X_1　Z_1　O_2

　X_1　Z_2　O_2'

　X_2　Z_1　O_2'

　X_2　Z_2　O_2'

图 4-4　对等群体后测因子设计

（五）内容分析法（Content Analysis）

1. 定义

内容分析法是一种社会科学工具，是对被记载下来的人类传播媒介的研究（巴比，2009）。内容分析是20世纪才开始兴起的一种新的文献研究方法。拉斯韦尔对第一次世界大战的宣传信息进行了内容分析，诸如从气球或飞机落下的传单，或由炮弹向敌方战线散发的传单，以及征兵宣传画等，以确定所使用的宣传策略。因此从他最早的研究出发，拉斯韦尔发展了一种重要的传播研究工具——内容分析，用于研究宣传（罗杰斯，2002）。内容分析法主要通过考察人们所写的文章、书籍、日记、信件，所拍的电影、电视、照片，所创作的歌曲、图画等，来了解人们的行为、态度和特征，进而了解和说明社会结构及文化变迁。内容分析法假定：在这些传播的材料中所发现的行为模式、价值观念和态度，反映出并影响着创造和接受这些材料的人们的行为、态度和价值观，因此，除了信息本身的内容外，内容分析还被用来研究信息发出者的动机，以及信息传播的效果或影响（风笑天，2001）。我们可以用图4-5来表示这种关系。

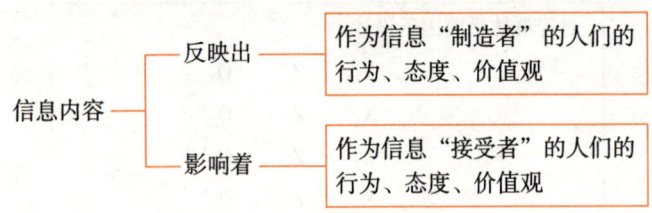

图4-5　内容分析的研究方向（风笑天，2001）

2. 分类

内容分析可以按照大的方法论取向分为定量的和定性的两种，然而需要注意的是，大部分著作往往只将定量取向的一种称为内容分析，根据这种理解，内容分析无疑指的是这样一种研究技术（风笑天，2001）。量化内容分析是对传播符号的系统性且可重复的考察，即根据有效的测量规则进行赋值，并对那些数值涉及的关系运用统计方法进行分析，以便对传播做出描述，对它的意义做出推论，或者从传播推论它在生产量和消费量方面的背景（里夫，2010）。美国学者贝雷尔森在1952年曾为内容分析下过这样一个定义："内容分析，是一种对明示的传播内容进行客观、系统和定量描述的调查方法。"这个定义认为内容分析有四个特点，即分析对象是"明示的内容"、程序上的客观性、系统性和定量性（郭庆光，1999）。

3. 应用

进行一项内容分析的许多程序与进行调查研究的程序是相同的。其环节为：抽取文献样本；确定分析单位；进行编码；数据的加工处理；信度和效度检验（荆玲玲，2016）。在传播研究中，内容分析法主要应用于以下几个方面：描述某一时间段内媒介内容和媒介再现手段，比如描述媒介内容的再现手段；比较不同媒体之间的内容差异；通过研究媒介内容和再现手段来体现真实世界里的社会观念和行为；推断传播者的特征和态度，比如比较记者的话语及其行为，评价记者的职业意识和媒介表现；通过媒介内容和再现手段来描述与传播者有关变量的特征；了解媒介对某些群体和某些议题的态度，以此来批判性地评价媒体在社会权力运作过程中的地位和立场；跟受众调查结合在一起，评估特定媒介内容的传播效果（陈阳，2015）。

实际上，实证主义和人文主义两种方法论不仅在社会学研究方法中有定量研究方式（如调查研究）和定性研究方式（如实地研究）与之一一对应，在内容分析法中，也有定量的内容分析和定性的内容分析与之一一对应。只不过就像定量研究成为社会学经验研究的主流一样，定量的内容分析也一直是内容分析的主流。定性的内容分析主要由研究者通过阅读、收听或观看，然后依靠主观的感受、理解、体会和分析，来解读、判断和挖掘信息中所蕴含的本质内容。这种分析方法与文学中的"文艺批评""文学评论"等所采用的方法相似。"阅读—感受—分析—理解"就是这种内容分析的一般模式（风笑天，2001）。

4. 评价

内容分析的最大优点是它既省钱又省时，且保险系数大。内容分析是一种非干扰性的研究方法，它不会打扰我们的研究对象，不会对这些研究对象发生影响。内容分析方法也有自身的弱点。首先，它只局限于对记录下来的信息进行分析和研究。其次，资料的效度也存在一定的问题（袁方、王汉生，2000）。

（六）编码表（Coding Schedule）

1. 定义

当代质化内容分析的发展在很大程度上从扎根理论中吸取

了诸多营养，甚至不少质化研究者在面对文本资料时直接将扎根理论的编码程序拿过来运用于其内容分析上，以致扎根理论路径的抽样和编码程序在相当程度上已成为质化内容分析的重要组成部分（周翔，2014）。编码表是对文献材料进行观察和记录的工具，它的形成和结构将主要依赖于编录单位的选择（袁方、王汉生，2000）。编码和归类是质化资料分析过程中的一个关键环节。编码就是从原始资料中提炼出主题或概念的过程，往往以符号或数字来表示（陈阳，2015）。

2. 步骤

编码一般包括以下几个方面：场景或场面、组织、意义、活动、特征、关系、角色、研究者。斯特劳斯（Anselm Strauss）等人将扎根理论的编码分成三个步骤：开放式编码，对收集来的资料进行密集的、仔细的编码，直至编码达到饱和；主轴式编码，在开放式编码所形成的编码之间建立联系，并提出更加抽象的概念，如因果联系、差异联系、干预联系等；选择式编码，在上一步发展出的概念之间，找出最主要的核心概念，确定概念之间的故事线，让这个核心概念尽可能多地统领研究资料（陈阳，2015）。因此，编码的过程，也是资料简化并逐渐抽象的过程（陈阳，2015）。如表 4-2 所示。

表 4-2 扎根理论的编码过程（以新闻生产研究为例，2003 年）

开放式编码	主轴式编码	选择式编码
大腕、牛人、大记者、名记者……先知先觉、上头有人、独家消息来源……	优秀记者 政治敏感度 业务素质	商业化对记者角色的影响

续表

开放式编码	主轴式编码	选择式编码
采访深入、提问尖锐、文字好、辛苦、熬夜、发样……	新闻腐败 竞争压力	
软文、红色、被请客……		
独家新闻、漏报、内部考评、工作量、新角度、实习生、发生量……	组织内部关系	
同事交流、争版、对领导的不满、办公室……	组织外部关系	
宣传部、新闻出版署、记载……		

(陈阳，2015)

3. 评价

编码是及时的、简短的，是对受访者所描述的体验或行动的界定。是为了进行归类，以获得所要研究的体验和行动的全面资料。数据实例要不断地进行相似性和差异性的比较，这就会产生新的数据样本和理论上的内部备忘录。如果进一步的编码后没有出现新的见解或解释时，就要进行更集中的编码，分析也逐渐从描述性的层面转换为更加理论化的层面。

编码可以由概念驱动，也可由数据驱动，以概念驱动的编码所采用的是由研究者事先编好的那些编码，这些编码可能是通过查找相关材料或是查阅该领域的现有文献而获得的，而以数据驱动的编码是指研究人员在开始时并没有编码，是通过阅读材料进行编码的。当编码采取归类的形式时，冗长的访谈内容的意义就被缩减为几个简单的分类。当编码形成固定明确的分类时，一种现象发生或未发生就可以用简单的"+"或"-"号表示。某一观点的强弱程度也可以用一些简单的数字范围(如从 1 到 7）表示。因而，归类将大量的访谈内容缩减或结构化为几个表格和数字。归类可以提前进行，或者可以在分析期间临时进行；它们可能来自理论或者来自方言，同时也来自受访者自己的俚语。将访谈进行分类能够为大量的访谈稿提供一个概要，并且也有利于比较和假设测验（苛费尔、布林克曼，2012）。

（七）统计分析（Statistic Analysis）

1. 定义

科学调查者借助统计从研究对象中推导出他们所要概括的总体情况。统计，是用来对收集到的数据资料进行推理的一种工具。统计可以采用很多方法，最常用的一种数据演绎法对大量的资料做出概括，使之变为可处理的形式。这就是所谓的描述统计，它提供的信息有资料整体的均值、中位数、方差和百分位值。统计的这种用法可以使科学家在各种置信水平上从数据中得出推论（赛佛林，2000）。这种现存的统计资料，既可以为研究提供历史背景材料，又可以成为研究数据和资料的一种来源。

我国最有价值的统计资料是由国家统计局编辑的《中国统计年鉴》《中国社会统计资料》《中国人口统计年鉴》等分支统计资料。它既包括各省和主要城市的资料，也包括不同年代的资料。在美国，质量最佳的资料是由美国商业部每年出版的《美国统计摘要》。此外，《美国年鉴》以及联邦机构所公布的数据资料，对于社会科学研究来说也是十分有用的。现存统计资料分析最著名的例子是法国社会学家迪尔凯姆对自杀的研究。

2. 步骤

现存统计资料分析的主要步骤:

选择适合的资料;处理资料;说明资料来源。只要我们的研究所依赖的是对现存统计资料的分析,那么必然会受到现存统计资料内容的限制。通常,现存统计资料并不能包含我们所感兴趣的资料,而我们的测量对于我们所希望得出的结论来说,也常常不能成为我们所研究的变量和概念的有效代表。因此,逻辑推理和重复验证这两条科学的原则,对于保证现存统计资料分析的效度来说极其重要。现存统计资料分析的信度在相当大的程度上依赖于统计资料本身的质量(袁方,2000)。

三、质化研究方法基本概念

（一）质化研究方法（Qualitative Research Methods）

1. 定义

根据质化研究领域内两位权威人物伊冯娜·S. 林肯（Yvonna S. Lincoln）和诺曼·K. 邓津（Norman K. Denzin）的观点，质化研究是一个跨学科、超学科，有时甚至是反学科的研究领域。之所以会出现如此庞杂的局面，是因为质化研究不是来自一种哲学、一个社会理论或一类研究传统，它受到很多思潮、理论和方法的影响，具有多重面相和多种焦点的特色。

质化研究是以研究者本人作为研究工具，在自然情境下采用多种资料收集方法对社会现象进行整体性探究，使用归纳分析资料和形成理论，通过与研究对象互动对其行为和意义建构获得解释性理解的一种活动。上述定义是对质化研究"方法"本身的定义。这个定义包括以下几个方面的含义：研究环境，在自然环境而非人工控制环境中进行研究；研究者的角色，研究者本人是研究的工具，通过长期深入实地体验生活从事研究，研究者本人的素质对研究的实施非常重要；收集资料的方法，采用多种方法，如开放型访谈、参与型和非参与型观察、实物分析等收集资料，一般不使用量表或其他测量工具；结论和/或理论的形成方式，归纳法，自下而上在资料的基础上提升出分析类别和理论假设；理解的视角，主体间性的角度，通过研究者与被研究者之间的互动，理解后者的行为及其意义解释；研究者与被研究者的关系，互动的关系，在研究中要考虑研究者个人及其与被研究者的关系对研究的影响，要反思有关的伦理道德问题和权力关系（陈向明，2006）。如表4-3所示。

表4-3 量化与质化研究的比较

	量化研究	质化研究
研究范式	实证主义	自然主义（人文主义）
研究目的	证实普遍情况，预测	解释性理解
价值与事实	分离、客观、价值中立	不可分、主观、有价值判断
逻辑推理	演绎	归纳
研究环境	受控的人工环境（暂时的）	自然环境（整体的）
研究焦点	变量、假设	过程、情境、个案、关系
研究过程	线性	非线性
研究设计	事先确定	灵活变化
研究假设	检验事先确定的假设	研究过程中生产出假设
研究内容	测量客观事实（数量、行为）	建构社会真实（语言、意义）
研究对象	静态的、大量样本（宏观）	动态的、少量个案（微观）
资料的特点	客观的（数字）	主观的（文本）
收集资料	调查法、实验法、内容分析法	田野调查、访谈、观察、文本分析
抽样方法	概率抽样	非概率抽样

续表

	量化研究	质化研究
研究者	客观的权威	反思的自我、互动的个体
研究关系	研究者从研究中剥离	研究者与研究对象之间相互影响
研究结论	信度是关键，可重复性，标准化	本真性是关键
研究阶段	划分鲜明	界限模糊、交叉

（陈阳，2015）

2. 特点

陈向明（2006）将质化研究的特点总结如下：

自然主义的探究传统。质化研究必须在自然情境下进行，对个人的"生活世界"以及社会组织的日常运作进行研究。质化研究认为，个人的思想和行为以及社会组织的运作是与他们所处的社会文化情境分不开的，自然探究的传统还要求研究者注重社会现象的整体性和相关性，对所发生的事情进行整体的、关联式的考察。

对意义的"解释性理解"。质化研究的主要目的是对被研究者的个人经验和意义建构做"解释性理解"或"领会"，研究者通过自己亲身的体验，对被研究者的生活故事和意义建构做出解释。

研究是一个演化发展的过程，不可能"一次定终身"。

使用归纳法。归纳的方法决定了质的研究者在收集和分析资料时走的是自下而上的路线，在原始资料的基础上建立分析类别。

重视研究关系。正是由于双方之间的互动,研究者才可能对对方进行探究,因此在研究报告中,研究者需要对自己的角色、个人身份、思想倾向、自己与研究者之间的关系以及所有这些因素对研究过程和结果所产生的影响进行反省。对不同的研究问题,研究者通常使用不同的研究策略,这种研究策略属于特定的"范式",研究者往往使用一些特定的研究方法以及相关的收集资料的方式对这些研究问题进行探究。

质化研究里,收集资料和分析资料往往结合在一起,从研究思路来看,整个质化研究资料分析是一个循环往复、各部分有机联系的互动模式。

分析质化资料成果具有以下几个特点:整理和分析资料同步进行;整理和分析资料在研究现场时就已经开始;整理和分析资料的研究者人数少,而且跟收集资料者是同一群研究者;整理和分析的目的在于解释,而不是寻求变量之间的因果关系(陈阳,2015)。为了提高信度研究的质量,质性研究还尝试引入定量研究中的"信度""效度""推广度"及"代表性"等概念,与质性研究者常用的标准(如解释力度、可信度、一致性、典型性)进行对比(郭泽德、白洪谭,2015)。

3. 发展

除了比较传统的、源自语言学的方法(如内容分析、话语分析、修辞分析、语义分析、符号学、论据分析)之外,质化研究者还创造出自己独特的分析方法,如扎根理论、海泽(David R. Heise)的事件结构分析、拉金(Charles C. Ragin)的定性对比分析、阿博特(Abbott)和赫里凯克(Hrycak)采用最优匹配技术的序列分析、埃布尔（Abell）的形式叙事分析、鲍尔（Bauer）等人的语库建设、阿特里德 - 斯特林（Attride-Stirling）等人的主题网络分析和神经网络技术应用的质性分析领域、哈奇（Hatch）的类型分析、归纳分析、解释性分析、政治分析、多话语分析、计算机辅助分析等（郭泽德、白洪谭，2015）。所有这些方法的一个共同特征是，把质化研究向更加系统、精确、严格、形式化的方向推进（郭泽德、白洪谭，2015）。

（二）归纳与演绎（Induction and Deduction）

1. 定义

归纳与演绎是科学研究的两套逻辑体系：归纳是从经验观察出发，通过对大量现象的观察概括出具有普遍性或一般性的结论；演绎是从一般原理或理论出发，通过逻辑推理来解释具体的事件或现象。简言之，归纳是从特殊到一般，从个性到共性，从具体到抽象，从经验到理论，而演绎则相反（袁方、王汉生，1997）。

2. 局限

单纯的归纳或单纯的演绎都有其局限性。归纳逻辑的局限性在于由个别事例概括出的一般性结论并非可靠的，它有可能为其他未观察到的事例所推翻，归纳主要是发现经验事实之间的联系，而不能按逻辑推论出一般原理；演绎逻辑的局限性在于，由于演绎的大前提——一般公理或原理有可能是错的，所以由它推演出的命题也可能是错的，这样的命题不可能有效地解释具体现象，单纯靠演绎也不可能发现理论错误（袁方、王汉生，1997）。因此，将两种逻辑结合起来，有助于克服两者的局限性，例如波普提出的假设检验法，从理论推导出研究假设，然后通过观察来检验假设（袁方、王汉生，1997）。

（三）非概率抽样（Non-probability Sampling）

1. 定义

非概率抽样又称非随机抽样、不等概率抽样，是抽样法的一种。抽取样本的方式并不依赖概率理论，而是根据研究任务的要求和调查对象的分析，主观地、有意识地在研究对象的总体中选择样本。其主要类型有：方便抽样（就近抽样）、立意抽样或判断抽样、配额抽样、滚雪球抽样、异常个案抽样、连续抽样、理论抽样（童兵、陈绚，2014）。常见的有以下四种：

方便抽样：方便抽样是从便利的角度考虑获得样本，样本的选取常常是因为研究者能够很方便地接近被调查对象，或是在适当的时候出现在适当的地点（柯惠新，2010）。

判断抽样：判断抽样指研究者根据主观判断，选取可以代表总体的个体作为调查对象，所选取样本的代表性取决于研究者对总体的了解程度和判断能力（柯惠新，2010）。

配额抽样：配额抽样是按照调查对象的某种（或某些）属性或特征，将总体中所有个体分成不同的类，然后按照一定的比例，分别在各类中抽取样本；配额抽样可以看作两阶段的加限制的判断抽样。即在第一阶段分配份额，在第二阶段按照方便抽样或判断抽样选取样本（柯惠新，2010）。

滚雪球抽样：滚雪球抽样是先从一些调查对象（通常是采用随机选取的方法）开始，通过这些调查对象得到更多的线索，再根据这些线索选择此后的调查对象，这样一步步地扩大样本的规模，形成滚雪球的效果（柯惠新，2010）。当调查总体的个体信息不充分时，常采用这种方法（柯惠新，2010）。

2. 评价

操作方便、省力省钱，常被用于一些不需要估计总体参数的传播学研究中，或者是用于一般实证研究的某个阶段，如大规模定量调查之前的试调查阶段（柯惠新，2010）。此外，在严格的随机抽样几乎无法进行时，例如调查对象的总体边界不清而无法制作抽样框，这时就可以采取非概率抽样（李红艳，2008）。在市场调研中，非概率抽样因其便捷、经济、无须抽样框等优势也经常被采用，它可以用于调查的设计开发、探索性研究，分析概率抽样调查结果等方面（李红艳，2008）。

非随机抽样凭借的规则是样本的方便取得性，而非统计上的概率原理。这种不符合随机抽样理论的抽样方式所选出来的样本，因为不具有充分的代表性，所以无法依统计推论原理推估总体（叶银娇、安然，2011）。此外，非概率抽样的抽样单元的获得依赖研究者的个人判断，研究者对结果的精度往往不能做客观的评价，所得到的估计在统计上也不能推断总体（柯惠新，2010）。

（四）概念与命名（Concept and Naming）

1. 概念

通过概括特殊现象和问题、总结相关情况抽绎出的抽象观念或术语(徐沛、张艳、张放,2011)。它是社会研究的最基本单位,是调查者认识和反映调查对象各方面情况、性质、特点、程度和规模的重要工具,在社会研究中具有重要的意义。概念本身并不存在,它只是人们思维的产物,它的存在使我们日常的交流和互动成为可能,使我们在交流和互动中目标集中,观察透彻(邹农检,2002)。

对概念的定义(界定)通常有两种做法:一是理论定义,即用文字概括说明一个概念的内涵和外延,从而将概念所指的某类现象与其他现象区分开来;二是操作化定义,就是对概念从经验事实方面给予具体的规定,使理论定义转变为可用于实际调查的经验指标(高燕、王毅杰,2002)。

2. 命名

定量研究中,以因子分析获得因子矩阵及其他相关数据后,还必须对各因子所代表的意义加以解释,即进行命名,以显示变量与因子间的关系。在对因子命名时,通常以因子结构为主,由因子和变量间的相关系数的大小可以知道某个因子与哪些变量具有较高的关联,与哪些变量的关联较小或没有关联,从而可以了解该因子的意义,并给予适当的名称(荣泰生,2012)。

四、质化研究具体方法

(一)民族志(Ethnography)

1. 定义

民族志或称田野调查法,源于人类学,是质化研究方法的一种,研究者通常采取参与观察的方式深入特定团体的生活中,持续相当一段时间,从而询问或观察所发生的事物,然后从内部观点对其意义做出说明(段鹏,2013)。美国文化人类学家吉尔兹(Clifford Geertz)认为,民族志不是实验科学,而是一种发现意义的方法论,是一种对文化的深层的内在意义的解释说明。民族志研究者在努力理解一个文化的深层次意义时,必须在自然观察、记录行为和整合研究者自己的价值三者之间取得平衡(韦斯特、特纳著,2007)。

2. 原则

民族志研究方法有三个原则:第一,从广义来说,民族志研究关注所有的文化形式,包括日常生活、宗教或艺术;第二,由于研究者本身就是最基本的研究工具,因而必须进行长期的参与观察；第三，必须参与多重资料收集法，以核实观察中发现的资料（段鹏，2013）。

3. 网络民族志

随着互联网的出现，大量"网络社区"开始涌现，为民族志研究带来新的对象，因此，"网络民族志"应运而生（郭建斌、张薇，2017）。和传统民族志相比，"网络民族志"变化的是研究对象（线上社区）和具体的操作策略，共享的是方法论原理（刘海龙、吴欣慰，2018）。库兹奈特（Robert V. Kozinets）提出网络民族志的基本方法有：线上访谈、焦点小组、社会网络（库兹奈特，2016）。

（二）现象学方法（Phenomenological Method）

1. 定义

现象学是由胡塞尔（Edmund Husserl，1859—1938）等人于20世纪初至30年代创立的一支哲学流派。胡塞尔是奥地利哲学家，一生都在纯思想领域做艰辛的探索，因创立现象学而闻名，他主张"回到实事本身"（back to things themselves），哲学家应将自己所有的"预设概念"悬置起来，存而不论，直接了解所面对的经验事物（陈阳，2015）。基于这种哲学理念衍生出现象学方法。

现象学方法是通过人的实践去展现存在的本质然后再加以描述的方法，它的优势就在于清楚研究对象涉及的所有非证明性因素，研究始终围绕直观来进行研究。现象学方法最为重要的方法原则是：任何原初的直观都是合法源泉，只能够按照直观来接收（程暖暖，2014）。

2. 评价

现象学方法作为哲学方法的一种主要强调本质直观性，较之于传播学传统经验方法而言，它的主要优势就在于能够避免先验判断的问题。现象学方法在传播学研究当中的应用本质上是传播学研究的突破和超越，为传播学的进一步发展提供了更多的可能（程暖暖，2014）。

（三）扎根理论（Grounded Theory）

1. 定义

扎根理论是由美国哥伦比亚大学的斯特劳斯（Anselm Strauss，1916—1996）和格拉斯（Barney Glaser，1930— ）两位学者在1967年的合著《扎根理论的发现：质化研究的策略》中提出的研究方法。

与"从理论到假设，经过经验而验证理论"的演绎研究思路相反，扎根理论强调"从经验到理论"这种归纳逻辑，在研究开始之前，研究者往往没有任何理论假设，而是直接进入田野，采用各种手段收集资料，找出资料之间的联系，进行概括，提炼概念，然后产生命题、假设和理论。所谓"扎根"，就是指理论应该"扎根"于田野研究所收集的资料中，"扎根理论"不是理论，而是一种研究方法，强调研究者视角向下，从现实世界里产生自己的研究问题（陈阳，2015）。扎根理论强调，不论是在研究设计阶段、收集资料阶段，还是在分析资料阶段，研究者都应该对已有的理论和资料里呈现出的理论保持敏感，随时注意建构新理论的线索。

2. 要素

扎根理论研究方法的要素包括阅读和使用文献，自然呈现，对现实存在但不容易被注意到的行为模式进行概念化，社会过程分析，一切皆为数据，不受时间、地点和人物的限制；扎根理论研究方法的研究程序包括开放性和选择性编码、不断比较、理论性采样、理论性饱和、理论性编码、写备忘录和手工整理备忘录；扎根理论研究方法的评判标准包括适用性（fit）、可行性（workability）、相关性（relevance）和可修改调整性（modifiability）（费小东，2008）。

3. 评价

作为第一套横跨整个研究过程，从研究设计到写作的理论创意性的研究愿景，扎根理论研究方法被认定适用于研究个人过程、人际关系及个人与更大的社会过程之间的互惠作用，它被广泛应用于描述、采用、评估和教学等方面（费小东，2008）。

（四）访谈法（Interview Survey）

1. 定义

访谈法即调查者通过与被调查者的交谈而获取信息的一种调查方法。访谈法是在当代社会研究方法体系中使用广泛的一种收集资料的方法，社会研究者使用这种方法以获得大量的研究资料（风笑天，2018）。

访谈法通过研究者和受访者面对面的交谈来了解受访人的心理和行为，它运用面广，能够简单而叙述地收集多方面的工作分析资料，因而深受人们的青睐（陈阳，2015）。研究者常常也要观察被调查者的非语言信息，包括被调查者的表情、语气、衣着、家庭居住环境、工作场所环境等方面的情况，但其最基本的获取信息的途径是通过直接语言交流（风笑天，2018）。

访谈法跟日常生活里的谈话相比有较大不同，这种对话有其特定主题，是"被（研究者）指导"的对话。访谈目的在于获得受访者对特定研究问题的深入理解。

2. 分类

就研究者对访谈过程的控制程度大小而言，访谈可以分成三种：封闭式（结构式）、半开放式（半结构式）、开放式（非结构式）；从参与人数上来区分，访谈可以分成一对一的个别访谈和一对多的群体访谈两种形式，后者也被称为焦点小组访谈（focus group interview）。

和其他调查方法相比，访谈法的突出特点是使调查者和被调查者之间形成较多的人际互动，更容易获得真实、深入的资料（风笑天，2018）。使用访谈法容易进入受访者的内心世界，受访者具有更多时间来阐述自己的故事，从而使得研究者能了解受访者行为的隐含意义（陈阳，2015）。

（五）观察法（Observational Survey）

1. 定义

观察法是科学研究的基本方法之一，指研究者根据一定的研究目的、研究提纲或观察表，用自己的感官和辅助工具去直接观察被研究对象，从而获得资料的一种方法。观察的目的在于获得"自然情境"下关于研究对象的行为的资料，不需要依靠研究对象的回答，也能够理解他们的行为（陈阳，2015）。观察法通过直接感知和直接记录的方式，获得由研究目的和研究对象所决定的一切有关的社会现象和社会行为的情报，这种方法通常在实地研究中使用，而且通常结合其他方法共同使用（袁方、王汉生，1997）。

2. 分类

根据研究者是参与还是不参与研究对象的活动，陈阳将观察法总结为三种类型：

第一，研究者作为观察者的参与者（participant as observer），参与研究对象的活动，并且在研究开始阶段或者伴随着研究的进行，而公布自己的真实目的。

第二，研究者作为参与者的观察者（observer as participant），主要是进行观察，偶尔也参与研究对象的活动。

第三，作为完全的观察者，研究者跟研究对象之间没有任何形式的接触和交流。

无论哪一种类型的观察，都同时具有优点和缺点，研究者需要根据具体的研究目的和问题来决定采用何种观察手段。在具体的研究里，研究者可能会在不同的研究阶段扮演不同的角色（陈阳，2015）。

（六）文本分析法（Text Analysis）

1. 定义

文本分析法是以研究人类传播信息内容为主的社会科学研

究方法（邱均平、王日芬，2008）。

2. 应用

该方法起源于"二战"中的军事情报领域，经过半个多世纪的发展，目前已经广泛运用到信息情报学、传播学、政治学、心理学与语言学等多学科领域，也正在成为公共政策研究中的常用研究方法（张磊、王晨，2011）。

3. 特点

文本分析最重要的特点就是其客观性，分析结果的得出依赖于客观事实以及数据；其次是分析对象的系统性，一般而言，文本分析的对象都是大量的、系统化的、跨越了一定时间的文献材料。文本分析的研究对象大多是二手资料，研究方法则是间接的、非接触式的，这一点与问卷访谈或者实验等社会调查研究的方法存在着根本的差异。

4. 文本分析技术

文本分析的主要技术为情感分析、虚词分析和词频分析。情感分析是基于自然语言处理等技术对文本的主观态度、情绪或观点进行语义定向（Semantic Orientation）或极性分析的一种技术（Yue、Chen & Lai，2013），其常用指标是情绪值。虚词分析（Little Words Analysis）是通过分析文本中虚词的使用从而了解不同人群的人格、态度和精神状态等差异，通常在社会心理学领域采用的虚词分析是人称代词分析（Chung & Pennebaker，2014）。词频分析（Word Frequency Analysis）是对文本中重要词汇出现的次数进行统计与分析的一种文本挖掘方法（马费成、张勤，2000），其常用指标是词频及其占比。

5. 评价

在文本分析过程中，分析单元是文本分析的计算对象，是构成文本分析最重要、最小的元素（赵蓉英、魏明坤，2017）。该方法能破解文本所包含的内在信息，发现那些不能为普通阅读所把握的深层意义，并进一步揭示事物运动变化的规律和发展趋势，被誉为能"透过现象看本质"和"从公开中萃取秘密"（李钢、蓝石，2007）。

（七）焦点小组法（Focus Group Discussion）

1. 起源

焦点小组法也称焦点小组访谈法，该方法在 20 世纪 30 年代第一次被使用，那时社会学家已注意到封闭式问题的局限性，从而开始使用这种较开放式的焦点小组法（Hudson，2003）。20 世纪 50 年代，焦点小组的研究在广告机构和市场研究机构中被广泛传播（Rook，2003）。20 世纪 80 年代，焦点小组的研究成果开始出现在文献中，这使它作为一个定性研究方法被更广泛地接受和应用（Growley，2002）。虽然焦点小组是一种定性研究方法，但由于其独有的特点，而被越来越广泛地使用，在同样定性的研究中，焦点小组是其他定性研究方法无法替代的（Rook，2003）。

2. 定义

焦点小组法是重要的可用性评价方法之一，它将一组人集合起来讨论某一特定问题，获得一些定性数据（Shore, Thornton & Shore, 1990），从而了解用户对一个新的观点、服务或产品、设备等的看法和态度，通过改进使之更符合用户的要求。

3. 注意事项

焦点小组法注意事项：焦点小组的成功很大程度上依赖于主持者；研究者应该招募那些更有代表性的用户，另外，选择的被试者应该具有足够大的差异，这才可以提供足够多的观点；焦点小组的持续时间不应该太短，持续的时间长可以使讨论更深入，参与者可以将更多的时间用在任务上，并可以产生广泛的交互作用，从而使研究者在一次会议中获得更多的东西；数据收集与结果最佳的数据收集方法是用录音机将访谈过程录下来；另外，要知道收集的数据不仅仅是讨论的内容，还应该包括参与者产生交互作用的整个过程（石庆馨、孙向红、张侃，2005）。

4. 发展

20 世纪 90 年代网络焦点小组（又称虚拟的或电子焦点小组）出现，虽然这方面的研究还没有完全成为科学体系，但近年来其相关研究已越来越多（Chase & Alvarez, 2000）。网络焦点小组即通过网络对某一问题进行讨论，研究者称赞这种新方法减少花费、容易实施、数据整理快（Monolescu & Schifter, 2000）。

（八）深描法（Depth Description）

1. 提出

格尔茨（Clifford Geertz）在其著名论文《深描：迈向文化的解释理论》（*Deep Description: An Interpretation Theory Towards Culture*）中指出：人类学就是对人类文化的解释，民族

志就是对文化，特别是异文化的解释。格尔茨的文化是意义之网，"我与马克斯·韦伯一样，认为人是悬挂在由他们自己编织的意义之网上的动物"。格尔茨的雄心壮志是建立一门人类学解释科学，他所用的"科学"一词并不是普通意义上的科学，或者是借助自然科学模式而建立的社会科学，"文化的分析不是一种探索规律的实验科学，而是一种探索意义的阐释性科学"，对文化的真正解释工作，或者说民族志所要达到的目的，就是深描（澜清，2005）。

2. 定义

格尔茨（1999）用四种眨眼方式来说明他的深描概念：无意的抽动，抽动眼皮；向密友投去的暗号，眨眼示意；对眨眼示意的恶作剧模仿；小丑在舞台上表演眨眼示意。格尔茨说这四种眨眼就构成了不同的文化层面，包含了不同的文化意义，深描就是要区分这四种眨眼的意义（格尔茨，1999）。

3. 评价

格尔茨的深描在文化的解释和民族志的书写方面力求开拓所书写的民族文化的理解维度和解释空间，使人类学研究不再局限于真实、客观地展现文化事实，而用以符号、象征等文学手法，将文化事象置于文本研究中，最大限度地增加了理解和阐释的可能性（冯学红、张海云，2008）。格尔茨的深描说只在理论上有其学术意义，在实际的研究中，难以起到真正的指南作用，"解释理论缺少准确的标准来衡量对文化的解释"，其民族志写作，是"作为一种事后的思考而到最后才出现的"（马尔库斯、费彻尔，1998）。

五、其他相关研究方法

（一）社会网络分析（Social Network Analysis）

1. 定义

社会网络分析用于描述和测量行动者之间的关系或通过这些关系流动的各种有形或无形的东西，如信息、资源等。数据主要分为"属性数据"和"关系数据"两类，关系数据（relational data）是关于接触、联络、关联、群体依附和聚会等方面的数据，适用于分析关系数据的方法就是网络分析（network analysis）。在网络分析中，关系被认为是表达了能动者之间的关联，当然，尽管对这些关系可以进行定量的统计计量，网络分析也可以由一系列有关网络结构的定性测度构成（斯科特，2006）。

2. 起源

自人类学家巴恩斯（J. A. Barnes）首次使用"社会网络"的概念来分析挪威某渔村的社会结构以来，社会网络分析被认为是研究社会结构的最简单明朗、最具有说服力的研究视角之一（Barnes，1954）。20世纪70年代以来，除了纯粹方法论及方法本身的讨论外（Doreian & Patrick, 1974），社会网络分析还探讨了小群体、同位群、社会圈以及组织内部的网络、市场网络等特殊的网络形式，这些讨论逐渐形成了网络分析的主要内容。

3. 视角

根据分析的着眼点不同，社会网络分析可以分为两种基本视角：关系取向（relational approach）和位置取向（positional approach）。关系取向关注行动者之间的社会性黏着关系，通过社会联结（social connectivity）本身——密度、强度、对称性、规模等——来说明特定的行为和过程，按照这种观点，那些强关系的、密集的且相对孤立的社会网络可以促进集体认同和亚文化的形成；位置取向则关注存在于行动者之间的、在结构上处于相等地位的社会关系的模式化（patterning），它讨论的是两个或以上的行动者和第三方之间的关系所折射出来的社会结构，强调用"结构等效（structural equivalence）"来理解人类行为（张存刚、李明、陆德梅，2004）。

4. 应用

社会网络分析的关键在于把复杂多样的关系形态表征为一定的网络构型，然后基于这些构型及其变动，阐述其对个体行动和社会结构的意义（邬爱其，2004）。未来运用社会网络分析方法进行研究的重点主要有以下几方面：社会网络分析中节点连接关系的强度研究，对于节点连接强度的划分研究将更加贴近实际情况，更具实践意义；社会网络分析与传统计量经济学方法相结合，使整体描述问题指标与动态性及演化机制的研究结合起来，研究结果更有说服力；社会网络分析与案例研究相结合，在社会网络整体描述节点连接关系和网络测度基础上，对特殊节点利用案例研究进行剖析，使研究更加深入（邵云飞、欧阳青燕、孙雷，2009）。随着社会网络分析方法的进一步发展，其应用前景也将越来越广泛。

（二）语义网络分析（Semantic Network Analysis）

1. 定义

语义网络分析方法是以计算机为辅助的呈现和解释词语关系的文本分析方法。语义网络分析的基本功能在现有传播学研究中均有涉及，包括高频词识别、词语共现及其权重模式、词语聚类和中心词呈现。现有大型文献数据库提供了海量资源，为建立概念语义网络提供了基础资源保障（杜慧萍，2016）。

2. 应用

语义网络分析既可与传统的传播学研究方法结合起来使用，也可单独使用，具体应用场景可分为以下三类（谷羽，2019）：

一是基于语义网络分析的聚类功能，对传播学研究的主题进行分类梳理。

二用于数据挖掘的情感分析。语义网络分析方法通过有监督的注释可以完成对社交媒体文本的情感分类，其准确率接近人工编码的结果。语义网络分析方法可以与人工编码的情感分析相结合，呈现情感分布的细节和强度。

三是用于传播学理论指导下的文本比较。传播学研究的文本分析主要有三个目的：追寻意义、描述结构与功能和发现文本的前因与后果。在全球化和数字化的大背景下，跨文化、跨阶层、跨性别等另类文本的比较更适宜实现上述研究目的，呈现网络技术与传播图景的共变。语义网络分析方法以提炼文本的显著意义与逻辑关系实现了不同类别文本之间的横向比较。

3. 局限

由于语义网络分析不能实现与文本生产者的直接对话，语义网络分析并不能就文本差异对复杂社会背景下文本生产的机制进行解释；语义网络分析只对词语共现关系做出判断，不考虑文本的语法结构，在数据清洗的过程中要去除冠词、介词、连接词等不产生实际意义的词语；其遵循的是乔姆斯基的形式语言学判定，即句法具有自主性，独立于语义之外（李洁、丁颖，2007）。

4. 对传播学的贡献

语义网络分析方法对传播学的理论贡献主要有二：第一，语义网络分析能够处理碎片化程度高的大数据文本，明确广泛语义空间中的类属与边界；第二，语义网络分析的研究方法与理论框架互为所长，既从文本实践中发展语义逻辑的理论，也试图实现文本分析方法的突破（谷羽，2019）。

（三）文本情感分析（Text Emotion Analysis）

1. 定义

"文本情感分析，又称意见挖掘（Opinion Mining），是对带有情感色彩的主观性文本进行采集、处理、归纳和推理的过程。

涉及人工智能、机器学习、数据挖掘、自然语言处理等多个研究领域。"（洪巍、李敏，2019）

2. 流程

文本情感分析解决问题的流程如图 4-6 所示。

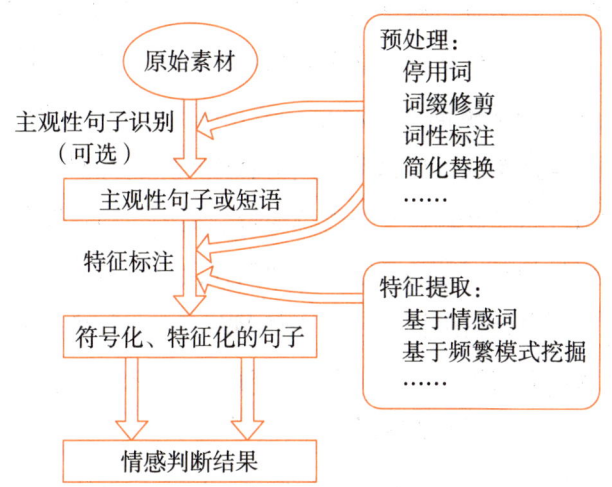

图 4-6　文本情感分析解决问题的流程（周立柱等，2008）

3. 运用方向

周立柱等认为文本情感的运用方向包括：

分析结果：以判别观点句子情感极性为目标的特征抽取方法，从技术上可分为利用词汇和语义、借助频繁模式挖掘两大类。

情感检索：用户可以按情感词、主体、希望的态度进行查询。

预测：如根据电影宣传时期的用户评论进行票房预测。

情感的演化：利用一段时间内生成的内容来分析作者情绪变化。

4. 情感分析方法

情感词典：根据经验将广泛使用的情感词进行归纳整理，当文本输入后就与词典内容进行匹配，寻找文本中与情感词典中重合的情感词，从而判断文本的情感极性。1998年惠斯塞尔（Whissell C.）要求148名受试者用5个附加单词来描述数学、物理学、电视、报纸、生物学和技术等术语，然后与情感词典中广泛使用的情感词进行匹配。李寿山等利用英文种子词典，借助机器翻译系统，构建了中文情感词典。学者们在研究文本情感方面虽然已经意识到了传统的情感词典的局限性并做出了改进，但是仍有一定的局限性，他们并没有突破情感词典的限制。情感词典无论怎样拓展完善都存在"词典"这一边界，它无法涵盖所有情感表达形式且随着时代发展无法及时涵盖出现的新词，这使得文本情感判断准确率较低。

机器学习法：人工提取文本特征后由计算机根据某种特定的算法对文本进行处理然后输出情感分类。机器学习方法中朴素贝叶斯（Naive Bayes，NB）是经典的机器学习算法之一，也是为数不多的基于概率论的分类算法，多用于文本分类、垃圾邮件过滤、情感分析等，相较于完全依赖人工构建情感词典的方法，机器学习具有明显的优势，一方面能有效地缓解劳动力的负担且减少非理性判断，另一方面能构建庞大的数据库且能根据时代发展及时对词库进行更新（洪巍，2019）。

其他方法：国内学者高歌等利用概念层次网络理论HNC（Hierarchical Network of Concepts）中的概念层次和对偶理论，并根据符号生成规则将一些新词用符号表示，便于计算情感值

（高歌，2017）。杨立公等学者提出一种基于马尔科夫逻辑网的句子情感分析方法，并与深度学习相结合实现了不同领域知识的迁移（杨立公，2013）。尽管上述的其他情感分析方法不是主流的方法，应用范围不广，但这些方法是文本情感分析发展过程中不可缺少的研究成果。

5. 评价

相比传统的文本分类，情感分类有先天的困难和挑战，主要表现在：自然文本中表达方式的多样化，比喻、附和、讽刺、正话反说等；句式的复杂性，比较型的句子、各种不同的习惯用语、句式的不同搭配等；训练数据的稀疏性和不均衡性（周立柱等，2008）。因此目前应用领域还较为狭窄；不能同时获得较高的准确率和召回率（周立柱等，2008）。

目前通常的信息检索技术，尤其是广为应用的搜索引擎技术，是以关键词为基础的，无法对这种需求提供支持，表现在：情感或观点很难简单地用关键词来表示和索引；信息检索领域的排序策略也并不适合观点（洪巍，2019）。

参考文献

1. 阿尔伯特·班杜拉:《思想和行动的社会基础:社会认知论》,林颖等译,华东师范大学出版社2001年版。
2. 阿尔伯特·班杜拉:《社会学习理论》,陈欣银、李伯黍译,中国人民大学出版社2015年版。
3. 阿莫特:《工业与组织心理学》(第六版),中国轻工业出版社2011年版。
4. 埃弗雷特·M.罗杰斯:《创新的扩散》,辛欣译,中央编译出版社2002年版。
5. 艾尔·巴比:《社会研究方法》,邱泽奇译,华夏出版社2005年版。
6. 爱德华·霍尔:《超越文化》,韩海深译,重庆出版社1990年版。
7. 爱德华·T.霍尔:《超越文化》,何道宽译,北京大学出版社2010年版。
8. 巴伦·李维斯、克利夫·纳斯:《媒体等同》,卢大川等译,复旦大学出版社2001年版。
9. 柏拉图:《柏拉图全集》(第2卷),王晓朝译,人民出版社2003年版。
10. 保罗·莱文森:《软边缘:信息革命的历史与未来》,熊澄宇等译,清华大学出版社2002年版。
11. 保罗·莱文森:《软利器:信息革命的自然历史与未来》,复旦大学出版社2011年版。

12. 保罗·拉扎斯菲尔德、伯纳德·贝雷尔森、黑兹尔·高德特:《人民的选择:选民如何在总统选战中做决定》,唐茜译,中国人民大学出版社 2012 年版。

13. 查尔斯·霍顿·库利:《人类本性与社会秩序》,包凡一、王湲译,华夏出版社 1989 年版。

14. 查尔斯·桑德斯·皮尔斯、詹姆斯·雅各布·李斯卡:《皮尔斯:论符号——李斯卡:皮尔斯符号学导论》,赵星植译,四川大学出版社 2014 年版。

15. 朝日现代用语,朝日新闻社 1992 年版。

16. 陈力丹、陈俊妮:《传播学纲要》,中国人民大学出版社 2014 年版。

17. 陈卫星:《传播的观念》,人民出版社 2004 年版。

18. 陈向明:《质的研究方法与社会科学研究》,教育科学出版社 2006 年版。

19. 陈阳:《大众传播学研究方法导论》(第二版),中国人民大学出版社 2015 年版。

20. 程曼丽、乔云霞:《新闻传播学辞典》,新华出版社 2012 年版。

21. 仇立平:《社会研究方法》,重庆大学出版社 2015 年版。

22. 戴扬、卡茨:《媒介事件:历史的现场直播》,麻争旗译,北京广播学院出版社 2000 年版。

23. 丹·希勒:《数字资本主义》,江西人民出版社 2001 年版。

24. 丹尼尔·戴扬、伊莱休·卡茨:《媒介事件》,北京广播学院出版社 2000 年版。

25. 丹尼尔·里夫:《内容分析法——媒介信息量化研究技巧》,清华大学出版社 2010 年版。

26. 丹尼斯·麦奎尔:《受众分析》,刘燕南、李颖、杨振荣译,中国人民大学出版社 2006 年版。

27. 丹尼斯·麦奎尔、斯文·温德尔:《大众传播模式论》,祝建华译,上海译文出版社 2008 年版。

28. 德里克·德克霍夫:《文化肌肤:真实社会的电子克隆》,汪冰译,河北大学出版社 1998 年版。

29. 丁波涛、王世伟:《信息学理论前沿:信息社会引论》,上海社会科学院出版社 2016 年版。

30. 丁煌:《人际沟通学》,武汉大学出版社 2013 年版。

31. 董璐:《传播学核心理论与概念》,北京大学出版社 2008 年版。

32. 段鹏:《传播学基础》,中国传媒大学出版社 2013 年版。

33. E. M. 罗杰斯:《传播学史:一种传记式的方法》,殷晓蓉译,上海译文出版社 2002 年版。

34. 方建移:《传播心理学》,浙江教育出版社 2016 年版。

35. 费斯汀格:《认知失调理论》,郑全全译,浙江教育出版社 1999 年版。

36. 风笑天:《现代社会调查方法》,华中科技大学出版社 2005 年版。

37. 风笑天:《社会研究方法》,中国人民大学出版社 2018 年版。

38. 冯月季:《传播符号学教程》,重庆大学出版社 2016 年版。

39. 高申春:《班杜拉:思想与行为的社会基础》,载杨鑫辉编:《西方心理学名著提要》,江西人民出版社 2001 年版。

40. 高申春:《人性辉煌之路:班杜拉的社会学习理论》,湖北教育出版社 1999 年版。

41. 格尔茨:《文化的解释》,上海人民出版社 1999 年版。

42. 龚晓洁、张剑:《人类行为与社会环境》,山东人民出版社 2011 年版。

43. 古斯塔夫·勒庞:《乌合之众:大众心理研究》,冯克利译,中央编译出版社 2015 年版。

44. 顾琴轩:《组织行为学》(第四版),上海人民出版社 2015 年版。

45. 顾孝华:《组织传播论》,上海交通大学出版社 2007 年版。

46. 郭庆光:《传播学教程》,中国人民大学出版社 1999 年版。

47. 郭庆光:《传播学概论》,中国人民大学出版社 2011 年版。

48. 郭小平:《风险社会的媒体传播研究:社会建构论的视角》,学习出版社 2013 年版。

49. 郭泽德、白洪谭:《质化研究理论与方法——中国质化研究论文精选集》,武汉大学出版社 2015 年版。

50. 哈贝马斯:《公共领域的结构转型》,学林出版社 1999 年版。

51. 哈罗德·英尼斯:《传播的偏向》,何道宽译,中国人民大学出版社 2003 年版。

52. 郝雨、杜友君:《新闻学概论》,上海交通大学出版社 2015 年版。

53. 赫伯特·席勒:《大众传播与美利坚帝国》,刘晓红译,上海译文出版社 2013 年版。

54. 洪浚浩主编:《传播学新趋势》(下),清华大学出版社 2014 年版。

55. 胡百精:《危机传播管理》,中国人民大学出版社 2014 年版。

56. 黄旦:《传者图像:新闻专业主义的建构和消解》,复旦大学出版社 2005 年版。

57. 黄建新:《传媒:自由与责任——西方"报刊的社会责任理论"解读》,上海交通大学出版社 2010 年版。

58. 霍夫兰:《传播与劝服》,中国人民大学出版社 2015 年版。

59. 霍克海默、阿多诺:《启蒙的辩证法》,重庆出版社 1993 年版。

60. 加里布埃尔·塔尔德:《模仿律》,何道宽译,中国人民大学出版社 2008 年版。

61. 见田宗介等:《社会学事典》,弘文堂 1988 年版,转引自郭庆光:《传播学教程》,中国人民大学出版社 2011 年版。

62. 荆玲玲:《社会研究方法》,哈尔滨工程大学出版社 2016 年版。

63. 居延安:《公共关系学》,复旦大学出版社 2013 年版。

64. 居伊·德波:《景观社会》,王昭风译,南京大学出版社 2006 年版。

65. 卡尔·海因里希·马克思:《资本论》,姜晶花、张梅译,北京出版社 2007 年版。

66. 卡尔·霍夫兰、欧文·贾尼斯等:《传播与劝服》,张建中等译,中国人民大学出版社 2015 年版。

67. K. R. 波普尔:《科学发现的逻辑》,查汝强、邱仁宗译,科学出版社 1986 年版。

68. 凯瑟琳·米勒:《组织传播》,袁军译,华夏出版社 2000 年版。

69. 柯惠新等编:《传播研究方法》,中国传媒大学出版社 2009 年版。

70. 克莱·舍基:《人人时代无组织的组织力量》,浙江人民出版社 2015 年版。

71. 拉里·A. 萨默瓦、理查德·E. 波特、埃德温·R. 麦克丹尼尔:《跨文化传播》,闵惠泉、贺文发、徐培喜等译,中国人民大学出版社 2013 年版。

72. 拉斯韦尔:《社会传播的结构与功能》,中国传媒大学出版社 2012 年版。

73. 莱斯莉·A. 巴克斯特、唐·O. 布雷思韦特:《人际传播:多元视角下》,殷晓蓉、赵高辉、刘蒙之译,上海译文出版社 2010 年版。

74. 蓝鸿文:《新闻伦理学简明教程》,中国人民大学出版社 2001 年版。

75. 雷吉斯·德布雷:《媒介学宣言》,黄春柳译,南京大学出版社 2016 年版。

76. 雷蒙德·威廉斯:《文化与社会》,吴松江、张文定译,北京大学出版社 1991 年版。

77. 雷蒙德·威廉斯：《文化分析》，载罗钢、刘象愚编：《文化研究读本》，中国社会科学出版社 2000 年版。

78. 李彬：《传播学引论》，新华出版社 1993 年版。

79. 李彬：《大众传播学引论》，新华出版社 1999 年版。

80. 李彬：《符号透视：传播内容的本体诠释》，复旦大学出版社 2003 年版。

81. 李钢、蓝石：《公共政策内容分析方法：理论与应用》，重庆大学出版社 2007 年版。

82. 李普曼：《舆论学》，林珊译，华夏出版社 1989 年版。

83. 李普曼：《公众舆论》，阎克文、江红译，上海人民出版社 2006 年版。

84. 李幼蒸：《理论符号学导论》，社会科学文献出版社 1999 年版。

85. 梁执群：《社交心理学》，开明出版社 2012 年版。

86. 林超然：《现代科学哲学教程》，浙江大学出版社 1988 年版。

87. 林竹：《国外民意调查与政府决策》，天津社会科学院出版社 2013 年版。

88. 刘海龙：《大众传播理论：范式与流派》，中国人民大学出版社 2008 年版。

89. 刘海龙：《大众传播学：范式与流派》，中国人民大学出版社 2007 年版。

90. 刘易斯·芒福德：《技术与文明》，陈允明等译，中国建筑工业出版社 2010 年版。

91. 卢淑华：《社会统计学》，北京大学出版社 2001 年版。

92. 罗伯特·墨顿：《勒庞〈乌合之众〉的得与失》，冯克利译，中央编译出版社 2004 年版。

93. 斯图亚特·霍尔：《编码，解码》，载罗钢、刘象愚：《文化研究读本》，中国社会科学出版社 2000 年版。

94. 罗兰·巴特:《S/Z》,屠友祥译,上海人民出版社2000年版。
95. 罗兰·巴特:《神话修辞术》,屠友祥、温晋仪译,上海人民出版社2009年版。
96. 罗倩文:《组织行为学》,西南师范大学出版社2015年版。
97. 罗斯玛丽·帕特南·童:《女性主义思潮导论》,艾晓明等译,华中师范大学出版社2002年版。
98. 洛厄里、德弗勒:《大众传播学研究的里程碑》(第三版),中国人民大学出版社2004年版。
99. 马尔库塞:《单向度的人——发达工业社会意识形态研究》,刘继译,译文出版社2006年版。
100. 马仁杰、王荣科、左雪梅:《管理学原理》,人民邮电出版社2013年版。
101. 马歇尔·麦克卢汉:《理解媒介》,何道宽译,译林出版社2001年。
102. 迈克尔·厄尔霍夫、蒂姆·马歇尔:《设计辞典》,华中科技大学出版社2016年版。
103. 麦克盖根:《文化民粹主义》,桂万先译,南京大学出版社2001年版。
104. 曼纽尔·卡斯特:《网络社会的崛起》,夏铸九等译,社会科学文献出版社2001年版。
105. 梅尔文·德弗勒、埃弗雷特·丹尼斯:《大众传播理论》,华夏出版社1989年版。
106. 梅尔文·德弗勒、桑德拉·鲍尔-洛基奇:《大众传播学诸论》,新华出版社1990年版。
107. 孟悦、戴锦华:《浮出历史地表:现代妇女文学研究》,河南人民出版社1989年版。
108. 莫里斯:《指号、语言和行为》,罗兰等译,上海人民出版社1989

年版。

109. 牟怡:《传播的进化——人工智能将如何重塑人类的交流》,清华大学出版社 2017 年版。

110. 尼古拉·尼葛洛庞帝:《数字化生存》,胡泳、范海燕译,海南出版社 1997 年版。

111. 尼古拉斯·盖恩、戴维·比尔:《新媒介:关键概念》,复旦大学出版社 2015 年版。

112. N. 维纳:《控制论——或关于在动物和机器中控制和通信的科学》,郝季仁译,科学出版社 2009 年版。

113. 欧文·戈夫曼:《日常生活中的自我呈现》,黄爱华、冯钢译,浙江人民出版社 1989 年版。

114. 欧文斯:《教育组织行为学》(第 7 版),窦卫霖等译,华东师范大学出版社 2001 年版。

115. 帕特丽夏·盖斯特、马丁·艾琳·伯林·雷、芭芭拉·F. 沙夫:《健康传播:个人、文化与政治的综合视角》,北京大学出版社 2006 年版。

116. 彭兰:《网络传播概论》,中国传媒大学出版社 2010 年版。

117. 彭兰:《网络传播概论》,中国人民大学出版社 2017 年版。

118. 乔治·H. 米德:《心灵、自我与社会》,赵月瑟译,上海译文出版社 1992 年版。

119. 乔治·梅奥:《工业文明的人类问题》,陆小斌译,电子工业出版社 2013 年版。

120. 邱均平、王日芬:《文献计量内容分析法》,北京图书馆出版社 2008 年版。

121. 邱均平:《知识计量学》,科学出版社 2014 年版。

122. 邱林川、陈韬文:《新媒体事件研究》,中国人民大学出版社 2011 年版。
123. 让·鲍德里亚:《消费社会》,刘成富、全志钢译,南京大学出版社 2000 年版。
124. 让·鲍德里亚:《传媒中意义的内爆》,载吴琼、杜予:《形象的修辞》,中国人民大学出版社 2005 年版。
125. 桑斯坦:《信息乌托邦:众人如何生产知识》,毕竞悦译,法律出版社 2008 年版。
126. 邵培仁:《媒介生态学:媒介作为绿色生态的研究》,中国传媒大学出版社 2008 年版。
127. 施拉姆:《传播学概论》(第 2 版),中国人民大学出版社 2010 年版。
128. 石磊:《新媒体概论》,中国传媒大学出版社 2009 年版。
129. 斯蒂芬·李特约翰等:《人类传播理论》,史安斌译,清华大学出版社 2009 年版。
130. 斯拉沃热·齐泽克:《意识形态的崇高客体》,季广茂译,中央编译出版社 2014 年版。
131. 斯坦利·巴兰、丹尼斯·戴维斯:《大众传播理论:基础、争鸣与未来》,曹书乐译,清华大学出版社 2004 年版。
132. 孙亮、翟年祥:《广告词典》,四川人民出版社 1997 年版。
133. 佟颖:《社会符号学翻译模式研究》,南开大学出版社 2016 年版。
134. 童兵、陈绚:《新闻传播学大辞典》,中国大百科全书出版社 2014 年版。
135. 托马斯·吉洛维奇:《社会心理学》(第 3 版),中国轻工业出版社 2016 年版。
136. 王冰:《北美媒介环境学的理论想象》,光明日报出版社 2010 年版。

137. 王淼:《后现代女性主义理论研究》,经济科学出版社 2013 年版。

138. 王锡苓:《传播学研究方法》,兰州大学出版社 2002 年版。

139. 王雄:《新闻舆论研究》,新华出版社 2002 年版。

140. 王治河:《后现代主义辞典》,中央编译出版社 2004 年版。

141. 威尔伯·施拉姆:《传播学概论》,陈亮、李启、周立方译,新华出版社 1984 年版。

142. 威尔伯·施拉姆:《传播学概论》,何道宽译,中国人民大学出版社 2010 年版。

143. 沃纳·赛佛林、小詹姆斯·W. 坦卡德:《传播学的起源、研究与应用》,陈韵昭译,福建人民出版社 1985 年版。

144. 沃纳·赛佛林、小詹姆斯·坦卡德:《传播理论:起源、方法与应用》,郭镇之等译,华夏出版社 1999 年版。

145. 沃纳·赛佛林:《传播理论——起源、方法与应用》,华夏出版社 2000 年版版。

146. 沃纳·赛佛林、小詹姆斯·坦卡德:《传播理论:起源、方法与应用》,郭镇之、徐培喜等译,中国传媒大学出版社 2006 年版。

147. 乌尔里希·贝克:《风险社会》,何博闻译,译林出版社 2003 年版。

148. 希伦·A. 洛厄里、梅尔文·L. 德弗勒:《大众传播效果研究的里程碑》,刘海龙等译,中国人民大学出版社 2004 年版。

149. 席勒:《数字化衰退:信息技术与经济危机》,中国传媒大学出版社 2017 年版。

150. 夏蒙辉:《统计原理与物资统计》,中国物资出版社 1986 年版。

151. 肖旭:《社会心理学》,电子科技大学出版社 2013 年版。

152. 谢立中:《西方社会学名著提要》,江西人民出版社 1998 年版。

153. 许静:《传播学概论》(第 2 版),北京交通大学出版社 2013 年版。

154. 许静:《传播学概论》,清华大学出版社、北京交通大学出版社 2007 年版。

155. 薛可、余明阳编:《人际传播学》,同济大学出版社 2007 年版。

156. 雪莉·特克尔:《群体性孤独:为什么我们对科技期待更多,对彼此却不能更亲密?》,周逵、刘菁荆译,浙江人民出版社 2014 年版。

157. 杨治良、郝兴昌:《心理学辞典》,上海辞书出版社 2016 年版。

158. 伊丽莎白·诺尔·诺依曼:《沉默的螺旋:舆论——我们的社会皮肤》,董璐译,北京大学出版社 2013 年版。

159. 游昌乔:《危机公关:中国危机公关典型案例回放及点评》,北京大学出版社 2006 年版。

160. 于建嵘:《抗争性政治:中国政治社会学基本问题》,人民出版社 2010 年版。

161. 俞可平:《治理与善治》,社科文献出版社 2000 年版。

162. 俞吾金、吴晓明、杨耕:《当代哲学经典》(美学卷),北京师范大学出版社 2014 年版。

163. 喻国明:《中国社会舆情年度报告(2010)》,人民日报出版社 2010 年版。

164. 袁方、王汉生:《社会研究方法教程》,北京大学出版社 1997 年版。

165. 袁方:《社会研究方法教程》,北京大学出版社 2000 年版。

166. 约翰·汤林森:《文化帝国主义》,上海人民出版社 1999 年版。

167. 约翰·C. 雷纳德:《传播研究方法导论》(第3版),李本乾等译,中国人民大学出版社 2008 年版。

168. 约翰·M. 菲夫纳、弗兰克·舍伍德:《行政组织》,普兰蒂斯—霍尔公司 1960 年版。

169. 约翰·波斯特:《第二媒介时代》,范静哗译,南京大学出版社

2001年版。

170. 约翰·费斯克:《理解大众文化》,王晓珏、宋伟杰译,中央编译出版社2001年版。

171. 约翰·科斯特:《社会网络分析方法》,刘军译,重庆大学出版社2006年版。

172. 约瑟夫·A.德维托:《人际传播教程》,余瑞祥、汪潇等译,中国人民大学出版社2011年版。

173. 约瑟夫·克拉珀:《大众传播的效果》,段鹏译,中国传媒大学出版社2016年版。

174. 约书亚·梅洛维茨:《消失的地域:电子媒介对社会行为的影响》,肖志军译,清华大学出版社2002年版。

175. 詹姆斯·凯瑞:《作为文化的传播》,丁未译,中国人民大学出版社2019年版。

176. 张德、吴志明:《组织行为学》(第4版),东北财经大学出版社2016年版。

177. 张国良:《现代大众传播学》,四川人民出版社1998年版。

178. 张雷:《注意力经济学》,浙江大学出版社2002年版。

179. 章辉:《伯明翰学派与媒介文化研究》,河南大学出版社2016年版。

180. 章志光:《社会心理学》,人民教育出版社2007年版。

181. 赵建国:《传播学教程》,郑州大学出版社2008年版。

182. 赵建国:《传播学教程》,郑州大学出版社2012年版。

183. 赵庆元:《历史的证伪:波普历史非决定论思想研究》,电子科技大学出版社2014年版。

184. 赵毅衡:《符号学原理与推演》,南京大学出版社2011年版。

185. 赵月枝:《传播与社会:政治经济与文化分析》,中国传媒出版社

2011 年版。
186. 周翔:《传播学内容分析研究与应用》,重庆大学出版社 2014 年版。
187. 波普:《科学知识进化论》,三联书店 1987 年版。
188. E. 阿伦森:《社会性动物》,华东师范大学出版社 2007 年版。
189. 费尔迪南·德·索绪尔:《普通语言学教程》,高明凯译,商务印书馆 1999 年版。
190. 格奥尔格·卢卡奇:《历史与阶级意识》,杜章智、任立、燕宏远译,商务印书馆 1992 年版。
191. 汉诺·哈特:《传播学批判研究:美国的传播、历史和理论》,何道宽译,北京大学出版社 2008 年版。
192. 黄华新、陈宗明:《符号学导论》,东方出版中心 2016 年版。
193. 劳里·加勒特:《逼近的瘟疫》,三联书店 2008 年版。
194. 雷蒙德·威廉斯:《电视:科技与文化形式》,冯建三译,远流出版事业股份有限公司 1994 年版。
195. 李普曼:《公众舆论》,商务印书馆 2002 年版。
196. 理查德·韦斯特、林恩·H. 特纳:《传播理论导引:分析与应用》(第2版),中国人民大学出版社 2007 年版。
197. 刘蒙之、孙婷婷、赵天天:《西方人际传播理论导论》,世界图书出版公司 2015 年版。
198. 马尔库斯、费彻尔:《作为文化批评的人类学》,三联书店 1998 年版。
199. 马歇尔·麦克卢汉:《理解媒介:论人的延伸》,何道宽(译),商务印书馆 2000 年版。
200. 尼克·史蒂文森:《认识媒介文化》,王文斌译,商务印书馆 2001 年版。
201. 皮埃尔·布迪厄:《区分:判断力的社会批判》,刘晖(译),商务印书馆 2017 年版。

202. 皮亚杰、英海尔德:《儿童心理学》,吴福元译,商务印书馆 1980 年版。

203. 皮亚杰:《结构主义》,倪连生、王琳译,商务印书馆 1984 年版。

204. 萨拉·特伦霍姆、阿瑟·詹森:《人际沟通》,李燕、李浦群译,扬智文化 1995 年版。

205. 萨义德:《东方学》,三联书店 2007 年版。

206. 斯丹纳·苛费尔、斯文·布林克曼:《质性研究访谈》,世界图书出版公司 2013 年版。

207. 苏蘅:《传播研究调查法》,三民书局 1993 年版。

208. 索绪尔:《普通语言学教程》,商务印书馆 1980 年版。

209. 王赳:《激进的女权主义:英国妇女社会政治同盟参政运动研究》,上海三联书店 2008 年版。

210. 维纳:《人有人的用处——控制论和社会》,商务印书馆 1978 年版。

211. 阿什尔聪:《公民社会在中国的发展及其影响》,四川师范大学硕士学位论文,2006 年。

212. 艾华、李银河:《关于女性主义的对话》,载《社会学研究》2001 年第 4 期。

213. 卞冬磊:《传播思想史的"两条河流"》,载《国际新闻界》2016 年第 8 期。

214. 曹晋、赵月枝:《传播政治经济学的学术脉络与人文关怀》,载《南开学报》2008 年第 5 期。

215. 曹静:《社会区隔的文化隐喻与实践——品味〈区分〉》,载《西北民族研究》2019 年第 3 期。

216. 曾庆香、黄春平、肖赞军:《谁在新闻中说话——论新闻的话语主体》，载《新闻与传播研究》2005年第3期。

217. 曾远英：《西方公民社会理论的历史嬗变述评》，载《前沿》2008年第11期。

218. 曾忠禄、马尔丹：《文本分析方法在竞争情报中的运用》，载《情报理论与实践》2011年第8期。

219. 陈浩文：《中西方媒介生态学的研究状况和理论反思》，暨南大学硕士学位论文，2008年。

220. 陈虹、梁俊民：《新媒体环境下健康传播发展机遇与挑战》，载《新闻记者》2013年第5期。

221. 陈磊：《认同政治与伯明翰学派的学术论域》，载《杭州师范大学学报（社会科学版）》2017年第5期。

222. 陈力丹、陈俊妮：《论组织内传播》，载《新闻与传播评论》2009年1期。

223. 陈力丹、陈俊妮：《论人内传播》，载《当代传播》2010年第1期。

224. 陈力丹、金灿：《论互联网时代的数字鸿沟》，载《新闻爱好者》2015年第7期。

225. 陈力丹、林羽丰：《继承与创新：研读斯图亚特·霍尔代表作〈编码/解码〉》，载《新闻与传播研究》2014年第8期。

226. 陈力丹、毛湛文：《媒介环境学在中国接受的过程和社会语境》，载《现代传播》2013年第10期。

227. 陈力丹：《试论传播学方法论的三个学派》，载《新闻与传播研究》2005年第2期。

228. 陈力丹：《试论人际关系与人际传播》，载《国际新闻界》2005年第3期。

229. 陈力丹：《传播是信息的传递，还是一种仪式？——关于传播"传递观"与"仪式观"的讨论》,载《国际新闻界》2008年第8期。

230. 陈力丹:《关于传播学研究的几个问题》,载《媒体时代》2011年第1期。

231. 陈力丹:《传播学的三大学派》,载《东南传播》2015年第6期。

232. 陈力丹:《人际传播研究的特点与主要理论》,载《东南传播》2015年第10期。

233. 陈力丹:《自我传播与自我传播的前提》,载《东南传播》2015年第8期。

234. 陈力丹:《组织传播的四类理论》,载《东南传播》2016年第2期。

235. 陈力丹:《大众传播的特点和信息生产》,载《东南传播》2016年第5期。

236. 陈力丹:《群体传播的心理机制》,载《东南传播》2016年第1期。

237. 陈力丹:《当代信息社会批判》,载《东南传播》2017年第7期。

238. 陈立旭:《文化研究的"葛兰西转向"》,载《中国社会科学报》2014年9月1日。

239. 陈丽:《有限效果论的再解读》,载《新闻世界》2015年第8期。

240. 陈鹏:《近代英国政治哲学中的公民社会理论研究》,安徽大学硕士学位论文,2006年。

241. 陈勤奋:《哈贝马斯的"公共领域"理论及其特点》,载《厦门大学学报(哲学社会科学版)》2009年第1期。

242. 陈绚:《信息论的"缺陷"——埃德加·莫兰对申农之批判》,载《国际新闻界》2003年第1期。

243. 陈雪奇:《两级传播理论支点解析》,载《厦门大学学报(哲学社会科学版)》2013年第5期。

244. 陈阳:《框架分析:一个亟待澄清的理论概念》,载《国际新闻界》

2007 年第 4 期。

245. 陈永辉:《葛兰西的文化霸权理论与大众文化研究》,载《宁波教育学院学报》2009 年第 11 期。

246. 成伯清:《新媒体之新空间:从大众到公众》,载《探索与争鸣》2016 年第 11 期。

247. 程暖暖:《探讨现象学方法在传播学研究中的应用前景》,载《新闻传播》2014 年第 3 期。

248. 崔保国:《媒介是条鱼——理解媒介生态学》,载《中国传媒报告》2003 年第 2 期。

249. 崔波涛:《从两级到多级:两级传播论发展综述》,载《新闻传播》2014 年第 5 期。

250. Daniel Dayan: The Peculiar Public of Television,转引自周国文:《公众、传媒与公民权利》,载《理论与现代化》2007 年第 2 期。

251. 丹尼斯·德沃金:《斯图亚特·霍尔与英国马克思主义》,载《学海》2011 年第 1 期。

252. 董天策、郭毅、梁辰曦等:《"媒介事件"的概念建构及其流变》,载《新闻与传播研究》2017 年第 10 期。

253. 杜慧萍:《基于概念语义网络的词族挖掘研究》,载《图书情报工作》2016 年第 21 期。

254. 费小冬:《扎根理论研究方法论:要素、研究程序和评判标准》,载《公共行政评论》2008 年第 3 期。

255. 丰帆、周萃:《传播学研究的动力:多层面、多角度、多方法——香港城市大学祝建华教授访谈录》,载《新闻记者》2005 年第 7 期。

256. 冯建华:《公共传播的意涵及语用指向》,载《新闻与传播研究》2017 年第 4 期。

257. 冯学红、张海云：《文化变迁研究与"深描"》，载《宁夏社会科学》2008年第5期。

258. 高歌、罗珺玫、王宇：《基于 HNC 理论的文本情感倾向性分析》，载《数据分析与知识发现》2017年第1期。

259. 高海波：《拉斯韦尔 5W 模式探源》，载《国际新闻界》2008年第10期。

260. 谷羽：《语义网络分析方法在传播学中的应用及批判》，载《现代传播》2019年第4期。

261. 关力：《卢因和团体动力学》，载《管理现代化》1989年第4期。

262. 关世杰：《中国跨文化传播研究十年回顾与反思》，载《对外大传播》2006年第12期。

263. 广陵：《传播学的选择性理论》，载《新闻爱好者》1996年第7期。

264. 郭光华：《论网络交往中"沉默的螺旋"假说的局限》，载《湖南师范大学社会科学学报》2002年第6期。

265. 郭赫男：《我国大众传媒建构的"拟态环境"研究》，四川大学博士学位论文，2006年。

266. 郭军、戴阿宝：《文化研究关键词之二》，载《读书》2006年第2期。

267. 郭小平、李晓：《流动社会的智能新媒介、移动连接与个人隐私——雷蒙德·威廉斯"流动的藏私"理论再阐释》，载《现代传播（中国传媒大学学报）》2018年第10期。

268. 郭毅然：《麦奎尔预防接种理论及其对道德教育的启示》，载《教育科学研究》2013年第8期。

269. 郭镇之：《传播政治经济学理论泰斗达拉斯·斯麦兹》，载《国际新闻界》2001年第3期。

270. 郭镇之：《传播政治经济学之我见》，载《现代传播》2002年第1期。

271. 何道宽：《媒介环境学辨析》，载《国际新闻界》2007年第1期。
272. 洪巍、李敏：《文本情感分析方法研究综述》，载《计算机工程与科学》2019年第4期。
273. 胡百精、杨奕：《公共传播研究的基本问题与传播学范式创新》，载《国际新闻界》2016年第3期。
274. 胡百精：《健康传播观念创新与范式转换——兼论新媒体时代公共传播的困境与解决方案》，载《国际新闻界》2012年第6期。
275. 胡河宁、胡昭阳：《组织传播的几种理论模式及其讨论》，载《中国人民大学学报》2008年第2期。
276. 胡疆锋、陆道夫：《抵抗·风格·收编——英国伯明翰学派亚文化理论关键词解读》，载《南京社会科学》2006年第4期。
277. 胡翼青：《对"魔弹论"的再思考》，载《国际新闻界》2009年第8期。
278. 胡泳：《数字化生存——尼葛洛庞帝的未来观》，载《中国计算机用户》1997年第1期。
279. 胡泳：《尼葛洛庞帝的所见与未见》，载《英才》2014年第8期。
280. 胡泳：《互联网与"观念市场"》，载《国际新闻界》2015年第3期。
281. 荒林、诸葛文饶：《西方女性主义理论在中国的传播和影响》，载《湖南师范大学学报》2007年第2期。
282. 黄碧珊：《论拉扎斯菲尔德的传播学思想》，载《东南传播》2009年第1期。
283. 黄旦：《媒介是谁：对大众媒介社会定位的探讨——兼论大众传播研究的社会学框架》，载《新闻与传播研究》1997年第2期。
284. 黄华：《技术、组织与"传递"：麦克卢汉与德布雷的媒介思想和时空观念》，载《新闻与传播研究》2017年第12期。

285. 惠莹：《试论康德、皮亚杰和现代认知心理学的图式观》，载《社会心理科学》2010年第9期。

286. J.哈贝马斯：《关于公共领域问题的答问》，载《社会学研究》1999年第3期。

287. 纪政雪子：《"容器人"在新媒体时代的特征衍变分析》，载《东南传播》2014年第12期。

288. 贾鹤鹏、苗伟山：《科学传播、风险传播与健康传播的理论溯源及其对中国传播学研究的启示》，载《国际新闻界》2017年第2期。

289. 贾瑞：《新媒体时代"信息茧房"现象的思考》，载《新闻研究导刊》2016年第7期。

290. 姜飞、黄廓：《对跨文化传播理论两类、四种理论研究分野的廓清尝试》，载《新闻与传播研究》2009年第6期。

291. 矫雅楠：《跨越媒介，回归人文——雷吉斯·德布雷媒介研究思想及其学科价值》，载《国际新闻界》2015年第5期。

292. 金惠敏：《听霍尔说英国文化研究——斯图亚特·霍尔访谈记》，载《首都师范大学学报（社会科学版）》2006年第5期。

293. 孔令华、张敏：《费斯克的生产性受众观——一种受众研究的新思路》，载《南京航空航天大学学报》2005年第1期。

294. 旷洁：《媒介依赖理论在手机媒体环境下的实证研究——基于大学生手机依赖情况的量化分析》，载《新闻知识》2013年第2期。

295. 澜清：《深描与人类学田野调查》，载《苏州大学学报（哲学社会科学版）》2005年第1期。

296. 李钢：《"把关"再认知与回到勒温》，载《现代传播》2016年第5期。

297. 李洁、丁颖：《语义网、语义网格和语义网络》，载《计算机与现代化》2007年第7期。

298. 李全生:《布迪厄场域理论简析》,载《烟台大学学报》2002年第2期。

299. 李孝祥、冯强:《哥伦比亚学派传播研究的"衰落"及延续》,载《国际新闻界》2016年第2期。

300. 连水兴:《从"乌合之众"到"媒介公民":受众研究的"公民"视角》,载《现代传播(中国传媒大学学报)》2010年第12期。

301. 梁锋:《信息茧房》,载《新闻前哨》2013年第1期。

302. 梁锋:《丹尼斯·麦奎尔》,载《新闻前哨》2014年第9期。

303. 林滨、江虹:《"群体性孤独"的审思:我们在一起的"独处"》,载《中国青年研究》2019年第4期。

304. 刘海龙:《沉默的螺旋是否会在互联网上消失》,载《国际新闻界》2001年第5期。

305. 刘海龙:《当代媒介场研究导论》,载《国际新闻界》2005年第2期。

306. 刘华:《网球运动中人际交往的研究》,北京体育大学硕士论文,2011年。

307. 刘瑾璐:《论弗洛伊德的社会群体传播思想》,吉林大学硕士论文,2009年。

308. 刘祖斌:《浅谈媒介事件及其意义》,载《湖北大学学报(哲学社会科学版)》2002年第4期。

309. 卢梭:《社会契约论》,商务印书馆1980年版。

310. 陆亨:《使用与满足:一个标签化的理论》,载《国际新闻界》2011年第2期。

311. 罗丹:《媒介接近权的历史演化与当代发展——以〈迈阿密先驱报〉诉托罗尼案为例》,载《东南传播》2017年第11期。

312. 吕洪兵:《B2C网店社会临场感与黏性倾向的关系研究》,大连理工大学博士学位论文，2012年。

313. 吕萍：《霍曼斯与布劳的社会交换理论比较》，载《沈阳师范学院学报（社会科学版）》1996年第3期。

314. 马宁：《传播力与媒介使用者的关系变迁——新媒体语境下对传播学经典问题的再思考》，载《阴山学刊》2014年第2期。

315. 马涛、吴桂英：《证伪主义、历史主义与经济科学的标准》，载《社会科学》2006年第3期。

316. 麦克斯韦尔·麦考姆斯、郭镇之、邓理峰：《议程设置理论概览：过去，现在与未来》，载《新闻大学》2007年第3期。

317. 毛旻铮、李海涛：《政治文明视野中的网络话语权》，载《南京社会科学》2007年第5期。

318. 梅琼林、张晓，《"媒体等同"——从效果研究到理论建构》，载《社会科学研究》2006年第5期。

319. 欧阳谦：《消费社会与符号拜物教》，载《中国人民大学学报》2015年第6期。

320. 彭鹏：《电子乌托邦：网络民主的神话》，载《南京政治学院学报》2003年第5期。

321. 戚冬伟：《纽科姆ABX论战的意义》，载《消费导刊》2008年第18期。

322. 钱佳、刘涛：《注意力经济背后的数字鸿沟3.0研究》，载《新媒体研究》2018年第15期。

323. 秦艺丹：《超越"人际影响"：米尔斯的迪凯特研究与传播想象》，载《国际新闻界》2018年第8期。

324. 任景华：《健康传播研究的回顾与展望》，载《新闻传播》2010年第9期。

325. 芮必峰：《人类社会与人际传播——试论米德和库利对传播研究的贡献》，载《新闻与传播研究》1995 年第 2 期。

326. 邵培仁、廖为民：《思想・理论・趋势：对北美媒介生态学研究的一种历史考察》，载《浙江大学学报（人文社会科学版）》2008 年第 3 期。

327. 邵培仁：《论媒介生态的五大观念》，载《新闻大学》2001 年第 4 期。

328. 邵培仁：《米德：美国传播学的鼻祖》，载《徐州师范大学学报》2001 年第 2 期。

329. 邵云飞、欧阳青燕、孙雷：《社会网络分析方法及其在创新研究中的运用》，载《管理学报》2009 年第 9 期。

330. 申荷永：《团体动力学的理论与方法》，载《南京师大学报》1990 年第 1 期。

331. 石庆馨、孙向红、张侃：《可用性评价的焦点小组法》，载《人类工效学》2005 年第 3 期。

332. 石向实：《论皮亚杰的图式理论》，载《内蒙古社会科学（文史哲版）》1994 年第 3 期。

333. 石云峰：《从传播学角度看全球化的现状与未来》，载《新闻研究导刊》2017 年第 5 期。

334. 石长顺、石永军：《论新兴媒体时代的公共传播》，载《现代传播》2007 年第 4 期。

335. 史安斌：《从"政府宣传"到"公共传播"》，载《小康》2007 年第 9 期。

336. 史安斌、王沛楠：《议程设置理论与研究 50 年：溯源・演进・前景》，载《新闻与传播研究》2017 年第 10 期。

337. 宋垣：《从注意力经济到影响力经济——传媒产业本质的再思考》，

载《新闻研究导刊》2015年第17期。

338. 隋岩、李燕:《论群体传播时代个人情绪的社会化传播》,载《现代传播(中国传媒大学学报)》2012年第12期。

339. 隋岩、曹飞:《论群体传播中的第三人效果》,载《新闻大学》2012年第5期。

340. 隋岩:《受众观的历史演变与跨学科研究》,载《新闻与传播研究》2015年第8期。

341. 孙彩芹:《框架理论发展35年文献综述——兼述内地框架理论发展11年的问题和建议》,载《国际新闻界》2010年第9期。

342. 谭天:《从渠道争夺到终端制胜,从受众场景到用户场景——传统媒体融合转型的关键》,载《新闻记者》2015年第4期。

343. 唐海江、曾君洁:《作为方法论的"媒介"——比较视野中麦克卢汉和德布雷的媒介研究》,载《现代传播(中国传媒大学学报)》2019年第1期。

344. 唐克军:《哈罗德·英尼斯的传播思想研究》,兰州大学硕士学位论文,2007年。

345. 万小广:《论跨文化传播的研究路径》,载《国际新闻界》2009年第5期。

346. 汪露:《新闻传播学中刻板印象研究综述》,载《云梦学刊》2010年第3期。

347. 王辰瑶:《新闻使用者:一个亟待重新理解的群体》,载《南京社会科学》2016年第1期。

348. 王成军:《计算传播学的起源、概念和应用》,载《编辑学刊》2016年第3期。

349. 王刚:《"个人日报"模式下的"信息茧房"效应反思》,载《青年记者》2017 年第 29 期。

350. 王光辉:《芝加哥学派与传播学研究》,载《新闻传播》2011 年第 9 期。
351. 王铭玉:《现代语言符号学》,商务印书馆 2013 年版。
352. 王旎:《试论约哈瑞窗口的移动》,载《国际新闻界》2008 年第 10 期。
353. 王晴锋:《戈夫曼与情境社会学:一种研究取向的阐释性论证》,载《社会科学研究》2018 年第 3 期。
354. 王四新:《网络作为观念市场的潜力》,载《国际新闻界》2008 年第 3 期。
355. 王晓晴:《网络传播中的知沟理论再探》,载《当代传播》2006 年第 6 期。
356. 王雅琴:《探析卡尔·霍夫兰的说服研究》,载《东南传播》2008 年第 12 期。
357. 王怡红:《冲突与合作——认识大众媒介与社会关系形态的独特视角》,载《新闻与传播研究》1994 年第 1 期。
358. 王怡红:《论"人际传播"的定名与定义问题》,载《新闻与传播研究》2015 年第 7 期。
359. 王长潇、刘瑞一:《网络视频分享中的"自我呈现"——基于戈夫曼拟剧理论与行为分析的观察与思考》,载《当代传播》2013 年第 3 期。
360. 魏永征:《关于组织传播》,载《新闻大学》1997 年第 3 期。
361. 邬爱其:《集群企业网络化成长机制研究》,浙江大学管理学院博士学位论文,2004 年。
362. 吴伯凡:《"后信息时代"的来临:信息到智能——重读〈数字化生存〉》,载《汕头大学学报》2016 年第 4 期。

363. 吴莉聪:《广告传播策略的注意力经济视角解读》,载《新闻传播》2012 年第 5 期。

364. 吴琼:《拜物教/恋物癖:一个概念的谱系学考察》,载《马克思主义与现实》2014 年第 3 期。

365. 项光勤:《关于认知失调理论的几点思考》,载《学海》2010 年第 6 期。

366. 项荣建、王峰明:《马克思对商品拜物教的批判及其当代启示——对〈商品的拜物教性质及其秘密〉的文本学再解读》,载《学习与探索》2016 年第 8 期。

367. 肖伟:《欧文·戈夫曼的框架思想》,载《国际新闻界》2010 年第 12 期。

368. 谢新洲:《"媒介依赖"理论在互联网环境下的实证研究》,载《石家庄经济学院学报》2004 年第 2 期。

369. 熊澄宇:《传播学十大经典解读》,载《清华大学学报(哲学社会科学版)》2003 年第 5 期。

370. 熊宁:《论社会化媒体时代的新型媒介依赖症》,载《无线互联科技》2012 年第 12 期。

371. 徐翔:《异化的"去中心":审视电子乌托邦》,载《南京社会科学》2010 年第 10 期。

372. 徐光远、王旭海:《注意力经济研究的新视角》,载《思想战线》2013 年第 3 期。

373. 徐晖明:《中国发展传播学研究状况》,载《当代传播》2003 年第 2 期。

374. 徐莉程:《从被遗忘权现象重新思考"镜中我"理论》,载《新闻传播》2017 年第 18 期。

375. 徐明华:《我国跨文化传播研究的文献综述——以 2000—2011 年中国跨文化传播研究为背景》,载《新闻爱好者》2012 年第 17 期。
376. 许剑:《新闻媒体与我国当前公共领域的构建》,载《新闻大学》2003 年第 1 期。
377. 严功军、张雨涵:《内爆转换与传播危机:融媒体生态的批判解读》,载《现代传播》2017 年第 11 期。
378. 严功军:《〈个人影响〉对芝加哥学派传播思想应用研究》,载《现代传播》2015 年第 3 期。
379. 颜亮、陈明亮:《数字化生存的人文价值与后人类中心主义》,载《自然辩证法研究》2013 年第 4 期。
380. 杨光宗、刘钰婧:《从"受众"到"用户":历史、现实与未来》,载《现代传播》2017 年第 7 期。
381. 杨海涛:《发展传播学的困境及其在我国的本土化思路》,载《新闻界》2004 年第 5 期。
382. 杨华:《英国文化研究学派的媒介文化理论述略》,载《新闻界》2005 年第 6 期。
383. 杨磊:《媒介新环境下互联网群体传播研究》,载《新闻与传播研究》2018 年第 1 期。
384. 杨立公、汤世平、朱俭:《基于马尔科夫逻辑网的句子情感分析方法》,载《理工大学学报》2013 年第 6 期。
385. 杨庆茹:《本雅明思想身份的生平解读》,载《黑龙江社会科学》2008 年第 4 期。
386. 杨珍:《中国新闻传播学中女性主义研究的历史、现状与发展》,华中师范大学学位论文,2004 年。
387. 易艳:《"种牛痘",传播学免疫论的中国表述》,载《新闻界》

2012 年第 12 期。

388. 殷晓蓉:《议程设置理论的产生、发展和内在矛盾——美国传播学效果研究的一个重要视野》,载《厦门大学学报(哲学社会科学版)》1999 年第 2 期。

389. 殷晓阳:《关于费斯克生产性受众观研究的文献综述》,载《新闻研究导刊》2017 年第 13 期。

390. 于泳:《浅析查尔斯·霍顿·库利的社会传播观》,载《中国电力教育》2007 年第 11 期。

391. 余秀才:《网络舆论场的构成及其研究方法探析——试述西方学者的"场"论对中国网络舆论场研究带来的启示》,载《现代传播》2010 年第 5 期。

392. 禹卫华、岳媛:《戴维森与第三人效果:一种舆论学的视角》,载《国际新闻界》2009 年第 10 期。

393. 禹卫华:《中国大众媒介信息流程中的第三人效果研究》,复旦大学博士学位论文,2007 年。

394. 喻国明、路建楠:《中国健康传播的研究现状、问题及走向》,载《当代传播》2011 年第 1 期。

395. 喻国明:《"信息茧房"禁锢了我们的双眼》,载《领导科学》2016 年第 36 期。

396. 展江:《哈贝马斯的"公共领域"理论与传媒》,载《中国青年政治学院报》2002 年第 2 期。

397. 张存刚、李明、陆德梅:《社会网络分析——一种重要的社会学研究方法》,载《甘肃社会科学》2004 年第 2 期。

398. 张放:《媒介效果研究:一个不能被"传播效果研究"代替的术语》,载《四川大学学报》2014 年第 1 期。

399. 张洪忠：《大众传播学的议程设置理论与框架理论关系探讨》，载《西南民族学院学报（哲学社会科学版）》2001年第10期。

400. 张兰、郑智斌、赖浩峰：《博客：电子乌托邦时代的到来》，载《湖南大众传媒职业技术学院学报》2005年第4期。

401. 张雷：《经济和传媒联姻：西方注意力经济学派及其理论贡献》，载《当代传播》2008年第1期。

402. 张磊、王晨：《基于内容分析法的中美城市规划公共政策议题比较研究》，载《城市发展研究》2011年第11期。

403. 张敏、任中峰：《传播学沿着哪条道路奔跑——量化和质化之争的历史回顾与理论启示》，载《当代传播》2011年第5期。

404. 张默：《论麦克卢汉的"内爆"理论——兼与鲍德里亚观点的比较》，载《湖北民族学院学报》2014年第2期。

405. 张薇、孙园园、方新定：《对网络游戏造就"新生代容器人"现象的思考》，载《出版科学》2005年第4期。

406. 张一兵：《景观拜物教：商品完全成功的殖民化——德波〈景观社会〉的文本学解读》，载《江海学刊》2005年第6期。

407. 张咏华：《一种独辟蹊径的大众传播效果理论——媒介系统依赖论评述》，载《新闻大学》1997年第1期。

408. 章辉：《雷蒙德·威廉斯的媒介文化理论》，载《马克思主义美学研究》2014年第1期。

409. 赵蓉英、魏明坤：《基于文本分析的网络人物观点识别研究》，载《现代情报》2017年第12期。

410. 郑和顺：《创建"世界风险社会"背景下环境传播的公共新闻模式》，重庆大学硕士学位论文，2011年。

411. 支庭荣：《由胜转衰的发展传播学》，载《新闻大学》1996年第4期。

412. 周葆华：《大众传播效果研究的历史考察》，复旦大学博士学位论文，2005年。

413. 周葆华：《重探拉扎斯菲尔德："效果地图"与"批判"效果思想》，载《国际新闻界》2008年第6期。

414. 周葆华：《转型年代：效果研究的聚焦与哥伦比亚学派的兴起》，载《国际新闻界》2011年第4期。

415. 周立柱、贺宇凯、王建勇：《情感分析研究综述》，载《计算机应用》2008年第11期。

416. 周倩娜、张菊兰：《认知基模下沉默的螺旋现象研究——以网络传播为例》，载《新闻世界》2015年第6期。

417. 周宪：《文化工业/公共领域/收视率——从阿多诺到布尔迪厄的媒体批判理论》，载《新闻与传播研究》1998年第4期。

418. 周勇、黄雅兰：《从"受众"到"使用者"：网络环境下视听信息接收者的变迁》，载《国际新闻界》2013年第2期。

419. 周志娟、金国婷：《社会交换理论综述》，载《中国商界（下半月）》2009年第1期。

420. 朱清河、刘娜：《"公共领域"的网络视景及其适用性》，载《现代传播（中国传媒大学学报）》2010年第9期。

421. 祝建华、张丽华、黄显：《计算传播学与传播研究范式转移》，载《青年记者》2018年第22期。

422. Barnes, J. A.（1954）. Class and committees in a norwegian island parish. *Human Relations*（7）.

423. Bateson, M.（1972）. *Steps to an Ecology of Mind*, Ballantine Books.

424. Beck, U.（1992）. *Risk Society: towards new modernity*. London.

425. Campbell, D. T. & Stanley, J. C. (1963). *Experimental and Quasi-experimental Designs for Research*. CA: Sage.

426. Carse, J. P. *Finite and infinite games*. New York: Ballantine, 1986.

427. Daniel Dayan, Elihu Katz (1967). *The discovery of grounded Theory: Strategies for Qualitative Research*, Aldine de Gruyter.

428. Daniel Lerner. (1958). *The Passing Traditional Society: Moderning the Middle East*. New York. The Free Pres.

429. Edited by Richard L Conville, L, Edna Rogers (1998), *The Meaning of" Relationship"In Interpersonal Communication*, Westport, Connecticut London, Praeger.

430. Elliott, P (1974). Uses and Gratifications Research: A Critique and a Sociological Alternative, Blumler, J. G. & Katz, E. (eds.), *The Uses of Mass Communications: Current Perspectives on Gratifications Research*, Beverly Hills: Sage.

431. Gabriel Tarde (1901). *L'OPINION ET LA FOULE*. Paris: Les Presses universitaires de France, 1989, 1re édition.

432. Gaye Tuchman, Arlene Kaplan Daniels, and James Benet. *Hearth and Home: Images of Women in the Mass Media*. New York: Oxford University Press, 1978.

433. Gitlin, T. (1980). *The Whole World Is Watching: Mass Media in the Making and (Un) making of the New Left*, University of California Press.

434. Goffman, E. (1986). *Frame Analysis: An Essay on the Organization of Experience*, Northeastern University Press.

435. Goffman, E. (2017). *Interaction ritual: Essays in face-to-face*

behavior. Routledge.

436. Harold Innis. (1950). *Empire and Communication*. London: Oxford University Press.

437. J. Charles R. Berger (2008). Interpersonal Communication, edited by Wolfgang Donsbach, *The International Encyclopedia of Communication*, Blackwell Publishing Ltd.

438. Katz, E., Blumler, J. G. & Gurevilch, M. (1974). "Utilization of Mass Communication by the Individual", J. Blumler & E. Katz (eds.), *The Uses of Mass Communications: Current Perspectives on Gratifications Research*, Beverly Hills, CA: Sage.

439. Knapp, M. L., Vangelisti, A. L., & Caughlin, J. P. (2014). *Interpersonal communication and human relationships* (7th ed.. Boston: Pearson.

440. Kurt Lewin. (1948). *Resolving Social Conflicts*. New York: Harpper and Brother publishers.

441. Kurt Lewin. (1951). *Field Theory in Social Science: Selected Theoretical Papers*. New York: Harper & Row.

442. Lasswell Harold. (1948). The Structure and Function of Communication in Society. In Lyman Bryson (Ed.), *The Communication of Ideas: A Series of Addresses*. New York: Harper.

443. Lievrouw, L. A. & Livingstone, S. (Eds.). (2002). *Handbook of new media: Social shaping and consequences of ICTs*. Sage.

444. Marshall McLuhan. Fiore. (1967). *The Medium is the Message*, Harmondsworth: Penguin.

445. Peter Hartley (1993). *Interpersonal Communication*. London: Routledge.

446. Pierre Bourdieu. (1971). Intellectual Field and Creative Project. In M. F. D. Young (Ed.), *Knowledge and control: New Directions for the Sociology of Education*. London: Collier-Macmillan.

447. S. Trenholm & A. Jesen. (1996). *Interpersonal Communication*. Wadsworth Publishing Company.

448. Schiller, D. (1999). *Digital Capitalism: Networking the Global Market System*, MIT Press.

449. Shuangfei Zhai, Zhongfei (Mark) Zhang. (2016). Semisupervised Autoencoder for Sentiment Analysi, *Proceedings of the Thirtieth AAAI Conference on Artificial Intelligence* (AAAI-16).

450. Teng, S. Y. (1997). *Dialogue*. Taipei, Taiwan: Yang Zhi.

451. W. Schutz. (1958): *A three—dimensional theory of interpersonal behavior*. New York: Holt Rinehart Winston.

452. Blumler, J. G (1979). The Role of Theory in Uses and Gratifications Studies, *Communication Research*, Vol. 6, No. I.

453. Carey, J. W. & Kreiling, A. L. (1974). Popular Culture and Uses and Gratifications: Notes Toward an Accommodation, Blumler, J. G. & Katz, E. (eds.), *The Uses of Mass Communications*: Current Perspectives on Gratifications Research, Ann Arbor: UMI Vol. 3.

454. Charles W. Wright. (1959). Functional Analysis in Mass Communication. *Public Opinion Quarterly*, 24.

455. Chase L, Alvarez J. (2000). Internet research: the role of the focus group. *Library & Information Science Research*.

456. Dallas Smythe. (1977). Communications: Blindspot of Western Marxism. *Canadian Journal of Political and Social* Theory.

457. Erving Goffman. (1983). The Interaction Order. *American Sociological Review*, 48(1).
458. Ettema, J. S., & Kline, F. G. (1977). Deficits, Differences, and Ceilings. *Communication Research*, 4(2).
459. G. Gerbner (1956). Toward A General Model of Communication. *AV Communication Review*, 4(3).
460. Gerbner, G., Gross, L., Morgan, M., & Signorielli, N. (1980). The "Mainstreaming" of America: Violence Profile No. 11. *Journal of Communication*, 30(3).
461. Growley GH, Lefel R. (2002). Ramirez Detal User perceltions of the librarys web pages: a focus group study at texas A&M university. *The Joumal of Academic Li-blarianship*.
462. Hudson P. (2003). Focus group interviews: a guide for palliative care researchers and clinicians. *International Journal of Palliative Nursing*.
463. Janowitz, M (1968). The study of mass communication in Sills, D. E. (ed.), *International, Encyclopedia of the Social Sciences*, vol. 3, New York: Macmillan and Free Press.
464. Katz, E. (1959). Mass Communication Research and the Study of Popular Culture: An Editorial Note on a Possible Future for This Journal. *Studies in Public Communication*, Vol. 2, No. 1.
465. Leiss, W. (1996). Three phases in the evolution of risk communication practice. *The Annals of the American Academy of Political and Social Science*.
466. Marya L Doerfel, George A Barnett. (1999). A Semantic Network

Analysis of the International Communication Association. *Human communication research*, 25（4）.

467. McQuail, D.（2013）. The Media Audience: A Brief Biography — Stages of Growth or Paradigm Change. *The Communication Review*, 16（1-2）.

468. Monolescu D, Schifter C.（2000）Online focus group: a tool to e-valuate online students' course experience. *The Internet and Higher Education*.

469. Picone, I., Courtois, C. & Paulussen, S.（2015）. When News is Everywhere: Understanding participation, cross-mediality and mobility in journalism from a radical user perspective. *Journalism Practice*, 9（1）.

470. Plough, A.（1987）. Krimsky, S. The emergence of risk communication studies: social and political context. *Science, Technology, and Human Values*.

471. Postman. N. What is Media Ecology ? *The Media Ecology* Association. http://www.media-ecology.org, 1968.

472. Robert J. Taormina and Jennifer H. Gao.（2013）. Maslow and the Motivation Hierarchy: Measuring Satisfaction of the Needs, University of Illinois Press. *The American Journal of Psychology*, Vol. 126, No. 2.

473. Robert McChesney.（2000）"The Political Economy of Communication and the Future of the Field", *Media, Culture & Society*.

474. Rogers, E. M.（1994）. "The Field of Health Communication

Today", *American Behavioral Scientist*.

475. Rook DW. (2003). *Out of focus groups*. http://www.marshall.usc.edu/web/News.cfm.pdf.

476. Rubin, A. M (1984). Ritualized and Instrumental Television Viewing. *Journal of Communication*, Vol. 34, No. 3.

477. Boafo, K., &S, T. (1985). Utilizing development communication strategies in african societies: a critical perspective (development communication in africa). *International Communication Gazette*, 35 (2).

478. Saul McLeod. (2007). Maslow's hierarchy of needs. *Simply psychology* 1.

479. Shore TH, Thornton GC, Shore L. M. (1990). Construct validity of two categories of assessment center dimension ratings. *Personnel Psychology*.

480. Stone, G. C., & McCombs, M. E. (1981). Tracing the time lag in agenda-setting. *Journalism Quarterly*, 58 (1).

481. T. M. Newcomb (1953). An Approach to the Study of Communicative Acts. *Psychological Review*, 60 (6).

482. Tichenor, P. J., Donohue, G. A., & Olien, C. N. (1970). Mass media flow and differential growth in knowledge. *Public opinion quarterly*, 34 (2).

483. Ting-toomey, S., & Kurogi, A. (1998). Facework competence in intercultural conflict: an updated face-negotiation theory. *International Journal of Intercultural Relations*, 22 (2).

484. Warren Breed. (1955). Social Control in the Newsroom: A

Functional Oxford University Press. *Analysis*, *Social Forces*, Vol. 33, No. 4.
485. Warren Thorngate. (1990). The economy of attention and the development of psychology. *Canadian Psychology*, 31 (3).
486. White, David M. (1950). The Gate Keeper: A Case Study in the Selection of News. *Journdism Quarterly*, 27.
487. Brown, P., Levinson, S. C., & Levinson, S. C. (1987). *Politeness: Some universals in language usage* (Vol. 4). Cambridge university press.